LE LANGAGE POPULAIRE

DE MACON

ET DES ENVIRONS

---

*Ouvrage publié avec
une subvention du Conseil Général de Saône-et-Loire,
un encouragement de l'Académie de Mâcon,
et quelques souscriptions particulières.*

A MACON

CHEZ LES LIBRAIRES

—

1926

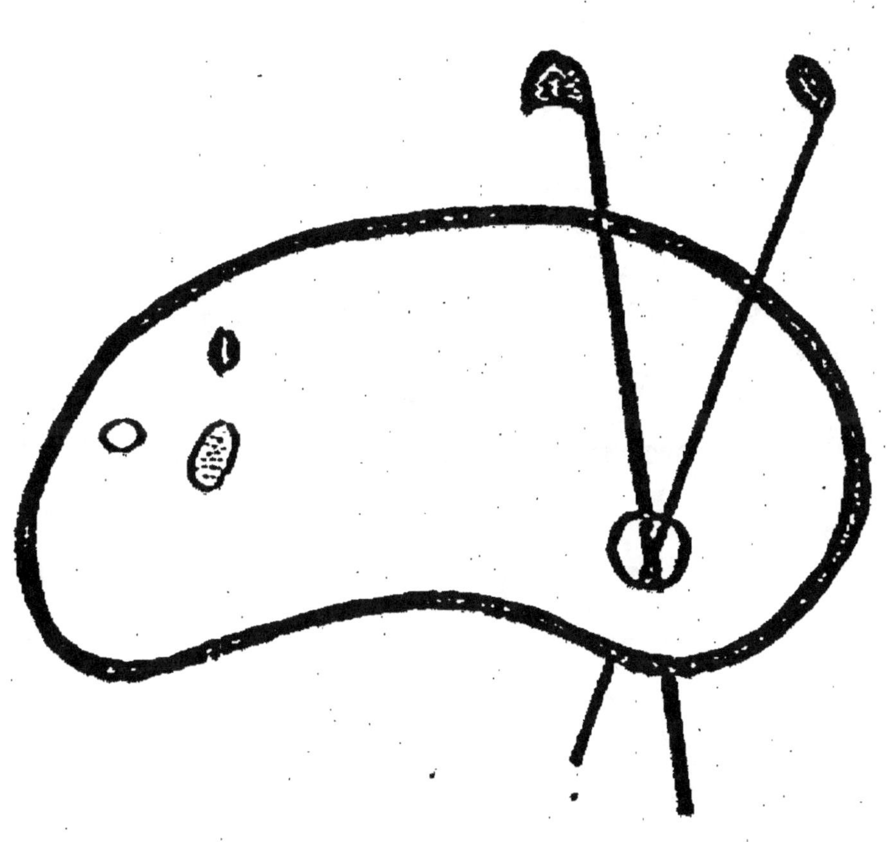

**FIN D'UNE SERIE DE DOCUMENTS
EN COULEUR**

LE LANGAGE POPULAIRE

DE MACON

ET DES ENVIRONS

LE LANGAGE POPULAIRE

DE MACON

ET DES ENVIRONS

*Ouvrage publié avec
une subvention du Conseil Général de Saône-et-Loire,
un encouragement de l'Académie de Mâcon,
et quelques souscriptions particulières.*

A MACON

CHEZ LES LIBRAIRES

1926

AVERTISSEMENT

Sous les pseudonymes de « Personne » et « Tout-le-Monde » nous avons publié, en 1903, un *Lexique du Langage populaire de Mâcon et des environs*, qui était précédé de l'*Avertissement* suivant :

Le titre de ce recueil indique d'une façon claire son contenu, mais peut-être ne précise-t-il pas absolument les bornes en deçà desquelles nous avons entendu rester. Nous devons donc dire que nous avons laissé de côté le patois, même celui des *environs* de Mâcon, à l'exception de quelques termes du vieux français qu'il a recueillis et conservés. Nous avons écarté aussi, à de rares exceptions près, les mots vieillis ou peu employés, auxquels Littré a donné droit de cité dans son dictionnaire. Enfin nous avons négligé l'argot général qui a été le sujet déjà de mainte et mainte publication.

Privé de tous ces appoints, qui auraient pu en faire un livre plus que respectable, au moins au point de vue des dimensions, notre lexique contient encore douze cents articles, tant vocables que locutions, dont beaucoup sont suivis de réflexions faites ou de dialogues entendus, qui nous ont permis de reproduire des tournures de phrases, souvent un peu longues, qu'il aurait été difficile sans encombrement de ranger par ordre alphabétique.

Nous croyons pouvoir nous attribuer un mérite, si c'en est un, celui de n'avoir rien imaginé. Tout ce que nous rapportons, en effet, a été observé et vécu. Nous ne nous en dissimulons pas l'insuffisance, les incertitudes, voire les erreurs. Il ne nous a pas toujours été donné, même avec l'aide des personnes que nous avons consultées et qui ont bien voulu très aimablement répondre à notre invite, de résoudre les nombreuses difficultés que nous avons rencontrées en chemin

Aussi faisons-nous appel à tous les Mâconnais *mâconnaisant* pour nous aider à préparer une édition plus complète, plus sûre, et en quelque sorte définitive, du lexique de ce langage populaire si expressif et si coloré, qui, comme toute chose, tend de jour en jour à se transformer pour disparaître, et, si on ne le recueille pendant qu'il en est temps encore, ne vivra même plus dans le souvenir des générations futures.

L'appel qui terminait l'avertissement de 1903 a été entendu. Notre lexique a passé de douze cents à trois mille articles. Nous lui avons donc fait dix-huit cents additions, mais il faut tenir compte aussi d'environ cent suppressions.

Nous sommes restés fidèles, en général, aux règles que nous nous étions imposées dès le principe. Littré (1) nous a fait éliminer les mots conservés par le français actuel. Godefroy (2) nous a permis d'identifier les termes du parler médiéval. Quicherat (3) et Du Cange (4), de leur côté, nous ont servi pour ce qui est de la latinité.

Nous avons cru intéressant et utile de donner la nomenclature entière des anciennes mesures, avec leur valeur métrique (5); quelques-unes d'ailleurs ont laissé leur nom dans la langue (lieue, moule, corde, livre, tonneau, feuillette, quartaut, pot, chopine, canon, etc.) (6).

D'autre part nous n'avons recueilli que quelques échantillons des mots se terminant en *au, iau, oux* et *use*, désinences qui sont une déformation mâconnaise des finales *al, eau, eux* et *ue* du vocabulaire français (*chevau*, cheval; *bourriau*, bourreau; *crassoux*, crasseux; *poiluse*, poilue).

Cela nous amène à signaler l'abus fait, dans le parler mâconnais, des préfixes *de* (*décesser, descier, dessortir, dôter*, etc.) et *re* (*raugmenter, reconsoler, recoucher, rentrer*, etc.).

Il nous faut mentionner aussi l'altération des genres : *un vipère, une serpent, un gaufre, une centime, un paire, un vis*, etc.

Il y a, d'autre part, suppression de l'accent sur l'é final dans un certain nombre d'adjectifs et de participes passés pris adjectivement, *gonfle, réchappe, trempe, use*, etc.

Enfin les participes passés en *ert* des verbes irréguliers en *ir* sont régularisés : *ouvri* pour *ouvert, souffri* pour *souffert*, etc.

L'orthographe a été l'objet de notre attention toute particulière : nous avons dû, en effet, pour l'établir, tenir compte du sens, de l'étymologie (quand elle est vraisemblable) et de la prononciation. Tel *arpan* (et non *arpent*), *batafit* (et non *batafy*), *brelot* (et non *breleau*), *garreut* (et non *garreu*), *gnaque* (et non *niaque*), etc.

Nous avons été amenés quelquefois à franciser des mots dont la forme est constamment altérée dans l'usage (*devantier*, qui se dit *devanti*; *regrigné*, qui se dit *regreni*; etc.).

Nous avons écrit certains mots, dont l'origine est insaisissable, en nous basant sur leur analogie avec d'autres, comme *palegaud* (*lever le palegaud* : tomber à la renverse).

Nous avons, d'autre part, orthographié *y* le mot qui, à Mâcon, s'emploie pour *le, la, les*, pronom, et pour *ça, cela*, démonstratif (*j'y dis : je dis*

(1) *Dictionnaire de la Langue française.*
(2) *Dictionnaire de l'ancienne Langue française.* C'est à lui que nous renvoyons par l'abréviation *vx fr.* (vieux français), et aussi au *Lexique* qui en a été extrait par J. Bonnard et A. Salmon.
(3) *Dictionnaire latin-français.*
(4) *Glossarium mediæ et infimæ latinitatis.* C'est à lui que se réfère l'abréviation *bas-lat.* (bas-latin).
(5) *Almanach du pays et comté de Mâconnois*, 1786. — *Tableau des anciennes mesures du département de Saône-et-Loire comparées aux mesures républicaines*, an X. — *Tables de comparaison des anciennes mesures usitées dans le département de Saône-et-Loire avec les mesures métriques*, p. L. Calmels, 1829.
(6) Voir Littré.

cela), alors que certains auteurs l'ont écrit *i* (1); or, *i* doit être réservé, selon nous, pour la notation des prononcers populaires de *il* et de *lui* (*i dit* : il dit; *j'i dis* : je lui dis).

Telles sont les principales observations d'ordre grammatical que nous avons à formuler.

Quant à l'accent, il est lourd, pâteux, traînard. La dernière syllabe de la phrase est particulièrement prolongée : une *bâffe*, la *bâlle*, la *mâlle*, *mô*, *tô*... Des *biques*... Dans les sons nasalisés *an* et *on*, la prononciation est inversée : *Môcan* pour *Mâcon*, *argeont* pour *argent*, *flocan* pour *flocon*, *contan* pour *canton*, etc. (2).

A la campagne, l'o bref, dans certaines conditions, est prononcé *ou* : *coumune* pour *commune*; *rouche* pour *roche*, etc. De même l'e bref est prononcé *a* : *tarre* pour *terre*; *Piarre* pour *Pierre*, etc.

Le parler populaire mâconnais proprement dit n'a pas de littérature. Toutefois, les *Noëls Mâconnais*, publiés par Fertiault, à la suite des *Noëls Bourguignons*, en 1858 (3), et le *P'tchu de Vregesson* dans le texte établi par l'abbé Ducrost en 1888 (4), bien qu'ils soient rédigés en patois, nous ont fourni la matière de plusieurs articles ou tout au moins des citations appropriées.

Qu'est-ce qui fait, au demeurant, le fond du parler populaire mâconnais? Plus de la moitié des mots et des locutions sont des survivances de l'ancien français (5). Le patois de la campagne a fourni quelques éléments, Lyon et le Chalonnais en ont apporté d'autres. De tout cela est résulté un idiome manquant assurément d'homogénéité, mais présentant néanmoins des particularités curieuses, ou amusantes, ou même réalistes. Notre recueil, en effet, est parfois savoureux et odorant, — d'aucuns diront malodorant. Il contient, nous le reconnaissons, des crudités, mais des *crudités* seulement; nul n'ignore que le langage populaire comme la langue latine « dans les mots brave l'honnêteté », et que tel qui « mange le bon Dieu le matin, ch... le Diable le soir », comme on dit à Mâcon.

Nous aurions voulu nommer ici les personnes qui, aimablement, nous ont fourni des vocables ou des textes, mais « elles sont trop ». Qu'il nous soit permis, toutefois, de remercier M. L. Bernard dont le crayon habile a mis nos planches sur pied.

L. J. et L. L.

Janvier 1926.

---

(1) Voir notre article *Y*.
(2) « Quond an joue, qu'an perd san argeont, qu'an dit qu'an est cantont, an mont. »
(3) Le même auteur a publié, en 1896, un *Dictionnaire du langage populaire verduno-chalonnais*.
(4) *Annales de l'Académie de Mâcon*, 2ᵉ série, t. VI.
(5) Il n'y a rien d'étonnant à ce que ces survivances se retrouvent dans d'autres régions, ainsi qu'on pourra le voir par les nombreuses citations que nous avons données.

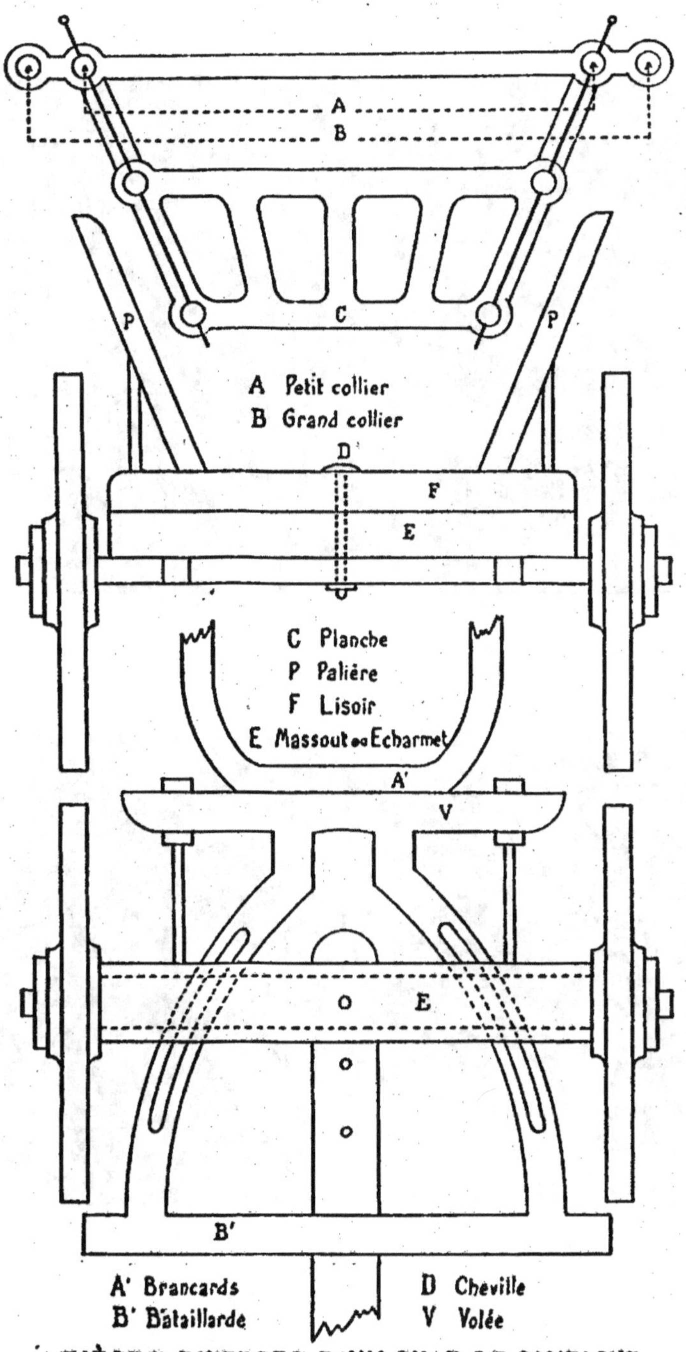

PIÈCES DIVERSES D'UN CHAR DE CAMPAGNE

Les Vendanges — PRESSURAGE - Le Pressoir
Se compose d'un coffre généralement cylindrique, ouvert en haut pour introduire la vendange et traversé
par une vis à l'extrémité de laquelle se trouve un treuil, muni de chevilles actionné par la galère.

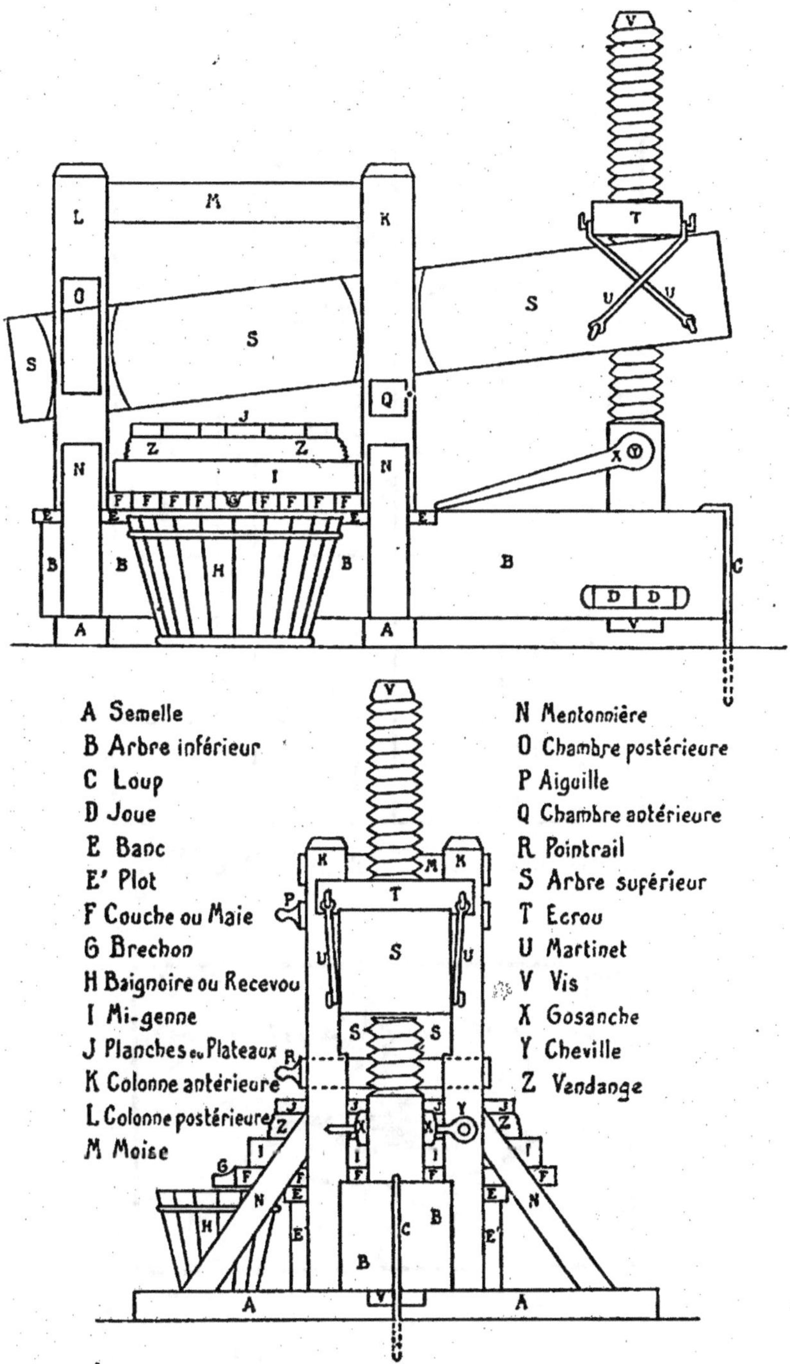

PIÈCES COMPOSANT UN PRESSOIR A GRAND POINT

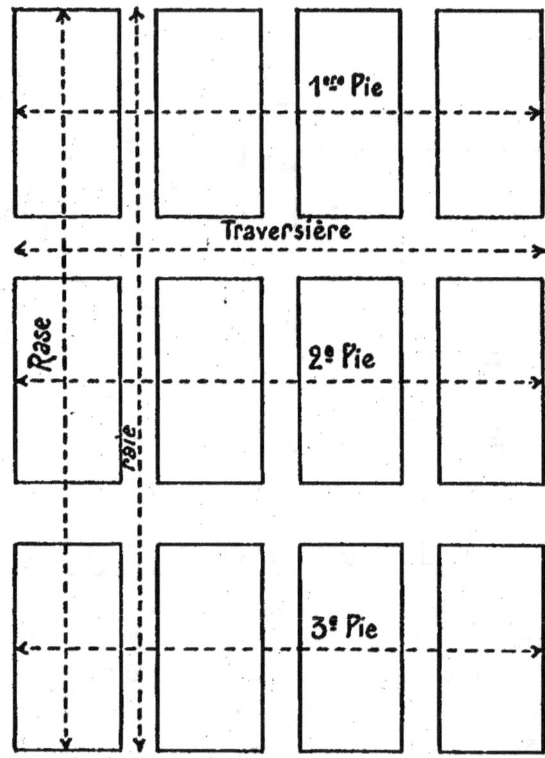

DIVISIONS D'UNE TERRE CULTIVÉE

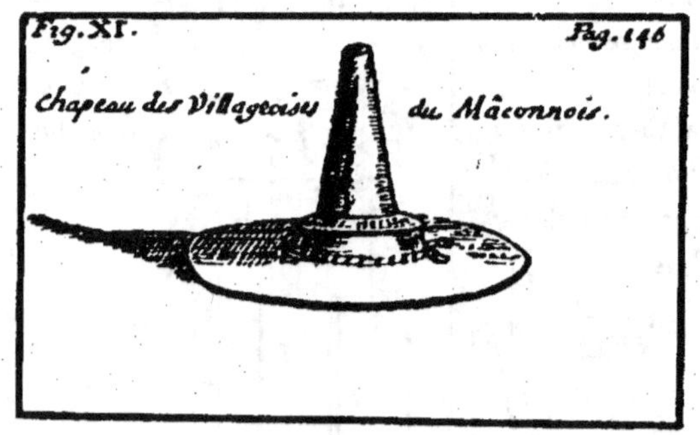

LE LANGAGE POPULAIRE

DE MACON

ET DES ENVIRONS

A

ABDIQUER, v. n., cesser une action. *A la corrigeante :*

« *Le Président* à la prévenue : Pourquoi avez-vous frappé votre mari?

La Prévenue : M'sieu le Président, j' vas vous dire. I t'nait la p'tite par le cou et pis i la cognait cont' le mur. Alors j' li ai foutu un coup de pochon sus la tête pour le faire abdiquer. »

ABERGEMENT, s. m., hébergement, auberge; forme de bail rural. Deux communes et une quinzaine de hameaux ou écarts du département de Saône-et-Loire portent ce nom.

ABLAGER, v. a., vx fr. *ablasmer*, endommager, abimer (au prop. et au fig.). Il a tout ablagé sa *biaude* (*bliaude*). Je n'ai jamais entendu ablager personne comm' cui-là.

ABONDE, s. f., vx fr., abondance. « Y a-t-il de la pomme de terre cette année? — Ah! ça ne fait pas d'abonde. » Un plat (mets) qui ne fait pas d'abonde.

ABONDER, v. n., suffire à, venir à bout de. S'emploie généralement avec la négation.

« L'amiral Avellan n'abonde pas à saluer, à remercier de la tête et de la main. » (*Union Républicaine*, 26 oct. 1893.) — « La mère Pinet n'abondait pas à faire fricasser des boudins et des portions de cochon. » (J. Vingtrinier, *Nouvelles Littéraires*, 11 juil. 1907.) — « Vous m'avez accompagné à coups de pied au derrière en me faisant faire de telles culbutes que je n'abondais pas à me relever. » (*Union Rép.*, 27 nov. 1924.)

ABOQUER, v. a., emboquer.

Un *tire-vretiaux* rentre du travail, tenant une jeune pie qu'il vient de dénicher.

« *La Femme :* Oh! une jacquotte! Qué qu' c'est encore que c't' embrene-là? Faudra ben sûr que j' l'aboque... » Le lendemain.

« *La Femme :* T' sais, la jacquotte est crevée. Ça fait une embrene de moins. »

ABORD (D'), adv., bientôt, promptement. Du train qu'il va, il sera d'abord là. — *D'abord que*, conj., puisque. D'abord que t' m'as fait c'te crasse, c'est fini entre nous.

ABOUCHER, v. a., vx fr., renverser, retourner, mettre sens dessus dessous, mettre à *bouchon*. Abouche donc ce pot.

ABOUTONNER, v. a., boutonner. Voir *Emboutonner*.

ABRE, s. m., arbre.

ABREVIER, ABREUIER, vx fr. *abrevier*, abréger. S'abrevier à faire quelque chose, se mettre vivement à l'ouvrage.

ABRUNDIR (abrondir), v. n., vx fr. *abrunir*, brunir, s'assombrir. Voir *Brundir*.

« Et quand le jour commença de s'abrundir. » (P. Bourget, *Cruelle Enigme*.) « Je remarquai que le visage de ma compagne s'abrundissait de minute en minute. » (*Id., ibid.*)

ACCABASSER, v. a., aplatir (comme un cabas?), écraser, rapetisser. — *Accabasser* (S'), v. r., se rataliner. « Oh! mais dites donc, elle s'accabasse joliment Mme X... »

ACCALONER, v. a., lat. *calo* (s. m.), gréer (un bateau).

ACCOLAGE, s. m., action d'accoler.

ACCOLER, v. a., attacher ensemble, avec ou sans échalas, les jeunes sarments de vigne, de manière à les réunir en touffe.

ACCUEULER (S') (akeuler), v. r., s'acculer, s'accroupir. Voir Fertiault, *Dic-*

tionnaire du langage populaire verduno-chalonnais, v° *Aqueuler (S')*. Voir plus loin *Cueulon (.l)*.

Pendant la guerre de 1870, le bruit a couru à un certain moment que les Prussiens approchaient de Mâcon. Aussitôt le maire d'une commune voisine prévint ses administrés qu'il y aurait un corps de garde pour assurer leur sécurité, et installa un poste à l'entrée du village.

Onze heures du soir. Une sentinelle en faction devant le poste aperçoit une forme indécise, acculée contre un buisson.

« *La Sentinelle* : Qui vive?

La Forme : M...!

La Sentinelle (plus fort) : Qui vive?

La Forme : M...!

La Sentinelle (criant) : Qui vive?... Réponds ou je te teule (tue).

La Forme (hurlant) : M...! bon Diou...! Te n' comprends donc pos l' français? ·

La Sentinelle (intimidée, entrant dans le poste) : Jean, appourte donc le corps de garde et pis une lantarne... Y a là on sacré bougre... Je n' sais pos troup c' qui fait... Trei keus (trois coups) j' li crie qui vive, trei keus i m' répond m... »

ACCUSEUR, -EUSE, s. m. et f., vx fr. *acuseur*, accusateur, dénonciateur.

« Après l'accusé, c'est l'accuseur qui attire et rencontre les regards du public. M. le Procureur général etc. » (*Nouvelliste de Lyon*, 8 déc. 1906.)

ACHÉVE, part. pass., achevé. Mon travail est achève.

ACQUEBUTTE, s. f., vx fr. *harquebutte*, arquebuse. Requête des échevins et habitants de Mâcon au lieutenant général de la province pour avoir permission de faire tirer, en 1566, « trois oyseaulx, assavoir l'ung à l'arc, l'aultre à l'arbaleste, et le tier à l'acquebutte ». (Archives municipales, EE. 6, n° 3.)

ACQUÉRI, part. pass., acquis.

ADIEU CALOUX, locution qui s'employait par les enfants pour désigner une dernière glissade : Allons, encore un adieu caloux!

On disait aussi :
Adieu caloux,
Pour l' dernier coup
Je m' cass' le cou!
Voir *Caloux*.

ADOPTER, v. a., adapter.

ADVENTER, v. a., garnir une chose. *Adventer la table*, mettre le couvert. Voir le bas-lat. *adventalia*.

AFFANER, v. a., ahaner, amasser, acquérir péniblement. Voir *Atreauder*.

AFFERMAGE, s. m., vx fr., engagement d'un serviteur pour un temps déterminé. Voir *Louée*.

AFFERMÉ, -ÉE, s. m. et f., serviteur engagé pour un temps déterminé.

« Il existait autrefois une coutume, qui malheureusement a disparue (*sic*) et qui consistait aux affermés de la foire des Bordes d'offrir (voir *De*) une carpe à leur nouveau patron. Peut-être ne voyaient-ils qu'une affaire dans cette offrande, car le prix du poisson était largement compensé par les étrennes données par le nouveau maître; étrennes qu'ils allaient ensuite dépenser joyeusement au Tivoli, en compagnie de leur promise. En tout cas, cette coutume ancienne, qui nous venait du temps des Romains et qui avait été transmise de générations en générations jusqu'à ce jour avait une haute portée. Elle signifiait de la part du nouvel engagé : *J'entre dans votre demeure, je saurai tout, je verrai tout, j'entendrai tout, mais je serai muet comme cette carpe.* On dit même qu'il y a des femmes qui prenaient cet engagement! » (*Journal de Tournus*, 6 mars 1909.)

AFFLIGÉ, part. pass., infirme, estropié.

AFFOULER, v. a., vx fr. *fouler*, affoler, faire mal, faire souffrir. Te m'affoules. Y m'affoule dans l'épaule.

AFFRANCHIR, v. a., régulariser par une section franche et nette une surface inégale. On *affranchit* à l'aide du couteau le pain qui a été rompu à la main. On *affranchit* un arbrisseau que l'on transplante, lorsqu'on en coupe l'extrémité des racines.

AFFRONTEUX, -EUSE, s. m. et f., vx fr. *afronté et offronteux*, effronté.

« A Uchizy, et probablement dans beaucoup d'autres villages, on appelle *chemins des affronteux* les petites ruelles que l'on suppose devoir être hantées par les gens mal famés. » (S. Blandy, *L'Oncle Philibert*.)

AGACE, s. f., agacerie. *Agace!* se dit au jeu de quinet par l'un des joueurs lorsqu'il veut prendre le droit de simuler le jet du bâtonnet. L'autre joueur prive le premier de ce droit, s'il dit avant lui : *Pas d'agace!*

AGACIN, AGASSIN, s. m., vx fr., cor aux pieds.

AGATE, s. f., cornaline (voir ce mot); bille de verre contenant à l'intérieur une hélice colorée.

AGE, s. m. *Moyen âge*, âge moyen.

« Y a donc ben d' la mort avec c'te sacrée grippe? — Oui, et pis avez-vous r'marqué qu'elle tape principalement sur les gens du moyen âge? »

AGÉE, adj. f., âgée.

AGNEAU. Voir *Pressoir.*

AGONIES, s. f. pl., agonie. Il est aux agonies.

AGOUILLER, AGOUYER, v. a., embêter. Ah! t' m'agouilles!

« On jou que les fennes de Vregesson s'agouyiont à la veille... (Un jour que les femmes de Vergisson s'ennuyaient à la veillée...) » (*Le P'teu ou l'Esiau de Vregesson, Annales de l'Académie de Mâcon,* 2e série, t. VI, 1888, p. 385).

AGOUTTER, v. a., épuiser, égoutter. J' vas m' servir d'un agouttiau qu'on agoutte les bateaux.

AGOUTTIAU, AGOTIAU, ÉGOUTTIAU, s. m., écope. Pass' me donc l'agouttiau! Voir Du Cange, v° *Agotallum. Piquer un agotiau,* tomber à l'eau, chavirer, sombrer. « Le fameux cuirassé *Danton* s'est décidé à piquer un agotiau dans les règles. » (*Républicain Mâconnais,* 11 juil. 1909.)

AGOUTTON, s. m., petit lait résultant soit de la coagulation, soit du battage.

... La fenne ne me fait faire
Que de l'aidie et de l'agouton...

(*Un Poète Mâconnais, L'abbé Monereau,* p. l'abbé Ducrost. *Annales de l'Académie de Mâcon,* 2e série, t. I, 1878, p. 350.)

AGRAPPER, v. a., vx fr., agripper.

AGRECHON, AGREJON, s. m., vx fr. *agregi,* grincheux. Un agrechon. Ah! qu'elle est agrechon.

AGRÉLE (agrele), s. f., lat. *acrifolium,* houx.

A Saint-Pierre-le-Vieux, il y a un écart appelé *Les Agrêles,* et à Charmoy un hameau appelé *Aigrefeuille.*

AGRET (agré), **AGREUT, AGRÔT**, s. m., vx fr. *aigret,* grappillon de raisin qui vient après la première floraison et ne mûrit pas. Voir *Grumelle* et *Conscrit.*

AGROGNON, s. m., vx fr. *engroigne* et *groignet,* coup de poing, horion.

Place Saint-Louis :

« *Un Gamin...* (Il siffle à déchirer les oreilles des passants).

Un Melinchon : Dis donc, ch'tit racheux, est-ce que t' siffles comme ça partout?...

Le Gamin : ... Oui, excepté au c... des chiens.

Le Melinchon : T'as t'i envie que j' te foute un agrognon, espèce d'enfant de trente-six pères! »

AIGRE (FAIRE). Voir *Egre (Faire).*

AIGUE, AIDJE, s. f., eau.

AIGUILLE, AIGUILLETTE, s. f., plume d'oiseau en voie de développement soit après la naissance, soit après la mue. Les pennes qui forment les ailes et la queue sont des *aiguillettes de première* (s.-ent. formation, ou poussée); les tectrices qui couvrent le reste du corps sont des *aiguillettes de seconde* (s.-ent. le même mot).

AIGUILLE. Voir *Pressoir.*

AIL (PLANTER UN), loc. Se dit lorsqu'un animal enfonce ses crocs dans une masse charnue. « Donnez-vous d' garde du chien; il vous planterait un ail dans le c...! »

AILLANÇON, s. m., mauvaise herbe des prés, spécialement l'ail et l'euphorbe.

AIME. Voir *Esme.*

AIR, s. m.
Avoir l'air. Cette locution, suivie d'un substantif, s'emploie en réponse à un individu dont on ne partage pas la manière de voir. « Viens-tu au ciné, ce soir? — Oh! T' m'as ben l'air ciné, toi... »

Prendre un air de feu, se chauffer légèrement. « Allons auprès des braseros prendre un air de feu... » (G. Ohnet, *Dette de haine*).

— S. f.
A une réunion électorale :

« *Le Candidat :* Citoyens, nous allons entrer dans une ère nouvelle...

Un Electeur : Non, non, pas d'air nouvelle... *La Marseillaise!!!* »

AISE. *Etre à son aise,* se dit, après un repas, quand on y a mangé et bu « tout son soûl ». On dit aussi : *n'avoir plus ni faim ni soif.*

AISEMENT, s. m., vx fr., ustensile, vaisselle.

AITRE. Voir *Etres.*

AJOUTURE, s. f., ajoutage.

ALENVERS, s. m., le contraire de ce qui doit être. Ce mot est formé avec à *l'envers,* comme *alentour* l'est avec à *l'entour.*

— J'ai une boniche qui n' fait qu' des alenvers.

— Des alenvers???

— Ben oui! l' contrair' de c' qu'on lui commande...

ALIE, s. f., lie de vin. Du vin d'alie. Des alies.

ALIER (ailler), s. m., vx fr., alisier. A Charnay-lès-Mâcon, il y a un lieu dit *Le Bois d'Alier.* Plusieurs localités de France s'appellent *Les Alliers.*

ALLER ET RETOUR, loc., paire de gifles

partagée entre les deux joues par une seule et même main.

J' te lui ai foutu un aller et retour en première.

ALOGNE, ALLOGNE, s. f., noisette de forme « allongée », recouverte complètement par l'involucre (qui dépasse même le fruit), puis, par extensions successives, noisette des bois et toute noisette. Voir *Lombarde*.

ALOGNIER, ALLOGNIER, s. m., noisetier. Ce mot a donné leurs noms à plusieurs hameaux et écarts, comme *Les Allogners*, commune d'Avenas (Rhône), et à de très nombreux lieuxdits, comme *En Allogneray*, à Charnay-lès-Mâcon et à Crêches (Archives départementales, G. 221, 4).

AMANDRE, s. f., amande.

AMANDRIER, s. m., amandier.

AMAUVIS, s. m., mauvis, grive des vignes (*turdus musicus*). Le véritable mauvis est le *turdus iliacus*.

AMBRE, s. m., osier.

AMENTER (S') (s'aminter). v. r., s'affaiblir. A rapprocher du bas-lat. *amentia* (*virium et animæ defectio*).

AMER (ETRE SUR SON), loc., se dit du vin qui devient amer quelques jours après le pressurage, et aussi de l'enfant qui est à l'âge de la formation.

AMPAU. Voir *Empau*.

AMUSARD, s. m., musard.

ANCENAT, ANCENET, ANCENOT, s. m., bas-lat. *ancinus* et *uncinus*, vx fr. *oncin*, timon qui s'accroche (*uncus*) à une charrette, une herse, un rouleau, etc.

Nous pensons qu'il faut lire *oncin* et non *oucin* dans le texte de 1389 cité par Du Cange (v° *Uncinus*) : « *Icellui Jehan tint garni d'un grant pail* [voir ce mot] *appellé oucin de charrette à bœufs.* »

Le *Journal de Villefranche*, parlant des exploits des *Voraces* à G[ermolles] en 1848, raconte qu'un boulanger du village mit à la raison un de ces énergumènes à l'aide d' « un bâton de deux mètres, appelé *ensenot* en patois, et qui sert dans l'attelage des bœufs. » (*Journal de Saône-et-Loire*, 1ᵉʳ juin 1848.)

ANDAIN, s. m., signifie tantôt la traînée de foin rejetée sur la gauche du faucheur et qui s'allonge à chaque coup de faux, tantôt la bande de pré ainsi mise à découvert.

ANDIER, s. m., vx fr., landier. L'usage a consacré l'agglutination de l'article et du substantif (l'andier), tandis qu'il ne l'a pas admise pour l'évier (le lévier).

ANÉE, s. f., ancienne mesure de capacité pour les grains correspondant à la charge que peut porter un âne, contenant 21 coupes cubées ou mesures « rases » et valant 273 litres 693.

A Mâcon, « l'ânée de bled froment pèse 420 livres » (*Almanach du Mâconnois*, 1786, p. 131.)

A Cluny, « l'ânée forme 16 mesures, la première ou la dernière comble. La coupe de froment pèse 22 livres 1/2 et se mesure bois garni. La coupe de seigle pèse 22 livres, et celle d'orge 18, et se mesure[nt] comme le froment. » (*Id.*, p. 135).

A Saint-Laurent-lès-Mâcon, « l'ânée de bled est de 21 coupes; la coupe est la même pour toutes les graines. La mesure de froment pèse 19 livres, et toutes les autres à proportion. La coupe est traversée par une petite branche de fer et se mesure bois et fer découvert[s]. L'ânée pèse 400 livres. » (*Id.*, *id.*).

ANÉMIE, adj., anémique. J'ai été anémie autrefois.

ANÉMIQUE, s. f., anémie. Elle a une anémique.

ANILLE, ANEILLE, s. f., vx fr. *anille*, béquille. « La Toinette Proulat et la Française Jacquet veniront avu de les aneilles. » (L'Etiennette Protat et la Françoise Jacquet vinrent avec des anilles [béquilles]...) (*Le P'teu*, p. 397).

ANIMAU, s. m., animal.

ANNUBLIR, v. a., vx fr., couvrir d'un nuage, obscurcir, faire ombrage.

ANSAIN. Voir *Ensein*.

ANUITER (S'), v. r., vx fr., se loger pour la nuit. « Faudrait pourtant que j' trouve un endroit pour m'anuiter. » (Fr. Parn, *Sicoutrou pêcheur*).

APEGER, v. a., agripper. Voir *Peger*. Un *apege-tout*, qui agrippe tout.

APENSER (S'), v. r., vx fr., penser. « Je m'apense bian que deman et après deman i s'ra tuje la même chuse. (Je pense bien que demain et après-demain ce sera toujours la même chose). » (*Le P'teu*, p. 391).

APERCEVU, part. pass., aperçu.

API, s. m., vx fr. *apial*, céleri.

APIDANCER. Voir *Pidancer*.

APIER, v. a., rejoindre à la marche, rattraper, atteindre.

APLANER, APLANIER, v. a., vx fr., aplanir; caresser de la main.

S'aplanier, planer, se faire plan. « On le vezlait qu'a s'applaniait su la coullire... (On le voyait qui planait sur la colline...) » (*Le P'teu*, p. 585).

APLEYER, v. a., vx fr. *aplegier*, garantir, précautionner.

APPLI, s. m., vx fr. *aploit*, harnais, harnachement et, par extension, matériel de culture.

Vente, à Igé, « d'applis d'agriculture » consistant en « six roues ferrées bonnes, trois trèches de charl, tant de devant que de derrière, un tombereau sans roues avec le massou », 25 avril 1778. (Minute de M⁰ Jean Morin, notaire à Mâcon. Archives dép., série E).

APPLIER, APPLAYER, vx fr. *aploitier*, atteler harnacher, appareiller, apparier, assortir.

Au fig. : J' suis bien applié avec c'te bête (c'est-à-dire elle fait bien le service que je lui demande).

— J' suis tombé sur une brave femme, nous sommes bien appliés ensemble.

Voir *Déplayer*.

APPOINTUSER, v. a., appointer, appointir.

APPONDRE, APONDRE, v. a., vx fr., atteindre, arriver à ; ajouter, allonger. Ces poires sont trop haut, je peux pas les appondre. — I s'a sauvé, mais je l'ai appondu tout de même. — Ah! Comme il a grandi, ce garçon; il appondra bientôt le père. — J'ai voulu me faire arracher un marteau, mais le dentiste a pas pu y appondre. — J'ai appondu une pièce à ma robe. — Voir *Ateindre* et *Rappondre*.

« La tapisserie de mon grand liet, estant de haulte lisse, apondue (sic) de deux costés de drapt noir pour l'eslargir. » (Testament de Claude Dormy, 1ᵉʳ avril 1606. Archives dép., B. 1651, f° 80 v°).

APPONSE, APONSE. Voir *Rapponse, raponse*.

APPRENTISSE, s. f., vx fr., apprentie.

APPUER, v. a., appuyer. « Très décontenancé de trouver un courageux contradicteur qui, d'ailleurs, a été appué par divers de nos confrères. » (*Nouvelliste*, 15 fév. 1906, dans une correspondance d'Avignon). « La circulation des piétons sur le pont de Saint-Laurent est interdite pendant toute la durée de la course nautique du 14 juillet 1908; il est notamment interdit de s'appuer contre la rampe. » (*Id.*, 13 juil. 1908, à propos d'un arrêté du maire de Mâcon).

APPUSER, v. a., vx fr. *aposer*, poser. « L'esiau… allit s'appuser tranquellement su la ceme de la rouche. (L'oiseau… alla se poser tranquillement sur le sommet de la roche). » (*Le P'teu*, p. 387).

APPUYER SUR, loc., jouer d'un instrument de musique à touches. « Connaissez-vous M. X…? Y est lui qu'appuie sur l'harmonium à la messe de Mâcon. »

APRÈS, prép., à. Grimper après un arbre. La clef est après la porte. — En train de. Etre après s'habiller. *L'Intermédiaire des Chercheurs et Curieux* (1905, I, col. 760), dit que « être après faire quelque chose » se trouve dans les vieux auteurs. « Vers Remiremont [le 3 août 1914] on a trouvé un type après déboulonner la voie. Il a été fusillé le soir. » (*Charles Aguétant, 1891-1914*, p. Claude Aguétant, 1916, p. 15-16).

Loc. *Ensuite après*, pléonasme, pour ensuite. — *Tout de suite après*, presque, à peu près. « C'est pas une canaille, mais c'est tout de suite après. — Il ne m'a pas dit de sottises, non, mais… tout de suite après. »

APRÈYER, v. a., vx fr. *aprayer*, mettre en pré (une terre).

AQUIGER, v. a., disputer, attraper, enlever (au sens argotique). T' vas t' faire aquiger !

ARAIGNER, v. a., enlever les araignées.

ARAIGNOIR, ARAIGNOIRE, s. m. et f., tête-de-loup. « Le mot *araignoire* ne se trouve point dans le Dictionnaire de l'Académie. » (P. Féval, *L'Homme de fer.*)

Pour désigner une femme longue et maigre, on dit volontiers : « Une grande araignoire. »

ARBAYER, v. n., briller, reluire, éclairer, refléter. C'est-i toi qu'as ciré tes grolles qu'elles arbayent tant? — J'ai vu arbayer quéqu' chose? Y est-i une élide?

ARBELET, s. m., vx fr. *arbelest*, arbalète.

ARBRE. Voir *Pressoir*.

ARC A BALLE (arc à bâle), s. m., arbalète dont le projectile est une balle, de la grosseur d'une noix, en terre grasse desséchée. C'est plutôt un jouet qu'une arme. Vers 1870, le principal fabricant d'arcs à balle, dans le pays, était un sieur Geneller, de Pontanevaux. Dans la même région, au milieu du XIXᵉ siècle, on donnait encore à l'arc à balle les noms d'*arbelet* et d'*arcagelet*.

L'arc à balle est appelé aussi *arc de Bourgogne* (Ducrost et Lortet, *Études sur la Station préhistorique de Solutré*, dans *Archives du Muséum d'Histoire naturelle de Lyon*, t. I, 1872, p. 22).

« Est-ce qu'on peut tuer des oiseaux avec un arc à balle? — Oh! J' crois bien, M'sieu; mon garçon n'en descend souvent. »

ARCANGELET, ARCAGELET, ARC A JALET, s. m., arbalète dont le projectile est une balle de terre durcie ou un caillou. (Littré, *Dictionnaire*, dit que *jalet* semble être une forme de *galet*). Les nobles chevaliers de l'arcangelet de Mâcon demandent en 1579 la place de la Gravière (à l'extrémité du quai Nord), pour y établir leur jeu; en 1661, ils s'installent dans l'enclos du bastion Saint-Antoine. (Archives mun., BB. 116, f° 101, et EE. 6, n° 6).

Quaresmeprenant avait la vessie « comme un arc à jallet ». (Voir Rabelais, liv. IV, chap. XXX).

ARCHET, s. m., rameau de vigne, dont l'extrémité, qui vient d'être taillée, est recourbée et fichée dans le sol aux fins de provignage.

ARCHET A BOURRIQUE, loc., fouet dont la forme rappelle un archet de violon lorsqu'il est tenu à la fois par le manche et la corde pour frapper. Quand on frappe avec la corde flottante, le fouet devient « l'éventail à bourrique ».

ARCHIMENT, adv., excessivement, superlativement.

ARÇON, s. m., vx fr., toute chose courbée en arc, notamment l'arceau qui, à la tête du berceau ou *greut*, portait un linge destiné à protéger l'enfant contre l'air, les mouches, etc.

ARDIS, s. m., vx fr. *ardeis*, feu follet.

ARESALAILLE. Voir *Renalaille*.

ARGOGNER, v. a., faire de mauvais travail. A rapprocher de *regôgner*.

ARGOGNIER, s. m., ouvrier maladroit, gâcheur de besogne. A rapprocher de *regôgneur*.

ARIA. Voir *Haria*.

ARMAGNAC, s. m., matière fécale. Cette expression est vraisemblablement un souvenir de la haine violente qui, au moyen âge, a régné entre Armagnacs et Bourguignons. « A la faveur du patois, la lutte des Bourguignons et des Armagnacs a laissé sa trace dans le terme d'*armignat*, injure dont on use sans connaître sa saveur archaïque. » (*Souvenirs de la Vieille Bourgogne*, p. J. Chénedolent, dans *La Revue de Bourgogne*, 1902, p. 108)..

AROCHIER, v. a., vx fr., saupoudrer, parsemer, cribler. Etre aroché de bourbe (être couvert de boue).

ARPAILLETTE. Voir *Epaillette*.

ARPAN, s. m., empan. Ce mot, employé au jeu de billes, désigne la mesure que fournit la longueur comprise entre l'extrémité du pouce et celle du petit doigt dans leur plus grand écartement. Voir *Patte*.

ARPANTER, v. n., faire un ou plusieurs *arpans*.

ARPENT, s. m., ancienne mesure de surface pour les terres.

L'arpent de Paris ou arpent royal, qui était aussi celui de Mâcon, de 100 perches carrées de 22 pieds, valait 51 ares 071.

L'arpent coutumier de Dijon, de 440 perches carrées de 9 pieds 1/2, valait 41 ares 902.

L'arpent commun de Dijon, de 510 perches carrées de 9 pieds 1/2, valait 51 ares 425.

L'arpent de 100 perches carrées de 19 pieds, en usage dans certaines régions, valait 38 ares 022.

ARPI. Voir *Harpi*.

ARRACHER, v. a. *La tête m'arrache*, la tête m'est arrachée (par la douleur).

ARRAMBER, v. a., terme de batellerie, attraper, empoigner. Arrambe-le donc!

ARRANGER, v. a., arranger quelqu'un, être accommodant avec lui sur le prix d'une marchandise. « Trop cher pour moi! — Venez donc, je vas vous arranger. »

ARRAPER, v. a., vx fr. *araper*, agripper, adhérer fortement.

ARRAYER, v. a., bas-lat. *aralare* et *arraiare*, vx fr. *araler*, labourer, commencer un sillon, mettre en train un travail.

ARRÉTE, part. pass., arrêté, inactif. La fontaine est arrête.

J' peux pas rester arrête; i faut que j' fasse quèqu' chose.

ARRÊTER DE, loc., cesser de.

ARRI, adv., vx fr. *arier* et *arrere*, aussi.

« ... I z'y ave ari le père Claude Mouéroux... (Il y avait aussi le père Claude Moiroux...) » (*Le Pleu*, p. 389).

ARRIGAILLES, HARIGAILLES (?). s. f. pl., objets de rebut. A rapprocher du bas-latin *harigola*.

ARRIREMAIN, s. m., vx fr., arrière-main. Adv., en arrière, après coup, ensuite.

« Lé tray premi volé chanton, arimay, tôr à tôr choqulon son coublie. (Les trois premiers valets chantent, de leur côté, tour à tour chacun son couplet.) » (Fertiault, *Les Noëls Bourguignons suivis des Noëls Mâconnais*, 1858, p. 234).

ARRIVE QUE PLANTE, ARRIVE QUI PLANTE, loc., advienne que pourra.

« Depuis cinq ans, j'avais grossi, j'étais « gonfle »... J'avais vu plusieurs médecins... J'allais toujours plus mal... A la fin, je me laissais aller à l'arrive-qui-plante quand une voisine me dit : « Va donc chez la guérisseuse!... » J'y suis allée... Elle m'a dit simplement : « Ma petite, vous avez le sang maillé, qui ne circule plus! » Alors, elle m'a donné des plantes à prendre en infusions... » (*Progrès* de Lyon, 12 juin 1912).

Arrivoir, s. m., vx fr., lieu où l'on arrive, port. Avant de s'appeler *La Madeleine*, le hameau qui est sur la route de Mâcon à Bourg avait nom *Le Bon-Arrivoir*.

Arte, s. f., artison. Des artes (avoir soin de prononcer comme s'il y avait *harte*, avec une *h* aspirée, orthographe que d'ailleurs adopte le *Nouv. Larousse illustré*). Des papillons de artes.

Artifailles, s. f. pl., attirail, outils, instruments.

Artillerie de Replonges, loc., matériel qu'amenaient autrefois les paysans de la Bresse pour enlever la gadoue à Mâcon. A Lyon, c'est *l'artillerie de Vénissieux*.

Artiou, s. m., orteil. Avoir *mau* aux artioux.

Artoupan, s. m., chenapan, vaurien. Ce mot, emprunté à l'argot des bagnes, y signifie « argousin »..

Arveuille, s. f., clématite sauvage ou vigne blanche (*clematis vitalba*). Voir *Vianche*.

Assadir, v. a., rendre *sade*.

Assiette, s. f., vx fr. *assiete*, cabaret où l'on consomme assis, par opposition au *porte-pot*, où l'on consomme debout et l'on achète du vin « à emporter ».

L'ancienne administration des aides du Mâconnais contrôlait rigoureusement les « charges, ventes et débits » des « cabaretiers et autres vendans vin tant à pot qu'à assiette. » (Archives dép., série C, Supplément, registres de 1722 et 1723).

Assoyé, part. pass., assis.

Assurance, s. f., portefeuille d'assurances. Il a une assurance.

Assurance (En), loc., assurément. Voir la citation rapportée au mot *Charon*.

Assurger, v. n., sé lever, surgir.

Asthme (asme, asse), adj., oppressé. Il est asthme.

Atreau, s. m., escalope de veau roulée, contenant à l'intérieur un hachis.

A la campagne :

La Cuisinière : Dites donc, boucher, apportez-moi demain un morceau de veau... Un morceau dans la culotte... C'est pour faire des atreaux... Mais tâchez moyen que votre viande soye fraîche. La dernière fois elle sentait mauvaise.

Le Boucher : Oh! soyez tranquille, mam'zelle; le veau que je vas tuer à midi n'est pas encore mort. »

Rabelais (liv. IV, chap. LIX), écrit *hastereaulx*. Godefroy donne *hasterel*, qu'il définit : « grillade de foie de porc ».

Atreauder, v. a., amasser, acquérir péniblement, sou à sou, par morceaux. « Si c'est pas malheureux d'avoir tant travaillé pour atreauder un petit bien, et pis le voir vendre comme ça! » A rapprocher du vx fr. *atrocher*. Voir *Affaner* et *Désatreauder*.

Attacher (S'), v. r., se marier.

Attani, -ie, adj., tanné, affaissé, mou, flasque.

Attefier, v. a., vx fr., élever, assurer le développement normal d'un être vivant (homme, animal, plante).

Attenant, adv., sans interruption, sans arrêt, jusqu'au bout. Le temps menace; il faut rentrer les foins attenant. Boire une bouteille attenant.

Aubreteau (aubr'tiau), s. m., terme de marinier, mât au sommet duquel s'attache la corde servant à tirer le bateau.

Au moins..., au moins... Voir *Moins*.

Aune, s. f., ancienne mesure de longueur en général.

L'aune de Paris, de 3 pieds 7 pouces 10 lignes 10 points, valait 1 m. 188; donc le mètre vaut 0 a. 841 de Paris.

L'aune de Mâcon, comme celle de Dijon, de 2 pieds 1/2, valait 0 m. 812; donc le mètre vaut 1 a. 231 de Mâcon et de Dijon.

L'aune de Marcigny valait 1 m. 948, c'est-à-dire avait, à un millimètre près, la longueur de la toise de Paris; donc le mètre vaut 0 a. 513 de Marcigny.

Au plus..., au plus... Voir *Plus*.

Auréole, s. f., région anale (chez les animaux).

Avale-royaume, s. m., dépensier, dilapidateur.

Avale-tout-cru, s. m., gros mangeur, goinfre.

Avancer, v. n. Suivi de la préposition *à*, avec un infinitif, signifie faire vite l'action qu'indique cet infinitif. Avancer à manger, avancer à travailler.

« Je regrette que vous n'ayez pas de pièce de blé; vous verriez comme j'avance à le ramasser. » (S. Blandy, *La dernière Chanson*).

Avantage (A l'), loc. adv., avantageusement. Se dit surtout d'un vêtement que l'on fait plus grand qu'il ne faut, pour les enfants qui doivent grandir ou pour les personnes qui veulent être à l'aise.

« La Dame : J' vous avais dit de m' faire des bottines à l'avantage pa'c' que

J'ai des agacins. J' peux pas mett' les pieds dans c' que vous m'avez envoyé.

Le Cordonnier : Oh! Madame, soyez sans crainte. Le cuir s' *prête*. C'est l'affaire de qué'qu's semaines... »

AVANTAGER (S'), v. r., se faire valoir, se vanter.

AVANTAGEUX, adj., qui est fait à l'*avantage*.

AVAU, s. m., aval. Il y a en Saône-et-Loire plusieurs hameaux ou écarts dits *Bois-d'Avaux*, par opposition à *Bois-d'Amont*.

AVEINDRE, v. n., vx fr., atteindre, arriver à, tirer sans effort. Voir *Appondre* et *Aventer*. « C'est embêtant, j' comptais finir c'te grolle aujourd'hui, j' peux pas y aveindre. — Laisse donc! T'y finiras ben une aut' fois. Demain n'est pas mort. » — « Catherine se dressait sur la pointe des pieds pour aveindre le dernier rang des casiers. » (A. Theuriet, *Péché mortel*). — « Et tant bien que mal, il finit par aveindre un pantalon. » (Willy, *La Môme Picrate*).

AVENTER, v. a., bas-lat. *aventare*, vx fr., tirer avec effort. Aventer une paire de draps (la tirer d'une armoire). Aventer un bouchon. Aventer des pommes de terre. « J' peux pas y aventer. I faudra pourtant que ça vienne ou que ça dise pourquoi. »

Voir *Daventer*.

AVIER, v. a., mettre dans la voie (par opp. à *dévier*).

AVIER, v. a., vx fr., aviver, activer, exciter. On fouette un cheval pour l'avier, on coupe un *dé* pour avier l'écoulement du vin.

AVISER, v. a., vx fr., regarder, voir. Avise-le. Voir *Viser*.

« Tabarot répondit que, la veille, il avait avisé Marie dans la grande rue de Lignères. » (F. Fabre, *Mon Oncle Célestin*).

B

BABOLE, s. f., babiole, jouet d'enfants, chose de peu de valeur.

« ... Une baboule é un sebliay... (... Une figure en pâte et un sifflet...) » (Fertiault, *Noëls*, p. 246).

BACHASSE, s. f., vx fr., auge; syn. aussi de *pilière*.

BACHASSÉE, s. f., contenu d'un bachat. Nol' *Mossieu* a mangé une pleine bachassée de *truffes*.

BACHAT, s. m., vx fr., auge à cochons, et, par dérision, assiette d'un individu qui mange salement.

Manger au même bachat, boire au même verre, être très familier avec quelqu'un, ne pas *se craindre*.

BACHE (bâche), s. f., ancienne mesure de capacité pour le charbon de bois, valant 200 décalitres 197.

BACHE (bâche), s. f., vx fr., BACHUT, s. m., banneton, boutique à poissons, coffre en bois, percé de trous, et faisant ordinairement partie intégrante d'un bateau, pour conserver le poisson dans l'eau vive.

« Un petit bateau, sans bachut, qui s'en allait à la dérive... » (*Union Rép.*, 30 déc. 1918).

BACHÉ (bâché), -ÉE, part. pass., habillé. S'emploie avec *bien* ou *mal*.

BACHELÉ, adj., muni d'un *bachut*.

Bateau bachelé, bateau dont le bachut occupe presque toute la longueur, et qui ne sert guère que de réservoir à poisson.

BACHOLE, vx fr., BACHOULE, DECHOULE, s. f., *cheval* (voir ce mot) dont les barreaux et les portions de perches qui dépassent la traverse sont garnis d'un treillis d'osier, de manière à former un récipient dans lequel on transporte la terre, le fumier, et autres choses semblables; tout genre de hotte servant au transport des mêmes matériaux.

A Charnay-lès-Mâcon, il y a un lieu dit *La Bechoule*.

Ordre donné par le gouverneur de Mâcon aux habitants des villages d'envoyer des hommes « avec pelles, pyoches et bacholes » pour travailler aux fortifications de la ville, 25 avril 1563. (Archives mun., EE. 10, 1).

BACHOT, s. m., bateau qui contient un *bachut*.

BADINAGE, s. m., jouet.

BAFFE (bâfe), s. f., vx fr., soufflet, gifle.

Entre mère et fille :

« *La Mère* : Sacrée grande charippe, pourquoi donc qu'i t' suivait c't' homme?

La Fille : Mais j' pouvais pas li en empêcher!...

La Mère : T' pouvais pas li en empêcher! Eh ben, dis-li tout d' même d' pas recommencer si t' veux pas que j' te foute une *bâfe*. »

BAFFER, v. a., « foutre » une *baffe*, gifler.

BAFFISER, ÉBAFFISER, v. a., égratigner.

BAGAGES (FAIRE SES), PAQUETS (FAIRE SES), loc., se dit des personnes qui présentent de la carphologie (signe de danger imminent dans certaines maladies).

BAGNON, s. m., vx fr. *baignon*, baquet en bois. « Entre vos baquets et vos bagnons... », dit à une *platière* le rédacteur du *Courrier de Saône-et-Loire* à Chalon (7 mars 1905).

BAGUETTER (bag'ter), v. a., vx fr., battre des vêtements, des tapis, etc.

BAIGNEUSE, s. f., repli fait à une robe ou à une jupe pour l'orner, ou pour pouvoir l'allonger en cas de besoin. Voir *Nouv. Larousse illustré*.

BAIGNOIRE, s. f., cuve ovale en bois destinée à recevoir le vin qui sort du pressoir, et, dans certaines localités, à transporter aussi le raisin de la vigne au tinalier. Syn. de *recevou*.

BAILLI, s. m., vx fr. *baille*, intendant, régisseur, valet, serviteur.

BAISE (A), loc. *Etre à baise*, ne pas avoir fait encore un seul point dans une partie de jeu. Voir *Baiser le cul de la vieille* (v° *Cul*) et *Gratte* (A).

BAISER, s. m. *Baiser du mitron*, partie d'un pain dépourvue de croûte par suite de contact pendant la cuisson avec un pain voisin.

BALAI, s. m., genêt à balais (*sarothamnus scoparius*).

BALANCE (EN), loc., exactement, c'est-à-dire les plateaux de la balance étant en équilibre. Ça pèse 350 grammes, en balance.

BALAYER (SE) (balailler), v. r., vx fr. *baloier*, se hâter, se dépêcher; presser, être urgent.

> D'i vay je me balaye.
> (D'y aller je m'empresse).
> (Fertiault, *Noëls*, p. 224).

V'là l' printemps qu' s'amène; faut s' balayer d' fair' nos greffes. I s' balaye de s'mer l' blé. I n' sé balaye pas encore de vendanger.

BALIETTE, s. f., vx fr. *balaiete*, **BALION**, s. m., balayette.

BALISTE, s. m. et f., patron et patronne de bal public.

BALLE (bâle), s. f., corbeille d'osier.

BALLON, s. m., groseille à maquereau.

BALLONNIER, s. m., groseillier à maquereau.

BALLOUX, s. m., balle, enveloppe des grains. Voir *Balouffe*.

BALLOUX, -OUSE, adj., léger (comme de la balle). Terre ballouse. Des ballouses (terres légères).

BALME, BARME, BAUME, BAUMÉE, s. f., berme; talus, naturel ou artificiel, sur le bord d'une rivière, d'une pièce d'eau, d'un fossé. La balme est une espèce de *douve* (voir ce mot).

BALMEYER, v. n., se dit du *bouliste* qui utilise les *balmes* ou les saillies du terrain pour diriger sa boule.

BALONGE, s. f., syn. de *bedoule*.

BALOUFFE, s. f., vx fr. *baloffe*, balle, enveloppe des grains. Voir *Balloux*.

BANC. Voir *Pressoir*.

BANQUE, s. f., comptoir de magasin. « Les Mandrins... se mirent à briser les portes du logis, à défoncer « la banque »; ils s'emparèrent de tout l'argent qui s'y trouvait, et prirent en outre cinq douzaines de bagues d'argent. » (*Mandrin*, p. Fr. Funck-Brentano).

BARAQUETTE, s. f., barquette, espèce de chaussure en étoffe ou de pantoufle.

BARBEAU, s. m., salsifis des prés (*tragopogon pratensis*).

BARBETTE, BARBICHETTE, s. f., dim. de barbe. Formulette enfantine :
Je te tiens, tu me tiens par la barbichette,
Le premier qui rira aura la tapette.

BARBOTE (A LA), loc., qui fait ou est fait en barbotant. Un cuisinier à la barbote. Du travail à la barbote.

BARBOUILLE (A LA), loc., en désordre, en désarroi. Ah! la marchandise a bien baissé d' prix; y est tout à la barbouille.

BARBOUILLER. Syn. de *bredouiller*.

BARBOUILLON, -ONNE. Syn. de *bredouillon, -onne*.

BARBOUTI, adj., vx fr. *barboté*, hérissé. Vous êtes aimable comme un chardon barbouti.

BARDANE, s. f., punaise.

BARDOT, -OTE, adj., blanc et brun. Se dit de la robe des animaux de l'espèce bovine.

BARELOT, BARELET (bar'lot, bar'let), s. m., vx. fr. *barillot*, petit baril de bois dans lequel les travailleurs emportent leur boisson. Sa contenance varie de 1 à 6 litres.
Tousser comme un trou de barelot, tousser beaucoup.
Donne un peu le barlet d'abord. Une
[lampée
De piquette, on n'en a que plus d'âme
[au manger.
(J. Richepin, *Le Chemineau*, acte I, scène 2).
« M. Ponthus, distributeur de journaux, a, dans sa tournée, trouvé un petit fût, appelé *barlet*, contenant encore une petite quantité de vin blanc nouveau. » (*Progrès* de Lyon, 23 nov. 1909).

BARICOLÉ, part. pass., bariolé.

BARQUE, s. f., pâtisserie sèche et mince, de forme ovale et à bords relevés. Syn. de *semelle*.

BARQUOT, s. m., vx fr., barque à fond plat, carrée aux deux extrémités et légèrement relevée à l'avant. Voir *Farquette* et *Nagerat*.

BARREUT, s. m., vx fr. *barote* (s. f.), tombereau.

BARRIÈRE, s. f., pont de pantalon. Culotte à barrière. Voir *Trappon*.

BARROUX, -OUSE, s. m. et f., habitant du quartier de la Barre à Mâcon.

Place de la Barre (à l'époque où elle s'adornait d'un chalet marquant l'arrêt du tramway de Mâcon-Fleurville).

Derrière le chalet, un édicule discret, refuge des « besoigneux » du quartier et des voyageurs en mal de tram, est assiégé par une dizaine de clients faisant queue à chacune des entrées. Survient un *Bournayoux*, décidé, qui s'approche et voyant tous les compartiments occupés, prend son rang.

« *Le Bournayoux* (laudatif) : Mâtin! i travaille bien, ce p'tit coin!

Un Client (évidemment pressé) : I n' travaille ben qu' trop.

Un vieux Barroux (hochant la tête) : Aut'fois, y avait pas tout ça et pis on pissait tout' même... (avec bonhomie) n'importe voù..., c'était pus commode...»

BAS, s. m., berlingot dont la forme rappelle celle d'une paire de bas enroulée et rabattue.

BASANÉ, part. pass., gris, noirâtre, embrumé, trouble. Ciel basané. Vin basané.

BASSIN, s. m., poche à puiser l'eau dans le seau.

BASSINE, s. f., bassin, vase plat qu'on passe sous le siège des malades alités quand ils ont à satisfaire leurs besoins naturels. La vieille *bassine* en faïence, de forme circulaire, à bords rabattus en dedans, et se vidant par le manche, tend à disparaître devant le « bassin » moderne en tôle émaillée.

BATAFIL (batafi), s. m., ficelle qui sert aux mariniers pour relier les cordes que leur calibre empêche de nouer. On voyait il y a quelques années, à Saint-Laurent-lès-Mâcon, une enseigne de boutique portant le nom : « X..., dit *Batafy*. »

BATAILLARDE, s. f., pièce de bois qui, dans la *trèche* d'avant d'un char, est parallèle à la volée.

BATIE (bâtie) s. f., bâtiment, bastide. Des écarts de Charnay-lès-Mâcon et de La Chapelle-de-Guinchay portent ce nom.

BATTERASSE (batrasse), s. f., vx fr. *baterie*, averse prolongée. Voir *Garrot*. « Quelle batterasse, bon Dieu, et je n'ai pas seulement de *parepluie*. — Laissez donc, i n' veut toujours pas en tomber de quoi chauffer un four. »

Boire à batterasse, boire *tant que tant que* (voir *Tant que...*).

BATTEUR, s. m., vx. fr. *bateor*, moulin à drap, moulin à tan. « Les biens que j'ay au finage de Vinzelles, concistans en bapteur, court et jardin... » (Testament de L. Denamps, 27 janv. 1649. Archives dép., B. 1355, f° 167).

BAUCHE, s. f. *Jeu de bauche*, jeu de boules.

BAUCHER, v. a., chasser une boule par une autre sans que celle-ci ait touché le sol.

BAVASSON, -ONNE, s. m. et f., bavard, -e.

BAVOLETTE, s. f., bavolet; jeune fille de la campagne. « Il y avait des jours où, comme Henri IV, il se serait volontiers écarté du champ de bataille pour suivre une *bavolette* sous la feuillée. » (*Les Hommes des Bois*, p. le M^ Th. de Foudras).

BAVOUX, -OUSE, s. m. et f., baveur, -euse. Une omelette baveuse.

BEAUNE (DE), loc. adv., de reste, de trop. Une personne qui arrive à table sans qu'il y ait de place pour elle, est dite de Beaune. Raillerie à l'adresse des gens de Beaune. Voir Fertiault, *Dict*.

BECFI, BECAFI, s. m., becfigue.

BÊCHE, s. f., vx fr. *besche*, bateau servant aux bains de rivière. Il y a vingt ou trente ans, on disait couramment : Viens-tu aux bêches? Aujourd'hui on dit : aux bains de Saône. — Les bêches sont des bateaux qui, à Lyon, servaient autrefois à la traversée de la Saône. Le premier établissement de bains de rivière, dans cette ville, fut formé par la réunion de quatre ou cinq de ces bêches qui circonscrivaient l'espace réservé aux baigneurs.

BECRIN, s. m., bigorne dont les deux branches sont rapprochées et soudées à leurs extrémités inférieures, et qui sert à travailler les sols pierreux.

BEDEAU (b'deau), s. m., bêta.

BEDOLE, BEDOULE, s. f., corbeille ovale et peu profonde, ordinairement sans anse, à l'usage des maraîchers; hotte en osier, ailleurs appelée *bachole*. Une bedoule de fraises. On appelle plaisamment les habitants d'Igé les *Bedoulis* d'Igé, parce qu'ils se servent de bedoules pour remonter leurs terres dans les vignes.

Avoir un dos de bedoule, être voûté.

« Contravention a été dressée contre le nommé X..., dit *la Radole*, 51 ans, marinier... » (*Union Rép.*, 13 mars 1918).

BÉGUER, v. n., vx fr., bégayer. J'ai un cousin qui bègue en parlant; eh ben, vous n'y croiriez pas, i chante aussi bien qu' vous et moi.

BELIN, s. m., vx fr., agneau. Mot également appliqué aux jeunes enfants : Comment t'appelles-tu, mon p'tit belin?

Partager à bon belin, garder tout pour soi, syn. de *partager à la Saint-Claude* (voir *Saint-Claude*).

« Le culte de Bel, du Soleil, d'Apol-
« lon, est, dit M. Jarrin, un des plus
« répandus... Chez nous, Bel donna son
« nom à Belley, Balan, Bélignat, Beli-
« gneux, Belleydoux, Belmont. » M. Jarrin croit encore voir un hommage au dieu de la lumière et du feu dans ce nom affectueux de *belin* qu'on donne aux petits enfants. » [!!!] (A. Vingtrinier, *Études populaires sur la Bresse et le Bugey*).

BELIN, -INE, adj., joli, mignon, petit.

BELISE, s. f., chèvre. Se dit aussi par ironie des personnes qui ressemblent physiquement ou intellectuellement à cet animal.

BÉNISSOIR, s. m., goupillon. Que le bon Dieu vous bénisse avec son plus grand bénissoir!

BENNE, s. f., ancienne mesure de capacité pour les charbons de terre et de bois. La benne de Mâcon valait 6 décalitres 306 pour le charbon de terre et 7 décalitres 006 pour le charbon de bois.

BENNE, s. f., récipient ovalaire en bois, formé de douves verticales, et qui sert à transporter le raisin de la vigne au pressoir. Le fabricant de bennes, ou *bennier*, a soin de laisser aux deux douves extrêmes une *corne*, ou branche de grosseur convenable et coupée à la longueur d'environ 0.15 centimètres, qui permet le transport de la benne.

BENNIER, s. m., fabricant de bennes. (*Progrès de Lyon*, 22 janv. 1922, état civil de Tournus).

BENON, BENOT, s. m., petite benne.

BERÇOIR, s. m., hâchoir courbe à double poignée.

BERGNIOLE. Voir *Borgniole*.

BERLU (br'lu), -E, adj., qui a mauvaise vue. Voir *Eberluter*.

BERLUGEOTTE (br'lugeotte), s. f., lumignon, mauvaise lumière.

BERTE (beurte), s. f., vx fr., cruche à eau; vase en fer blanc, en forme d'arrosoir, pour le transport du lait. Les dictionnaires impriment *berthe*.

« Hier matin, les laitières qui viennent de la Bresse à Mâcon étaient priées... de laisser prélever un échantillon de leur marchandise... L'une des laitières rebroussa chemin et... jeta à bas de sa voiture une de ses *berthes*... » (*Union Rép.*, 20 mars 1908).

BESCOGNER, v. n., vx fr. *bescochier*, aller de çi de là, flâner.

BESIN (b'zin), adj., vx. fr. *bessin*, lent, traînard. Au fig., obtus. Se dit aussi des choses molles et flasques, comme par exemple d'une étoffe sans apprêt, sans consistance.

BESOIN, s. m., vx. fr., affaire. *Avoir besoin à...* un endroit quelconque, avoir affaire à cet endroit.

« Je n'ai point besoin à Marseille, et je n'y veux point aller. » (Al. Dumas, *Le Comte de Monte-Cristo*).

En gare de Pontanevaux, un samedi. Deux propriétaires de la campagne se rencontrent sur le quai d'embarquement, attendant le train pour Mâcon.

« Tiens, vous allez aussi à Mâcon? — Non, je vas à Saint-Amour. — A Saint-Amour?... Mais par où donc qu' vous passez? — Eh ben! par Crêches. — Par Crêches? Mais pourquoi donc que vous n'y allez pas tout droit d'ici? — Parce que c'est plus court. — Heu! y a peut-être 500 mètres de moins, mais avec le temps que vous perdez à attendre le train, et pis à aller de Pontanevaux à Crêches, vous seriez pus vite arrivé à pied. — Ben oui... mais j'ai besoin à Crêches, et pis j'ai rien à faire à Saint-Amour. — Ah! vous m'en direz tant! »

BESOU (b'zou), s. m., ventre, bedon.

BESSE, BESSELLE, s. f., bas-lat. *bessa*, bêche, pioche.

« .... Le menassi
de l'i bailli de sa bessale...
(.............. Le menaça
De lui donner de sa pioche...) »
(Fertiault, *Noëls*, p. 251.)

BESSELON, s. m., vx fr. *besson*, bêcheton, piochon, petite binette.

BESTIAU, s. m., vx fr. *bestial*, bétail.

BÊTE A CÔTE, loc. en manière de jeu de mots, côte de bette.

BÊTE A PAIN, s. f., individu de l'espèce humaine. *La foire des bêtes à pain*, la louée aux domestiques.

BÊTENE, adj., lent de corps et d'esprit, las.

BETER, v. a., bouter, mettre, placer. Bettes-y donc là. « I aviont des chapiaux qu'éront larges qu'man de les courbeilles pre beter le pan. (Ils avaient des chapeaux qui étaient larges comme des corbeilles pour mettre le pain). » (*Le P'leu*, p. 389).

BEU (beû), s. m., bœuf.
> Te verô, an çu lieu
> Un grou beû,
> Et avû li un ône.
> (Tu verras en ce lieu
> Un gros bœuf
> Et avec lui un âne.)
> (Fertiault, *Noëls*, p. 224).

BEUGE, s. f., vx fr. *bouge*, étable.

BEUGNE, **BEIGNE**, s. f., vx fr. *bulgne*, bigne, coup, contusion. Je me suis flanqué une beugne contre mon lit. Voir *Bougner*.

« Bec-Salé lui colla sur le chanfrein une beigne qui n'était pas dans une musette, et l'envoya dinguer contre le comptoir. » (J. Vingtrinier, *Nouvelles littéraires*, 14 juil. 1907).

BEURNE, **BORNE**, s. f., cavité. Sur la route de Cluny à Saint-Gengoux-le-National, près de Lournand, on montrait autrefois la *Beurne des Sarrasins*.

« Il y avait dans la montagne de la Saxe près de Courmayeur, une mine qu'on montre encore sous le nom de *labyrinthe* ou *trou des Romains*. Longtemps regardée comme une caverne naturelle (*la borne de la fée*, — *borne* ou *barme*, en patois, signifiant caverne), sa véritable origine a été mise en évidence par les travaux que les Pères du Saint-Bernard y ont fait exécuter au commencement du dernier siècle. » (Ch. Durier, *Le Mont-Blanc*).

BEURNOUX, **BORNU**, adj., vx fr. *bornu*, creux. Un chêne beurnoux.

BEUROT, **-OTE**, adj., roux, brun, brun foncé. Se dit de la robe des animaux de l'espèce bovine.

A la foire au bétail : « Dis donc, grand voleur, c'te beurote que t' m'as vendue, y était ren une carne ! — Quoi donc qu'all' a fait ? — All' a crevé au bout d' huit jours. — Oh ben ! All' avait jamais fait ça cheux nous. »

BEURRE, s. m. Voir *Liard de beurre* et *Once de beurre*, termes de comparaison pour indiquer un volume et un poids minimes.

BEURRÉE. Voir *Bourrée*.

BIAILLER, v. a., tiller.

BIBAMBOCHE, s. f., salsifis des prés. Voir *Calancue* et *Lait*.

BIBINE, s. f., boisson de qualité très inférieure ou fortement étendue d'eau.

BICARNER, v. n., être de travers. Une rue, un mur, qui bicarnent.

BICHET, s. m., ancienne mesure de capacité pour les grains.

A Tournus, « le bichet, qui sert pour tous les grains, est de 16 mesures, dont la dixième est comble. La mesure de froment pèse 25 livres, le seigle 22, l'orge 20 et l'avoine 16. Le bichet de froment pèse 412 livres et demie ; les vendeurs sont dans l'usage de donner à l'acheteur la coupe comble par charge, c'est-à-dire pour quatre bichets vendus. Ce qui, tout calculé, rend le bichet semblable à l'ânée de Mâcon. » (*Almanach du Mâconnais*, 1786, p. 134 et 135). Or, l'ânée (voir ce mot) vaut 273 litres 693.

A Saint-Gengoux-le-National, « le bichet est composé de 4 boisseaux ; le boisseau ou coupe est traversé d'une branche de fer, se mesure fer découvert, et pèse 36 livres. L'avoine est composée de même quantité de mesures ; la coupe se vend comble et pèse 28 livres. Les autres graines à proportion. » (*Id.*, p. 125).

A Romenay, le bichet contenait 12 coupes 1/4.

A Chalon, le bichet valait 180 litres 778 ; il contenait huit mesures (coupes) de 21 litres 464 dont sept « rases » et une « comble ».

BICHETÉE, **BICHERÉE**, **BICHONNÉE**, s. f., ancienne mesure de surface pour les terres, correspondant à ce que l'on peut ensemencer avec un bichet de grains, et valant (du moins dans le Charollais et le Brionnais) 45 ares 584.

BICHON, s. m., bichet.

« Un bichon de froment. » (Recette incorporée de la Rente noble de Davayé et Condemine en 1786. Archives dép., E. 220, f° 250 v°).

BICLAILLER, **BICLAYER**, v. n., fréquentatif de *bicler*, regarder partout. « Le mare de la coumune, en biclayant de tous les flancs... (Le maire de la commune, en clignant de l'œil de tous les côtés...) » (*Le P'leu*, p. 393).

BICLAILLOUX, adj., fréq. de *bicloux*.

BICLER, v. n., bigler, loucher.

BICLOUX, **BICLOUSE** et **BICLETTE**, adj., loucheur, loucheuse.
Formulette :
> Bicloux, biclette,
> Marchand d'allumettes ;
> Biclette, bicloux,
> Marchand d'amadou.

BICORNE, s. f., bigorne, bigot, pioche à deux cornes ou branches parallèles.

« Il suffit de remuer le mare [de raisin] avec une houe à deux dents ou bicorne... » (*Compte-rendu des travaux de [l'Académie] de Mâcon*, 1833-40).

BICQUAILLER, v. n., « becqueter », « boustifailler ». Viens donc, j'ai acheté pour *cinq sous de cassé :* on n'a rien bicquaillé.

BIDER, v. n., vx fr., trotter.

BIEN, adv. *Etre bien, être bien de chez soi,* être dans l'aisance. C'est des gens qui sont ben bien. Il a épousé une femme qu'est bien de chez elle, mais lui a non plus pas rien.

BIERNE, BIERLE, s. f., vx fr. *bière,* assemblage de deux madriers que, dans un char, on place sur les *trèches* pour transporter les gros matériaux.

BIGEON, s. m., petite bigue, bâton, cheville.

BIGUE, s. f., vx fr., mât, perche. « Le Maire de la ville de Mâcon met sous la sauvegarde et sous la protection de tous les citoyens les divers objets (bigues, drapeaux, arbres verts), qui ont été ou vont être placés pour la décoration de la ville. » (*Union Rép.,* 31 juil. 1903). — « Hier matin, deux voitures passant rue Franche, ont accroché et renversé une bigue, qui a brisé un carreau de vitre à la devanture du café G. » (*Id.,* 2 août 1903).

BIGUENETTE, s. f., bigote.

BIGUOT, adj., vx fr. *bigot* (s. m.), gourd, raidi comme bigue. J'ai les doigts biguots.

BILER (SE), v. r., se faire de la bile. Ah! je n' veux pas m' biler pour si peu.

BILEUX, adj., qui est bilieux, qui se fait de la bile.

BILLET, BILLOT, s. m., fragment de branche d'arbre ou de vigne portant deux ou trois bourgeons et que, au moment de la taille, on réserve pour la végétation de l'année. Voir Littré, v° *Chargeon.*

BILLIER, v. n., vx fr., s'en aller, s'enfuir.

BINE, BENE, s. f., cigale. On dit que cette dénomination vient à la cigale de ce qu'elle commence à chanter au moment où l'on bine, c'est-à-dire où l'on fait la deuxième façon de la vigne.

BINER, v. n., donner la deuxième façon à un champ ou à une vigne. Voir *Semarder* et *Tiercer.*

BINET, s. m., vx fr., binage, action de biner; vigne ou champ qui a reçu la deuxième façon.

BIQUOT, BIQUOUT, BIQUET, s. m., fromage de chèvre.

« Dites donc, Mère Bernard, i faudra que j'alle un d' ces jours vous d'mander quéqu's douzaines de biquots pour faire des fromages passés. — Ah! M'sieu, faudra vous dépêcher, pa'c' qu'y en aura bentôt pus. Les chèvr's vont aller aux amoureux. »

BIQUOTIÈRE, s. f., femme qui apporte au marché les fromages de chèvre.

BIS (bi) DE RAISIN, s. m., bouquet de raisins; branche de vigne portant plusieurs grappes, qu'on peut offrir comme un bouquet de fleurs et conserver suspendue au plafond. (Voir P. Malvezin, *Dictionnaire des Racines celtiques,* art. *Bid* et *Bis*).

« Les habitants d'Arbois sont invités à assister à l'offrande du « biou » traditionnel qui aura lieu le dimanche 1er septembre prochain, à 8 heures du matin, en l'église paroissiale... Les personnes qui désirent offrir des raisins pour le « biou » voudront bien les faire parvenir le vendredi 30 août, chez Mme X... » (Avis recueilli dans un journal local).

« On se rappelle le *Biou* d'Arbois qui a figuré à la fête des vendanges organisée lors de l'Exposition de 1900 : elle eut un succès colossal, la grappe monstre, alternativement composée de grappes blanches et noires, et portée solennellement par quatre solides gaillards... La fête du Biou d'Arbois a lieu tous les ans à la fin des vendanges... » (*Nouvelle Revue,* t. XXX, 1901, p. 142). Voir dans la collection des *Provinces françaises, La Franche-Comté,* p. G. Gazier, 1915, p. 199.

BISE, s. f., baiser. Fais-moi bise.

BISE, s. f., nord. Quand i pleut d' bise, ça mouille jusqu'à la chemise. *Greffier de bise,* greffier de la justice de paix du canton nord de Mâcon.

BISE NOIRE, s. f., vent du nord avec ciel couvert et pluie. Voir *Vent blanc.*

BISER, v. a., embrasser. Bis'-me donc.

BISETTE, s. f., dim. de *bise* (baiser).

BISOUX, -OUSE, adj., embrasseur.

BISQUENCORNE (A LA). **BISQUINCORNE (A LA)**, loc. adv., à califourchon sur les épaules.

On écrit ordinairement *Biscancorne,* mais peut-être faudrait-il dire *Bique-en-cornes,* comme aussi *Chèvre-en-cornes* au lieu de *Chèvrecorne* (voir ce mot).

BISTAUD, s. m., rustaud de magasin, garçon de boutique. Le bistaud de chez X... (nous ne nommons pas l'honorable négociant, pour ne pas lui faire de réclame).

BISTENCOIN (DE), loc., de bric et de broc, de pièces et de morceaux, de travers, de guingois. Voir *Carre en coin (De).*

« Ne te marie jamais avec un menton

pointu. Les mentons en bistencoin, c'est des teignes ! » (Jules Pravieux, *Mon Mari*).

BISTRE, s. m., formation de suie, tantôt liquide et tantôt compacte, engendrée surtout par le bois humide.

BITE, s. f., chassie des yeux.

BITOUX, -OUSE, adj., chassieux.

BLAIREAU, s. m., diable de cantonneur (voir la fig. du *Nouv. Larousse illustré*, v° *Diable*).

BLANDE, s. f., vx fr., flatterie, caresse. *Aller aux blandes*, vx fr. *blander*, cajoler, courtiser.

BLANQUE, s. f., jeu de loterie foraine; plateau tournant, plus connu sous le nom de « roulette », et portant généralement des objets mis en loterie.

BLANQUER, v. n., tirer à la blanque.

BLANQUETTE, s. f., premier produit de la distillation du marc de raisin. Voir *Eau (Petite)*.

BLÉSIR, v. n., blettir.

BLETON, s. m., béton.

BLETTE, s. f., feuille de bette. On dit à Mâcon : des côtes de « blette » et : des *bêtes à côtes*.

BLETTER, v. n., blettir (au fig.). Elle blette de se marier (c'est-à-dire du désir de se marier).

BLETTON, s. m., vx fr. *bleteron*, rejeton. Les officiers de justice de Château poursuivent des gens accusés d'avoir coupé quatre *blettons* dans le bois Billard, à Sainte-Cécile, en 1629. (Archives dép., G. 208, 2, f° 210).

BLEUIASSE, BLOUIASSE, BLUIASSE, s. f., mercuriale annuelle. Voir *Foirolle*.

BLIAUDE, BIAUDE, BLAUDE, s. f., vx fr. *bliaud*, blouse. « Le bûcheron ne quittait guère sa blaude, une espèce de surtout bleu, et ses guêtres de toile. » (Jules Mary, *Un Coup de Revolver*).

BLONDÉE, s. f., méteil, mélange de froment et de seigle. Syn. de *Conseau*.

BLOS (bló), BLOSSE, BLOT, BLOTTE, adj., blet, blette. Cette poire va être blosse; elle est *temps de manger*.

BLOSSIR, v. n., blettir.

BOAINER, BOUAINER, v. a. et n., baigner. Faire boainer des haricots avant de les cuire. Mener bouainer les vaches.

BOBO, s. m., débile mental, ramollot. Il est tout bobo. C'est un vieux bobo.

BOCON, s. m., vx fr., boucon, bouchée empoisonnée; cloaque, lieu sale et empesté. On donne le bocon à un chien dont on veut se débarrasser. La rue Tourniquet, à Mâcon, était un vrai bocon. Voir *Emboconner*.

BOÊME (boîme), BOÊMIER (boîmier), -ÈRE, BOÊMIEN (boîmien), -ENNE, adj., bohème, bohémien; faux, hypocrite, câlin dans un but intéressé. Faire son petit boêmien.

BOÊMERIE (boîmerie), s. f., fausseté, hypocrisie. Je ne me laisse pas prendre à ses boêmeries.

BOÉRON, BOUÉRON, s. m., bouvier, berger. « Les garçons et filles de fermes, les valets et jusqu'aux petits boérons gardeurs de bétail, venaient renouveler leur bail ou chercher un autre maître. » (*Journal de Tournus*, 6 mars 1909). « Je le nomme en ce moment *boulairé* (chef bouvier) de tous mes domaines. » (Elie Berthet, *La Bête du Gévaudan*).

BOHÉMIEN, s. m., romantchel du type brun. Voir *Hongrois*.

BOILLE (boigle), s. f., vx fr. *baille*, fille.

    Lé garson ô lé boigle ansain
     Disian tô le jór dé moutal...
    (Les garçons et les filles ensemble
    Disaient tout le jour des motets...) »
        (Fertiault, *Noëls*, p. 232).

BOIRE (SE), v. r., boire avec excès. Il est bien gentil garçon; c'est dommage qu'i s' boit.

BOISSEAU. Voir *Coupe*.

BOISSELÉE, s. f., ancienne mesure de surface pour les terres, correspondant à ce que l'on peut ensemencer avec un boisseau de grains, contenant 400 toises carrées (de 6 pieds), et valant 15 ares 195.

BOISSELET, BOISSELOT, s. m., vx fr., petit boisseau.

BOITAILLER, v. n., vx fr. *boitoiller*, boitiller.

BOITE, s. f., vx fr., réserve de vin que le propriétaire garde pour sa consommation personnelle.

BOIVU, part. pass., bu.

BOLÉE, s. f., contenu d'un bol. Une bolée de bouillon. « Une bolée de cidre. » (*Nouv. Larousse illustré*, v° *Bolée*).

BOLER, v. n., se dit du lait lorsqu'il se coagule par l'effet de la présure, en formant une masse rétractée dans le petit lait.

BOMBER, v. a., se dit au jeu de saute-mouton, lorsque les pieds du sauteur, ayant déjà quitté le sol, ses mains portent sur le dos du mouton. Bomber dix semelles (voir *Semelle*).

BON, adj. *Bon vin*, vin de qualité supérieure au *vin de table*. Menu du déjeuner offert au 56° de ligne, à l'occasion de son retour à Chalon-sur-Saône, le 20 juillet 1919 : « Sardines au beurre, langouste sauce vinaigrette, veau rôti, haricots verts, salade, fromage, confitures, petits-beurres, pinard, bon vin, café, rhum et liqueurs. » (*Progrès* de Lyon, 20 juil. 1919).

On dit avec le même sens « une bonne bouteille ».

Voir *Bouché* et *Vin*.

Bon, s. m., bonbon. Si t'es bien sage, t'auras du bon.

Bonne-mère, s. f., sage-femme.

Borde, s. f., vx fr., brandon. *Dimanche des bordes*, dimanche des brandons. *Feux de bordes*, feux qu'on allume dans la campagne le soir du dimanche des brandons ou premier dimanche de carême.

Bordelle, bourdelle, s. f., hanneton. C'est, au respect que j' vous dois, des bordelles.

Dicton populaire :
Année de bourdelles,
Année de misère.

Borgnasser, v. n., regarder à la manière d'un borgne. Voir *Bornayer*.

Borgniole, bergniole, bergnioule, bergniule (br'niòle, br'nioule, br'niùle), s. f., corbeille en osier ou en vigne blanche (*clematis vitalba*), de forme ovoïde, portant une ouverture en son milieu ou parfois à l'une de ses extrémités. On l'emploie pour ramasser les noix, sécher les fromages, etc.

Comparer le fr. *bourgne* et le vx fr. *borgnon*.

Au fig., esprit borné, ganache.

Borgnon, s. m., lampe borgne, petite lampe peu éclairante.

Borgnon, s. m., cuite (au sens argotique). Avoir son borgnon.

Bornayer, bournayer, v. n., bornoyer, fureter de l'œil. Voir *Borgnasser*.

Borriau, -de, bourriau, -de, s. et adj. m. et f., brutal, bourreau.

Borriauder, bourriauder, v. a., bousculer, brutaliser. Ne m' borriaude donc pas comme ça. Te m'as toute bourriaudé c'te marchandise.

Bosse-cul, s. m., chûte sur le ventre. On entend dire couramment quand on a fait un bosse-cul : « J'suis tombé sur le ventre, ça m'a répondu dans l' dos. » Rapprocher de *Passe-Cul* et *Plat-Cul*.

Bot, s. m., vx fr., crapaud; bossu. *Un vieux bot* (ne pas comprendre *un vieux beau*) : homme bossu, au nez crochu, aux doigts... aussi, bref, difforme au physique et au moral.

Botasse, boutasse, s. f., petite mare d'eau croupissante.

« Les mares, les étangs, les boutasses... sont d'excellents champs de culture pour les moustiques... » (Dr Daurat, *Nouvelles littéraires*, 15 juil. 1906).

Botreau, botriau, s. m., vx fr. *botrel*, crapaud. Voir *Boutron*.

Botte, s. f., queue, ancienne mesure de capacité pour les liquides, valant deux tonneaux, c'est-à-dire 418 litres. 332.

En Bourgogne, « la queue compose deux muids, ou autrement dit deux poinçons; le muid deux feuillettes; la feuillette, deux septiers; le septier 8 pintes, par conséquent la queue 280 pintes. » (*Almanach du Mâconnois*, 1786, p. 136).

Bouchard, s. m., plaque de tôle, qui sert à boucher la gueule du four.

Boucharde, s. f., nom donné aux fauvettes et, par extension, à d'autres petits oiseaux. *Lyonnais* : boucharle.

Bouché, s. m., vin bouché, vin conservé en bouteille.

« Je vis son père tout en pleurs et en deuil. On lui fit fête chez Renaud; on lui mit devant des noix sèches, de la viande, du bouché : rien n'y fit. C'est son fils qu'il voulait. » (Töppfer, *Nouvelles Genevoises*, *Le Col d'Anterne*).

Voir *Bon* et *Vin*.

Bouchée, s. f., contenu de la bouche. Une bouchée de vin.

Boucher, s. m. — *Boucher de grosse viande*, boucher ordinaire. — *Boucher de cabri* et *boucher de cochon* (ce dernier est toujours un Bressan), viennent vendre leurs viandes respectives au marché. « On demande qu'un contrôle très sévère ait lieu le samedi matin au pont de Saint-Laurent [lès-Mâcon] par où passent toutes ces marchandises suspectes... De la sorte, tous nos bouchers de cochon perdront leurs meilleurs clients. » (*Nouvelliste*, 11 mai 1911. Correspondance de Feillens).

En 1911, en effet, une instruction fut ouverte dans le département de l'Ain, par la Justice, contre un certain nombre de bouchers, qui achetaient des bêtes mortes de maladie (tuberculose, etc.) et même déterraient les cadavres de ces animaux déjà enfouis, pour les livrer à la consommation. A Bourg on les appela des *bouchers charognards*. A Mâcon l'expression courante fut : *bouchers de charogne*.

Bouchon, s. m., bouchure, haie vive.

Bouchon, s. m., couvercle. *Bouchon de latrine*, terme méprisant pour désigner un individu de petite taille.

BOUCHON (A), loc. adv., vx fr., face contre terre, sens dessus dessous. Mettre à bouchon. Voir *Aboucher*.

BOUDER, v. n., se dit d'une rivière en crue au moment où elle est étale. La Saône boude.

BOUDINET, s. m., boudinière, entonnoir à faire les boudins.

BOUFFE, s. f., syn. de *balouffe*. « .... Dans l'écurie des vaches.. il se trouvait un vieux coffre rempli de paille, dans lequel on pouvait dormir... Il y avait même, par-dessus la paille une vieille couverture, et un sac rempli de « bouffe » de blé. C'était plus qu'il n'en fallait... » (F. Parn, *Sicoutrou pêcheur*).

BOUFFEUR, -EUSE, adj., bouffant, -ante.

BOUFRE, s. m., bougre; goinfre. Nous avons entendu la femme d'un vigneron, dont les pêchers étaient dévalisés par des enfants, crier à son mari : « Ohé! Jean-Piare, vins donc flanquer une f'ssée à ces boufres. »

BOUGE, adj., émoussé.

BOUGEON, -EONNE, adj., bougillon, se dit d'une personne remuante, qui ne peut pas rester en place. Voir *Guignochon*.

BOUGIE (LA), s. f., fabrique de bougies, à Saint-Laurent, près de laquelle se trouve une pièce d'eau. En hiver on va patiner *derrière la Bougie*.

BOUGNER, v. a., au prop. et au fig., bourrer, bousculer. Il m'a bougné. Voir *Beugne*.

BOUGRASSER, v. a., mal faire un ouvrage. Te m'as toute bougrassé c'te jupe!

BOUILLIE, s. f. *Bouillie blanche*, bouillie faite avec la farine de froment. *Bouillie jaune*, bouillie faite avec la farine de maïs. Voir *Gaude*.

BOUIS, s. m., vx fr., buis (*buxus sempervirens*).

BOULIGUER, v. a., bousculer, manier sans précaution.

BOULISTE, s. m., vx fr. *bouleur*, joueur de boules.

BOULOIR, s. m., boule de fleuriste (*Nouv. Larousse illustré*), servant au gaufrage des fleurs artificielles.

BOULON, s. m., petite boule, biscaïen, cochonnet.

BOULOT, s. m., plantoir différent du plantoir ordinaire en ce qu'il est renflé au milieu.

BOURDIFAILLE, BEURDIFAILLE, s. f., boustifaille. Noël bien connu :

Noïé, Noïé est venu,
Nos farons la beurdifaille...

BOURNAYOUX, BRENAYOUX (br'nàyoux), -OUSE, s. m. et f., habitant du quartier de Bourgneuf à Mâcon.

BOURRASSE, BORRECHE, s. f., bourre, bourras; vêtement de bure.

« Une couverte de layne et bourrasse. » (Contrat de mariage du 22 décembre 1573. Archives dép., B. 1324, f° 55 v°).

Voir *Clune*.

BOURRASSÉE, s. f., charge d'herbe enveloppée dans une toile et portée généralement sur la tête.

BOURRE, s. f., buse.

BOURRE, s. f., mousse, écume. De la bourre de savon. Du lait en bourre (qu'on vient de tirer).

BOURRE, adj., bourré.

BOURRÉE, BEURRÉE, BURRÉE, s. f., averse. Quelle burrée!

BOURRENFLE, adj. composé vraisemblablement des mots bourré et enflé. « Veux-tu encore des pomm' terr'? — Ah ouat! j' suis d'jà bourrenfl'. »

« En te pressant le nez, j'en ferais sortir du lait comme d'une figue *boudenfle* [sic]. » (Jean Aicard, *L'Illustre Maurin*).

BOURRER, v. n., se dit au jeu de billes lorsque l'impulsion donnée par le pouce à la bille est augmentée par une projection de la main en avant.

BOURRER, v. n., faire de la *bourre*, écumer. Le vin bourre quand il sort du pressoir. — Se dit aussi d'une manière générale de l'intensité ou de l'accélération d'un phénomène : Le vin qu'on tire au robinet bourre quand le fût est plein; au contraire il *moule* quand le niveau en est bas. — La Saône bourre quand la crue commence.

BOURRI, BORRI, BEURRI, BURRI, BERI (b'ri), s. m., beurrier; cuvier.

Le beurrier est un grand pot à lait, en terre ou en grès, dans lequel on accumule la crème jusqu'au moment de battre le beurre. Il y a ordinairement, au fond, un trou qui permet l'évacuation du petit lait.

Le cuvier sert à faire la lessive. Voir *Buie* et *Brue*.

« E pre la buye un grand berl...
(Et pour la lessive un grand cuvier...) »
(Fertiault, *Noëls*, p. 245).

Par assimilation, dans le Brionnais on applique le nom de *bourri* à la chaire à prêcher, comme dans le Mâconnais on l'appelle *jarlot*.

BOURRIRE, BOERRIRE, s. f., beurrière, baratte.

« ...On voyait sur des planches, contre la muraille, des seaux de sapin aussi jaunes que de l'or, des beurrières du même bois pour battre le beurre, et des rangées de vases en terre cuite vernissée... » (Lamartine, *Geneviève*).

BOURRON, s. m., boulette. Un bourron de papier mâché.

BOURRON, adj. m. pris substantivement, ébouriffé. Un homme ou une femme est bourron quand ses cheveux ne sont pas peignés.

BOURRU, adj., en *bourre*, c'est-à-dire couvert d'écume. Lait bourru, lait en bourre (qu'on vient de tirer). Vin bourru (qui sort du pressoir). Ciel bourru (nuageux).

BOURSE-DE-CHIEN, s. f., aristoloche clématite (*aristolochia clematitis*).

BOUSEUX, s. m., jardinier maraîcher.

BOUSILLON, s. m., bousillage, ouvrage mal fait.

BOUT, s. m., bouillon.

Prendre le bout, commencer à bouillir.

« Il était en train de préparer le café... Il attendait que l'eau ait prit (sic) le bout... » (*Progrès* de Lyon, 1er fév. 1924).

BOUTEILLE, s. f., effet de rejaillissement et d'ondulation produit par la chute d'une goutte sur un liquide. — Les gouttes de pluie font des bouteilles à la surface de l'eau.

BOUTON DE CULOTTE, s. m., petit fromage de chèvre sec.

BOUTONNER, commencer à bouillir. Voir *Bout*.

BOUTRON, s. m., gros crapaud. Se dit par moquerie des individus gros et courts. Voir *Botreau*.

BOYALIER, -IÈRE, BOYALI, -IRE, adj., qui a un gros ventre par distension des intestins.

BRACONNER, v. n., vx fr. *bracon* (branche), déplacer et diriger un véhicule à l'aide des brancards, auxquels on imprime des mouvements alternatifs de droite et de gauche. C'est dans le recul que ces mouvements sont le plus accentués.

BRAGUÈTE, s. m., diseur de boniments, charlatan. A rapprocher du bas-lat. *bragare*.

« ... Yé dé braguaite
Que venion vandre lieu-z-ongan...
(... Ce sont des charlatans
Qui viennent vendre leurs onguents...) »
　　　(F. Fertiault, *Noëls*, p. 232).

BRAISAILLE, s. f., menue braise, braisé de boulanger.

BRAISE, s. f., miette. De la braise de pain, des braises de biscuit.

BRAISER, v. a., morceler. Braiser du pain. Y est tout braisé. Voir *Ebraiser* (*S'*).

BRAISILLER (br'siller), v. a., émietter, grignoter.

BRAME (bràme), s. f., brème (poisson).

BRANDOUILLE. *Cuisinier brandouille*, syn. de *cuisinier à la barbote* (voir ce mot). Formulette mâconnaise :

Hôtel des Trois-Moineaux,
Tout est prêt, rien n'est chaud.

BRANLE-COU, s. m., personne ou animal qui *guigne* de la tête.

BRANLER (SE), v. r., vx fr., se balancer.

BRANLIÈRE, **BRANLIRE**, s. f., branloire, balançoire, escarpolette.

BRATER, v. a., tourner, diriger vers. Du temps de la garde nationale, on entendit un jour, dans une commune des environs de Mâcon, ce commandement retentir « comme un éclat de tonnerre » : « *Bratez terious la gueule du fhlian du grand poiri!* (Tournez tous la tête du côté du grand poirier!) ». L'histoire n'a pas retenu si le poirier était à droite ou à gauche.
Voir *Rebrater*.

BRECHOT, -OTE, s. et adj., m. et f., brèche-dent.

BRECOULER, v. n., bégayer.

BREDALIN, -ALINE (br'dalin, br'daline), adj. Dim. de bredin, bredine.

BREDASSER, v. n., brouillasser.

BREDEAU (br'dô), ÉBREDEAU (ébr'dô), s. m., étourdi, écervelé.

BREDEAULÉ (br'dôlé), ÉBREDEAULÉ (ébr'dôlé), s. et adj., m. et f., étourdi, écervelé.

BREDIN, -INE (br'din, br'dine), s. et adj. m. et f., sot, niais, engourdi (au physique). Ce bredin-là, i n' trouv'rait pas d'os dans les pieds d' mouton.

On dit également : I n' trouv'rait pas d'eau dans la Saône.

Ou bien : En voilà un qui n'a pas reçu le Saint-Esprit.

A Saint-Menoux (Allier), l'église conserve le tombeau de son saint patron, qui a la vertu de guérir les *bredins*; ce sarcophage en pierre, percé d'un trou dans lequel on fait introduire la tête à celui qui a besoin d'être « débrediné », est appelé couramment « la Débrédinoire. » (Voir la *Chronique médicale* du 1er août 1924, p. 229).

BREDINDON, s. m. Voir *Relinton*.

BREDINERIE (br'dinerie), s. f., bêtise. Dire, faire des bredineries.

BREDOUILLER (br'douiller), v. n., parler à tort et à travers, sans savoir ce qu'on dit.

BREDOUILLON, -ONNE (br'douillon, br'douillonne), s. m. et f., qui parle à tort et à travers, sans savoir ce qu'il dit : « Qué bredouillon qu' ce vieux-là! Son fusil commence rien à écarter! »

BRELAUDER, v. n., baguenauder, musarder.

BRÊLE MÊCLE (EN) (brele mêcle), vx fr. *brelle mesle*, pêle-mêle. Voir *Mêcle*.

BRELETTES, s. f. pl., organe femelle.

BRELICHON, s. m., petit brelot (ancien chapeau de la Mâconnaise). Voir plus loin *Brelot*.

Berlichon, nom de famille à Saint-Maurice-lès-Couches au XVIIe siècle. (Etat-civil, 9 avri '656).

BRELINGUETTE, s. f., *bredine*.

BRELION, BRELLION (br'lion), s. m., vx fr. *breuille*, nombril; organe mâle.

BRELOT, BRELOUT, s. m., ancien chapeau de la Mâconnaise. Il y a soixante ans environ, la dernière femme (elle était octogénaire), qui portait encore le brelot, à Saint-Jean-le-Priche, était surnommée *la Mère Brelotière* (Brelotière). Le chapeau de la Bressane, plus riche peut-être, mais moins gracieux que celui de la Mâconnaise, lui a survécu quelque temps; on en a vu encore de rares spécimens à Mâcon les jours de foire et marché jusque vers 1900.

Voir G. Jeanton, *Le Mâconnais traditionaliste et populaire*, 1920, pl. III. Nous ne pouvons admettre la graphie *bretau* qu'adopte cet auteur, car elle ne se concilie pas avec la forme *Brelotière*.

Dans le Morvan autunois (*Mém. de la Soc. Eduenne*, nouv. série, t. XX, 1892, p. 357), *brelot* est un des noms génériques du champignon. Or, il est curieux que le *brelot* mâconnais ait précisément la forme d'un champignon.

BRELOT, BRELOUT, s. m., rateau à dents courtes et droites pour ratisser le sable.

BRÊME, adj., cassant. *Bois brème*, bois tendre (par opposition au « bois dur »).

BRENECHER, v. a., fréq. de *brener*.

BRENER, v. a., embrener. Entendu dans cette phrase : « Elle m'a brené son peigne contre », qui voulait dire : « Elle m'a montré les dents. »

BRENOT, -OTE, adj., brunet, -ette.

BRENOUT, BRIENOU, s. m., soupe au riz contenant de la noix pilée, très appréciée à l'Echizy.

« Le menu de ce soir-là comportait une friandise... Après avoir tiré son pain du four, dans la matinée, Jeannette y avait enfourné un grand pot de lait dans lequel elle avait jeté une quantité de noix fraîches, soigneusement pelées; ce mélange, mijoté à la chaleur adoucie du four, jusqu'à son complet refroidissement, avait composé une sorte de crème épaisse d'un goût exquis. Jeannette l'avait fait réchauffer avant de la verser dans une soupière où étaient taillées de minces tranches de pain. Cette sorte de potage nommé *brienou* dans le Mâconnais, y est considéré comme un régal. » (S. Blandy, *La Teppe aux Merles*).

BRENOUX, -OUSE, adj., breneux, -euse.

BRESSANDE, s. f., bressane.

« Il y a quatre décades à peine... [la Dombes] était une patrie de fébricitants, de scrofuleux, de rachitiques, et l'homme de la Dombes, « lait lourd, « long, lent, lâche », méritait mieux que son voisin du nord les cinq *l* infligées au Bressan. » (O. Reclus, *Le plus beau Royaume sous le Ciel*, 1899, p. 279).

L'un de nous ayant protesté, dans une circonstance donnée, contre la réputation faite aux Bressans, s'entendit répondre : « Allons donc! Il en faut sept pour arracher une rave. »

« Pourquoi donc qu' vous n'êtes pas restée dans votre place? — Oh! L' patron ne f'sait qu' m'embêter. I m' demandait tout l' temps si c'est vrai qu' les Bressandes ont l' « ventre jaune. » Cette plaisanterie bien connue est attribuée à ce que les Bressans mangent beaucoup de gaudes ou bouillies de maïs. Dans une autre région de la France elle s'adresse aux Solognots parce qu'ils consomment beaucoup de miel. Il est à remarquer qu'en Bresse et en Sologne le paludisme est à l'état endémique et peut à lui seul anémier le teint des habitants.

Chez le libraire :

Une jeune Bressande, 17 à 18 ans, bien faite, jolie, air candide, coiffée du petit bonnet blanc avec la mentonnière cerise, entre en hésitant.

« *La Bressande :* Je voudrais un livre de sorcellerie.

Le Libraire (sursautant) : Hein? Vous dites?... De sor... Pardon, Mademoiselle, pourquoi faire?

La Bressande (baissant pudiquement les yeux) : Y est pour attirer les garçons. »

BRETTE (br'te, beurte), s. f., vx fr. *birelle*, char ou charrette à deux roues.

BRETTELER (br'teler), v. n. (fr. v. a.), être rugueux, raboteux, inégal. Ne passons donc pas par ce chemin, I brettele trop.

BREUVÉE (brevée, br'vée), s. f., vx fr.

breu, averse. Syn. de *bourrée, brusée, radée*, etc.

BRIAUDÉ, s. et adj., m. et f., syn. de *bredeaulé*.

BRIFFER, v. a., friper. Elle a toute briffé sa robe.

BRIOCHER, BRIOCHIER, BRIOCHI, s. m., pâtissier.

« Hier, M. X..., dit « le Briocher », livreur de pain, est mort au cours de la nuit... » (*Union Rép.*, 30 mai 1919).

BRIQUE, s. f., vx fr., morceau. Une assiette qui s'est cassée en mille briques. Des briques de gâteau.
Voir *Ebriquer*.

BRIRE, s. f., bruyère. « En póssant pre les Grands Brires. (En passant par les Grandes Bruyères). » (*Le P'teu*, p. 385). Syn. aussi de *vianche* (voir ce mot).

BRIRE, v. n., bruire, retentir. On voit ben qu'y a du gibier c't' année; on entend brire des coups d' fusil d' partout.

BROC, s. m., tonnelier.
« Les ouvriers tonneliers, connus à Mâcon sous le nom de « Brocs »... » (*L'Emeute du Port de Mâcon en 1841*, p. E. Demaizière. *Ann. de l'Académie*, 3ᵉ série, t. XXII, 1920-21).

BROCHE, s. f., cannelle, robinet de fort calibre; bouchon plat, en bois, dont on se sert pour boucher le trou de bonde ou le trou de cannelle.

BROCHER, v. a., vx fr., mettre en perce.

BROCHET, s. m. *Brochet d'Espagne*, nom donné en Bresse à un type de petit chevaine à reflets dorés. Voir *Fretoux*.

BROCHON, s. m., broc.

BROCHON, vx fr., BRECHON, goulot. Voir *Pressoir*.

BROCHON, s. m., brindille, branchette.

BROCHONNÉE, s. f., contenance d'un *brochon* (broc). Nous avons bu des vraies brochonnées de vin blanc.

BROCHONNER, v. n., ramasser les *brochons* (brindilles).

BRONDE, s. f., bas-lat. *bronda*, bois à fagot. « Trois douzaines de faz de bronde seiche. » (*L. Lex, Histoire de Saint-Point*, 1898, p. 166). Mandat de 97 livres 10 sous au profit du sieur Cerelet pour fourniture de 19 moules 1/2 de « bois de bronde », 13 mars 1768. (Comptes de l'hôtel-Dieu de Mâcon. GG. 293). Voir *Frache*.
Par extension, bois quelconque.
Chevaux de bronde, chevaux de bois.

BRONDON, s. m., menue *bronde*.

BRONDONNÉE, s. f., fagot de brondé, flambée de bronde.

BRONQUER, v. n., broncher, heurter, buter. Termes de batellerie : bronquer de *Pire*, bronquer de *Riaume* (voir ces mots).

BROQUEREAU, s. m., vx fr., bondon.

BROSSILLON, s. m., vx fr., broussaille.
« Sautons pre dessus les bresselions (Sautons par dessus les buissons). » (*Le P'teu*, p. 393).

BROU, s. m., syn. de *chevasse*. Dicton mâconnais :

> Pourvu qu'on soit soûl
> De chou ou de brou...

BROUTE, s. f., vx fr. *broulis*, ce qu'on broute. *Vin de broute*, celui qui coule du pressoir avant la première *coupe* (voir ce mot); autrefois, et même aujourd'hui encore, mais dans certaines régions seulement, celui qui coule après. Voir aussi *Cul-de-dé*.

BROUTER, v. a., *couper* pour la première fois le *dé* (voir ce mot) du raisin pressuré. Cette expression paraît venir de ce que la première coupe du dé se faisait autrefois à l'aide d'une hache, ce qui donnait au *genne* l'apparence d'avoir été brouté.

BROUTIN, s. m., syn. de *brette*.

BRUE, s. f., lessive. Voir *Buie*.

BRUINE, s. f., grondement sourd et continu que produit la nuée orageuse qui s'approche.

BRULE-BOURRE (A), loc., à brûle-pourpoint, brusquement.

BRUNDIR, ABRUNDIR (brondir, abrondir), v. n., vx fr. *abrunir*, brunir, s'assombrir. Le soleil commence à brundir.
A la brundie, loc., à la brune, au crépuscule.
A la brundie nuit, loc., à la nuit close, à la grande nuit.
« Au brun de nuit. » (P. Féval, *L'Arme invisible*).

BRUSÉE, s. f., averse. Syn. de *breurée, radée*, etc.

BRUSINE, s. f., bruine.

BRUSINER, v. n., bruiner.

BU (ETRE), loc., avoir bu avec excès. Quand il est bu, i n' s' connaît pus.
« V'là qu'un dimanche soir, il vient trois charretiers; ils étaient déjà bus, mais voulaient boire encore. » (N. Cornet. *Le Promis*, dans *Je Sais tout* du 15 avril 1909).
« *La Comtesse* : Vous avez bu.
Paul : Et même vous êtes bu. »
(Abel Hermant. *Le Sceptre*).
Pendant la grande guerre, un « qui est bu » et en train de *dégailler* devant le poste de police, est interpellé par l'agent de garde : « Quéqu' vous fou-

tez-là? Vous êtes soûl! Allons, au poste! — Ben quoi? C'est-i pa'c' que je rends mes canons que j' trahis la France? »

BUCHAILLE, s. f., vx fr. *bouchaille*, clôture, bouchure. « I sautiront tieu pre dessus ine buchaille. (Ils sautèrent tous par dessus une bouchure). » (*Le P'teu*, p. 393).

BUCHE (bûche), s. f., tige, fétu. *Tirer à la courte bûche* (*Nouv. Larousse illustré*), tirer à la courte paille.

BUCHETTE (bûchette), s. f., jonchet.

BUCLAGE, s. m., action de *bucler*. Comparer avec le bas-latin *bucliamen*.

BUCLER, v. a., flamber un porc ou une volaille. « Quand le fut plemée, quand le fut buclée, detez va! combin le pesout? (Quand elle fut plumée, quand elle fut buclée, dites voir combien elle pesait?) » (*Le P'teu*, p. 397). Y sent le buclé, ici.

BUGNE, **BUGNETTE**, **BUGNOTTE**, s. f., vx fr., beignet, pâtisserie de pâte frite; petite gaufre mâconnaise.

BUGNE, s. f., bête. Grande bugne, va!
« Puis je verrai si j'ai toujours quelque
[crédit
Chez Maître Pierre et s'il est toujours
[aussi bugne. »
(J. Richepin, *Le Chemineau*, a. III. sc. 17).

BUIDON, BOIDON, BEDON, s. m., vx fr. *buydon*, mue, cage à poussins. Syn. de *Trion*.

« ... Pre lé pôlallie,
Quan elle menon lieû pelion,
I balliron un gran buidon...
(... Pour les poules,
Quand elles mènent leurs poussins,
Ils donnèrent une grande cage...) »
(Fertiault, *Noëls*, p. 245.)

BUIE, **BUE**, **BOIE**, **BEUIE**, **BOUIE**, s. f., vx fr. *buie*, buée, lessive. Voir *Brue*.
« E pre la buye un grand beri...
(Et pour la lessive un grand cuvier...) »
(Fertiault, *Noëls*, p. 245).

BUREAU, s. m., bureau de bienfaisance. Il a son pain du bureau.

BURETEAU, s. m., bluteau, toile de tamis.
« Un tami û fin buretiau...
(Un tamis aux fines mailles...) »
(Fertiault, *Noëls*, p. 245.)

BURIN, BEURIN, BOURIN, BOIRIN, s. m., habitant de Boz (Ain), et par extension marchand de bestiaux.

BUSQUIN, -INE, adj., syn. de *besin*, -ine.

BUTTE, s. f., vx fr., tonneau.
« Une voiture de buttes se trouvait en travers de la route... » (*Union Rép.*, 27 septembre 1924).

BUVANDE, s. f., piquette.
Recette mâconnaise : « Betez un gratte-cul dans un ponçon. Achevez de remplir avec du bon Thorins. Laissez faire pendant trois mois. Et pis vous verrez qu'avec ça on peut s' passer de vin. »

C

ÇA, pr. dém., cela, ce qui est. Ça mien, ça tien, ça sien : ce qui est à moi, à toi, à lui. Ça petit (en parlant d'o enfant). C'est toujours malade, e pauv' ch'tit (ce pauvre enfant chétif).
« Il ne manque pas un ducat à ça votre. » (Ch. Buet, *Hauteluce et Blanchelaine*).

CABANIER, s. m., nomade logeant dans une roulotte.

CABARET, s. m., syn. de *paradis*.

CABAS, s. m., macre (*trapa natans*), châtaigne d'eau (dont la forme rappelle vaguement celle du cabas).

CABET, -ETTE, adj. et s., bœuf ou vache dont les cornes sont incurvées en avant et en bas.
Avis inséré dans l'*Union Rép.* du 2 juil. 1916 : « Perdu, Salornay, une vache cabette environ 10 ans, bout d'une corne sciée... Aviser G..., Cluny. »

CABINET, s. m., armoire à linge et à vêtements.

CABION, s. m., syn. de *tabagnon*.

CABIOTON, s. m., petit *cabion*.

CABOULOT, s. m. (terme enfantin), noyau de pêche. Quand on tire une *agate*, il est expressément défendu de se servir de caboulots au lieu de billes.

CABRE, s. f., cabri femelle.

CABRION, s. m., fromage de chèvre.

CACABOSON (A), loc. adv., à croupeton. Se dit surtout des enfants lorsqu'ils glissent dans une position accroupie. Voir le bas-latin *cacabosus*.

CACATOIS, CATACOIS, s. m. et f., coiffure de nuit faite d'un mouchoir enroulé autour de la tête.

CACHE-GUENILLES, s. m., cache-misère (*Nouv. Larousse illustré*).

CACHET, s. m., vin cacheté. Goûtez-moi ça, ça fera un bon cachet.

CACONNER, v. n., caqueter.

CACOUTIS. Voir *Caquelis*.

CACOUX, -OUSE, CAQUEUX, -EUSE, adj. et s., vx fr. *caqueux* (lépreux), qui caque souvent, qui est barbouillé de m... Il a le derrière tout cacoux.

CADET, s. m., le dernier fils. Autrefois, dans les familles, on désignait l'aîné des fils par le nom patronymique, le deuxième par l'appellation de « Cadet » tout court, et les suivants par leurs prénoms respectifs. Mais, si l'on parlait du cadet d'une autre famille, on disait « Cadet l'n Tel ». Tout le monde connaît « Cadet Rousselle, » « Cadet Buteux », etc.

CADET, -ETTE, s. m. et f., garçonnet, fillette.

CADETTE, s. f., pierre de dallage ou de couverture. « Il apperçut un ange qui parut si brillant... que l'on auroit pu compter les cadettes du pavé. » (Œuvres manuscrites de l'abbé Agut, citées p. M.-J. Chaumont, *Histoire de M. Agut*, p. 29).

« ... Des figures qui allaient et qui venaient, en faisant résonner leurs sabots sur les *cadettes* de pierre du plancher... » (Lamartine, *Le Tailleur de pierre de Saint-Point*).

CADETTER, v. a., paver ou couvrir de *cadettes*.

CADOLE, s. f., maisonnette isolée, cabane servant d'abri dans la campagne et d'habitation sur les bateaux marchands. Noms de lieux : *Les Cadoles*, communes de Château et de Romenay.

« C'est un pauvre chiffonnier installé dans une cadolle et qui gagnait bien pauvrement sa vie. » (*Républicain Mâconnais*, 11 juil. 1909).

« Le grec vulgaire *katabolon* est devenu en latin *catabulum*, écurie, étable. Le pluriel *catabula* est devenu le méridional *cadaula*, de la même manière que *parabola* est devenu *paraula*, parole. Le méridional *cadaula* s'est conservé dans le lyonnais *cadola*, petite hutte, qui est passé dans le bourguignon *cadole*, cabane. » (H. Laray, dans *l'Intermédiaire des Chercheurs et Curieux*, 1912, I, col. 581).

CADUC, s. m., personne épuisée par l'âge ou par la maladie.

... Y est un bien mauvais temps pour les caducs...

CAFARD, s. m., blatte.

CAFÉ DES PAUVRES, loc., relations amoureuses. C'est au *café des pauvres* que pensait le pigeon du bon La Fontaine quand il disait :

Mon frère a-t-il tout ce qu'il veut,
Bon souper, bon gîte..., et le reste?

CAFFE, s. f., bas-lat. *caffa*, poche (de vêtement).

CAGNE, s. f., cagnardise. J'ai la cagne.

CAILLE, s. f., chaille, caillou. « ... La *pierre caille* est particulièrement recherchée pour les routes... Cette pierre contient aussi beaucoup de chaux... » (G. Jeanton, *Les Carrières de Lucrost*, dans la *Bresse Louhannaise*, 1908).

CAILLI, s. m., lait caillé.

CALA, s. m., noix. Voir *Chaille*.

CALANEUE, CALANOE, s. f., salsifis des prés (*tragopogon pratensis*).

A Uchizy, le dimanche de la Mi-Carême, on fait la fête de la calaneue, comme dans d'autres localités, au mois de mai, on fait celle du muguet : c'est, en somme, la fête du printemps.

Dans la Bresse louhannaise, la calaneue s'appelle *carnabeau*; dans le Chalonnais, *carbonade*.

Voir *Bibamboche* et *Lait*.

CALE, s. f., abri. Se mettre à la cale du vent.

CALE. Voir *Pressoir*.

CALE, adj., calé.

« Dampi la fontaine u Ladre tant qu'à la pierre Cale. (Depuis la fontaine au Ladre jusqu'à la pierre Cale). » (*Le P'teu*, p. 387).

Le nom de *Pierre Cale* est à rapprocher de ceux de *Pierre Bêche, Pierre Butée, Pierre Fiche, Pierre Fitte, Pierre Levée,* etc., qui s'appliquent à divers lieux habités de France.

CALER, CALCHER, vx fr. *chauchier*, v. n., marcher, avancer, glisser. Un gamin s'amusant à faire des ricochets *sur Saône*, dit à son camarade : Tiens, vis'-moi e'te pierre; ell' va rien calchi.

CALOIRE, s. f., glissoire.

CALOT, s. m., bonnet de paysanne.

CALOUX, s. m., glisseur.

CAMPAGNE, s. f., maison de campagne. J'ai une campagne dans les bas de Leynes (sans calembour).

« Autour de Montpellier, les « campagnes » foisonnent. » (G. Lenôtre, *Sur les Routes de la douce France*, dans *Rev. des Deux-Mondes*, 1er août 1918, p. 503).

CAMPANE, s. f., vx fr., cloche qu'on met au cou des bestiaux en pâturage.

CANCOINE, CANCOIRNE, CANCOUIRE, s. f., vx fr. *cancoile*, hanneton; personne cancanière, indiscrète et maligne. On rencontre beaucoup de cancouires aux abords des sacristies.

CANIL (cani), s. m., chenil, niche à chiens; logement sale, lit mal fait.

CANNE, s. f., vx fr. *cane*, échalas. « *Canx*, roseaux dont on faisait des échalas. » (*Compte de la Maison de l'Aumône de Saint-Pierre de Rome,*

1285-1286, pub. p. M. Prou, dans *Le Moyen Age*, revue, 1917-1918, p. 50, n. 2).

CANON, s. m., ancienne mesure de capacité pour les liquides, valant 1/8 de pinte, et contenant 0 litre 18925.

Trois individus descendant la rue Rambuteau à vive allure dépassent une buvette. Brusquement, le premier fait demi-tour : « J' paye un canon. — Tiens! dit l'un des autres, c'est quand il a passé l'église qu'i se souvient qu'i n'a pas dit la messe. »

CANTINE, s. f., bocal.

CANTINEAU, s. m., petite cantine de chantier.

CAPELINE, s. f., coiffure en étoffe légère et de couleur généralement claire que les femmes de la campagne mettent pour travailler aux champs. Elle est surtout en usage au nord et à l'ouest de Mâcon.

CAPETER (cap'ter), v. a., abandonner, renoncer à. Il a capeté sa promise. Voir *Dépeter*.

CAPUCHON, s. m. *Capuchon de lampe*, abat-jour.

CAPUCIN, s. m., lièvre.

« Je ne retrouve plus mon fusil que j'ai caché par là. C'est bien le diable si avec un pareil clair de lune je ne décroche pas « un capucin » en rentrant chez moi. » (G. Gerin, *Au Pays des Etangs*, p. 88).

CAQUE, s. f., excrément d'homme ou d'animal. Ça sent la caque de chat, ici.

CAQUE-NANO, s. m., individu qui caque au nano (nono, dodo, etc.), chie-en-lit, personnage timide et niais, qui fait sous lui, gâteux au physique et au moral.

CAQUER, v. n., aller à la selle. Votre fille est une merveille, — c'est entendu: mais tout' même, elle fait comme les autres, elle caque...

CAQUERAU (pour *caqueral*), s. m., pot à caquer. On dit habituellement *un pot caquerau*.

CAQUETIS, CACOUTIS, s. m., lieux d'aisances rudimentaires et mal tenus.

A la Pyramide, vers 5 heures du matin, au mois de juin :

« *Premier Mandrilloux :* Dis-donc, viens-tu prend' un verre?

Second Mandrilloux : Tout' même. Mais auparavant j' vas au caqu'tis.

Premier Mandrilloux : T'as pas besoin d'y aller; t'as ren mangé hier. »

Dans un presbytère du Mâconnais, le siège du *caquetis* est percé de trois trous. Après un copieux déjeûner de conférence, un convive, qui venait pour la première fois de rendre visite au local en question, interpella en' ces termes son amphitryon : « Dites-moi, confrère, quand vous allez au caquetis, vous officiez donc avec diacre et sous-diacre? »

Chez le libraire. Une dame, le visage anxieux, entre précipitamment :

« *La Dame :* Monsieur, avez-vous un water-closet?

Le Libraire (interloqué) : Non, Madame... (Machinalement, par habitude de commerçant) : Mais je puis vous en faire venir un.

La Dame : Vous ne me comprenez pas... Je demande un caquetis.

Le Libraire : ???

La Caissière (se penchant vers le libraire, — à mi-voix) : C'est peut-être un livre d'anglais. »

CAQUEU, COQUEU, s. m., espèce de *tartouillat* au fromage blanc, qui se fait, à l'occasion de la fête patronale, dans les communes du nord du Mâconnais.

En Charollais, le *cacou* (farine, lait, œufs) est un *malefaim* au four, aromatisé et sucré, avec ou sans cerises. Voir *Tartouillat*.

CAQUEUGNON, s. m., fruit ou individu resté nain.

CAQUEUX, Voir *Cacoux*.

CAQUILLER, v. a., chatouiller: mangeotter, grignoter. Voir *Recaquiller*.

CAQUILLON, s. m., petite caque, fût de contenance égale ou inférieure à celle du quartaut, mais supérieure à celle du *barelot*. Au fig., personne de petite taille.

CARAYER. Voir *Carroiller*.

CARCASSER, v. n., se dit d'une personne qui tousse, râle et crache bruyamment. Ça carcasse dans ma poitrine.

CARCELLE, CRECELLE, CRECHAULE, s. f., croquant (cartilage).

CARGE, CARRAGE, CARROUGE, CARRUGE, s. m., vx fr., *carroge*, croisée de quatre chemins, carrefour, place. Ces noms désignent plusieurs hameaux du département de Saône-et-Loire. Voir *Truge*.

CARGE, CARGET, CARGEAT, CARGEOT, s. m., groupe de personnes caquetant sur le *carge* (le forum mâconnais!) et, d'une manière générale, n'importe où.

CARMENTRANT, s. m., carême-entrant, syn. de *carnaval* et de *tracassin*. Noms de famille : Carimantrand, Carmantrand.

CARNASSER, CARNÉCHER, v. n., rendre un son de fêlé; tousser.

CARNASSIER, -IÈRE, adj., avide de. Les *truffes*, j'en suis pas pus carnassier que d' la messe.

CARNAVAL, CARNAVAU, s. m., mannequin du carnaval qu'on brûlait sur le pont de Mâcon et qu'on jetait ensuite *en Saône*; individu déguisé ou masqué. Au fig., personne bizarrement accoutrée.

CARNETTE, s. f., tresse de cheveux.

CAROTTE ROUGE, s. f., betterave potagère.

CARPETER (SE) (carp'ter), v. r., se démener en parlant, faire de grands gestes, s'agiter.

CARQUELIN, s. m., craquelin. Des carquelins farcis (fourrés). Autrefois, le dernier jour des Rogations, une procession se faisait à Mâcon, qui réunissait les deux principales paroisses. C'était à celle qui arriverait la première au lieu du rendez-vous, place Poissonnière. Aussitôt que le clergé de Saint-Vincent apparaissait, les enfants de la paroisse de Saint-Pierre se jetaient au-devant de lui en criant à tue-tête : « Saint-Pierre a gogni. Saint-Vincent a predu des carquelins farcis tant qu'on en pourra mangi. » (Archives mun., GG. 125, n° 9).

CARRADEAU, CARRADOU, s. m., cœcum, première partie du gros intestin (chez les animaux); saucisse ayant cette membrane pour enveloppe.

CARRAILLER, CARAYER, v. a., lancer avec force. Carayer une pierre. — Nous préférons l'orthographe *carrailler*, qui rappelle l'origine vraisemblable de ce mot : lancer des carreaux d'arbalète.

« Carayez me çan su le Plautre. (Jetez-moi ça sur la place). » (*Le P'teu*, p. 397).
Voir *Carrocher, carocher*.

CARRE, s. m. (fr., fém.), angle, coin. Mets-y donc dans c' carre.
De carre, d'angle, de côté.
De carre en coin, qui se présente par l'angle et non par la face, de guingois, de travers.
On a écrit quelquefois *quart*. « Il a dit en le regardant de *quart*... » (Foudras, *Les Hommes des Bois*).

CARRÉ, s. m., oreiller.

CARRER, v. a., acculer, pousser dans *un carre*.
« I nous faut la quarra contre la rouche... Quand l'ara le cul contre la rouche, la rouche ne vout po recouela p't'-être... (Il nous faut l'acculer contre la roche... Quand elle aura le cul contre la roche, la roche ne veut pas reculer, peut-être! » (*Le P'teu*, p. 395).

CARRILLON, s. m., vx fr. *carillon*, petit carré, angle. *Dans tous les coins carrillons*, jusque dans les plus petits coins.

CARROCHER, CAROCHER, v. a., lancer une pierre contre quelqu'un ou quelque chose, lapider. Voir *Carrailler, carayer*.

CARRON, s. m., vx fr., carreau, brique de carrelage.

CARRONAGE, s. m., carrelage.

CARRONER, v. a., vx fr., carreler.

CARRONIER, s. m., fabricant de *carrons*.

CARRONIÈRE, s. f., briqueterie. *La Carronnière*, hameau de la commune de Romenay.

CARTIBALLE (A LA), CATIBALE (A LA), loc. adv., à califourchon sur les épaules. Il portait son enfant à la cartiballe.
À rapprocher du bas-lat. *cortibaldus*.

CASEAU, CAISEAU, CASIAU, CAISIAU, s. m., caillette, quatrième estomac des ruminants, qui sert à faire la présure. Le commerce des *caisiaux* est exercé dans certaines localités par des individus désignés sous le nom de « marchands de ventres de veaux ».

CASIÈRE, s. f., vx fr. *chasier*, cage à fromages.

CASSE, s. f., bas-lat. *cassa*, casserole. *Casse fritoire*, poêle à frire.

CASSÉ, s. m., gâteaux qui, s'étant brisés ou n'étant plus frais, sont mis au rebut pour être vendus à vil prix.

CASSE-CROUTE, s. m., petit repas, goûter.

CASSON, s. m., syn. de *cuchon*. Voir *Cuche*.

CASSONNER, v. n., mettre en *cassons*.

CASTAFOUINE, s. f., matière fécale.

CATACOIS. Voir *Cacatois*.

CATALLE, CATELLE, s. f., crotte ronde, telle que celle de la chèvre, du lapin, du rat; mucosité desséchée du nez de l'homme. *Lyonnais* : catolle.

CATALLER, v. n., faire des *catalles*. Elle avance autant à parler qu'une chèvre à cataller (c'est-à-dire elle parle très vite).

CATALLON, s. m., dim. de *catalle*.

CATALLOUX, -OUSE, adj., crotté. Regarde donc ton nez, il est tout catalloux.

CATARRHE, s. m., inflammation chronique de l'intestin chez les jeunes enfants. « Qu'est-ce qu'il a donc vot' petiot? — Eh ben! la femme-sage est v'nue; elle a dit qu'y était l' catarrhe. »
Pour le traitement du catarrhe, voir *Pensée*.

CATON, s. m., vx fr., grumeau, agglomérat. Ma sauce a tourné, elle est tout en catons. Qué done qu' vous avez fait c'te nuit dans vot' lit qu' vos draps sont tout en catons? *Morvan* : casson.

CATONNER, v. n., vx fr., se mettre en *catons*. Ne mets pas tant d'eau à la fois dans c'te farine, elle va catonner. Voir *Décatonner*.

CAUGER (SE), COUGER (SE), v. r., se taire. Voir *Coisir (Se)*.

CAUSTIQUE, s. m., encaustique.

CAUTÉRISER (SE), v. r., se cicatriser. Se dit en parlant d'une plaie en voie de guérison.

CAVET, -ETTE, adj., bête. Il a l'air cavet.

CAYE (caïe), s. f., truie.

CAYE (caïe), adj., avare. Qu' t'es donc caye! On dit aussi d'un avare qu'il est « cochon ».

CAYON (caïon), s. m., vx fr. *caion*, porc.

Sur le Pont :
Un Bressan traverse le pont, conduisant un cochon de belle taille. Sur le trottoir, deux passants marchent à la même allure.
« 1er *Passant* : Dites voir combien pèse ce cayon.
2e *Passant* : ?...
1er *Passant* : 90 kilos.
2e *Passant* : ??...
1er *Passant* : Ben oui... L' trou du c... ça fait zéro, et la queue devant, ça fait neuf. Total 90.
2e *Passant* : !!!... »

CAYON, -ONNE (caïon, caïonne), adj., cochon, -onne. Se dit des personnes.

CENS, s. m., terme de certains jeux d'enfants, qui établit la situation du joueur cessant volontairement et provisoirement de prendre part au jeu. Aux barres, par exemple, le joueur, quand il a dit le mot : *Cens!*, circule entre les deux camps sans pouvoir prendre ni être pris.

CENSÉ, -ÉE, adj., qui a pris le *cens*. On crie indifféremment : *Cens!* ou *Censé!* pour quitter le jeu.

CENT COUPS L'UN (A), loc., une fois sur cent. Etre adroit à cent coups l'un. Réussir à cent coups l'un.

CENTIME, s. f., Une centime. « En résumé, les droits de place, les abattoirs et les poids publics ont donné en recettes 52,863 francs une centime. » (Rapport lu au conseil municipal de Mâcon le 9 janv. 1903. *Journal de Saône-et-Loire*, 15 janv. 1903).

CERCIFIS. Voir *Sersifis*.

CHA, prép., lat. *cata*.
A cha un, à cha deux, à cha trois, etc., un à un, deux à deux, trois à trois, etc.
A cha peu, peu à peu.

C'T' année, j'ai vendu mon vin à cha pièce (pièce à pièce).
Voir *Etymologies morvandelles*, p. le chanoine Meunier, dans *Bulletin philologique et historique du Comité des Travaux historiques*, 1913, p. 259.

CHAFAUD, s. m., vx fr., échafaudage.

CHAILLE, s. f., écale des noix, des amandes, des châtaignes, etc.
Mettre en chaille, foutre en chaille, mettre au rebut.
A rapprocher du vx fr. *chaillons*, hardes, guenilles.
Voir *Cala* et *Echailler*.

CHAISTRE, s. f. (fr., masc.), fossé d'écoulement d'eau en bordure d'un champ; extrémité d'une terre labourée où l'attelage tourne, par conséquent ne trace pas de sillons.
« Deffenses de mener paître les bestiaux dans les chintres des terres ensemensées. » (Ordonnance de police du juge de la terre et seigneurie de Charnay-lès-Mâcon, Levigny et dépendances, du 28 juil. 1779, pub. p. L. Lex dans *Notice historique sur Charnay-lès-Mâcon*).

CHAIRE, s. f., vx fr., chaise.

CHALANDE, CHALENDE, s. f., bas-lat. *festum Calendarum*, Noël. De là le patronyme « Chalandon ».

CHALÉE, s. f., bas-lat. *calata*, allée; spécialement passage qu'on a pratiqué dans la neige en la rejetant sur les côtés.

CHALOUPE, s. f., bateau de plaisance à quille.

CHAMAILLER (SE), v. r. *Le temps se chamaille*, est en lutte entre le beau et le mauvais.

CHAMBALLÈRE, s. f., chambrière. « Nom des servantes à Uchizy », dit Mme S. Blandy à l'appui de cette phrase : « Elle ne rencontra personne, car les deux chamballères étaient occupées dans la grange. » (*La dernière Chanson*).
Syn. aussi de *Donzelle* et *Servante*.

CHAMBRER, v. a., placer un objet dans une chambre pour lui en donner la température. *Chambrer du vin*, placer du vin dans une chambre à température suffisante pour en développer le bouquet. On chambre le vin rouge, mais pas le vin blanc. Le vin chambré, qui reste en vidange quelques heures, n'en a que plus d'arôme.

CHAMIQUE, s. f., syn. de *chamoure*.

CHAMOISER, CHAMOILLER, v. a., vx fr. *chamoisier*, frapper, meurtrir, écraser, triturer.

CHAMOURE, s. f., flan de courge, autrefois mets classique des vendangeurs,

CHAMOURIER, s. m., vendangeur, parce que mangeur de *chamoure*.

CHAMP, s. m. *Aller en champ*, mener paître le bétail. « ... Sa mère gagnait sa vie en prenant à l'hospice des nourrissons... Quand ils avaient l'âge d'aller en champ, elle les mettait en maîtres et recevait un petit loyer pour leur travail... » (Lamartine, *Geneviève*). Voir *Maître* (A).

Aller sur les champs, aller à la selle.

Etre sur les champs, être sur les routes, voyager pour faire son apprentissage ou se perfectionner dans l'exercice d'un métier, trimarder. « M° Geoffray Arcelin, leur filz, pharmatien, estant à présent sur les champs pour l'exercice de sa profession... Et au cas que ledit M° Geoffray Arcelin décède sur les champs sans estre marié, et que pareillement M° Françoys Arcelin, [son frère], praticien, demeurant à présent en la ville de Mascon, décéde avant la majorité de vingt-cinq ans et sans estre marié... » (Testament d'Etienne Arcelin, bourgeois de Cluny, et de Claudine Vény, sa femme, auquel signe, en qualité de témoin, « Ysaac Bollo, m° app'° » audit Cluny, le 25 novembre 1632. Archives dép., B. 1350, f° 188 v°). Sous l'ancien régime, en effet, la règle qui avisait au recrutement des apothicaires était la suivante : « Après que l'aspirant apothicaire... aura achevé ses quatre ans d'apprentissage et servi les Maîtres pendant six ans, il... subira un examen pendant trois heures... et ensuite les Gardes lui donne[ro]nt à faire un chef-d'œuvre de cinq compositions... » (*Dictionnaire universel* [*de Trévoux*], v° *Apothicaire*).

CHAMPAYAGE, CHAMPOYAGE, s. m., champéage, pâturage. *Pré de champayage*, pré affecté exclusivement au pâturage.

CHAMPAYER, CHAMPOYER, v. a.; au prop., faire paître, mettre en pâturage; au fig., dorloter, choyer. *Champayer le bétail*, le mettre au pâturage. *Champayer un pré*, le mettre en pâturage. *Champayer un bébé*, bien le nourrir, le dorloter, le choyer.

CHANCELER (SE), v. r., vx fr., se canceller. Le linge neuf est dit *chancelé* lorsqu'il est tacheté par l'effet de l'humidité. Voir *Piper* (Se).

CHANCRE, s. m., cancer; muguet des enfants.

CHANDELLE, s. f., mucosité, ordinairement purulente, qui coule des narines sur la lèvre supérieure.

« *Le Gosse* : M'man, mouch' me donc mes chandelles.
La Mère : R'nif', salaud! »

CHANDELLE. Voir *Pressoir*.

CHANE, s. f., vx fr., cannelle, robinet de fort calibre.

CHANÉE, s. f., chéneau, gouttière. I pleuvait si tellement fort que la raie du c... me servait d' chanée.

« Au cours de l'orage, la foudre est tombée sur les bâtiments de M. X..., brisant les chanées et noircissant les chevrons du toit qui, par un hasard, n'ont pas pris feu. » (*Nouvelliste*, 4 sept. 1907. Correspondance de Pont-de-Vaux).

Voir la citation faite au mot *Cornet*.

CHANET, s. m., tuyau de descente par où s'écoule l'eau de la chanée.

CHANIN, -INE, adj., vx fr. *chienin*, de chien, désagréable. Se dit du temps quand le ciel est couvert, gris, incertain. *Lyonnais* : temps de chien (*cantinus*).

CHANION (chânion), s. m., vx fr. *chaaignon*, chainon. *Chânion du cou*, nuque.

CHANON, s. m., étui à aiguilles.

CHANTER, v. a. *Chanter le coq*, *chanter le poulet*, se dit de la poule qui imite le chant et l'attitude du coq, fait considéré comme un mauvais présage.

CHANTOUX, -OUSE, s. m. et f., chanteur, -euse.

CHANVROTTÉ, adj., syn. de *chevenotté*.

CHAPALOUX, -OUSE, s. m. et f., chapelier, -ière.

CHAPEAU, s. m. *Chapeau de lampe*, abat-jour.

CHAPITEAU, s. m., vx fr. *chapitel*, auvent, porche.

CHAPOTE, s. f., plat de viande *chapotée*. De la chapote de poulet.

CHAPOTER, v. a., vx fr., taillader, couper en menus morceaux.

S'emploie le plus souvent en mauvaise part.

CHAPOTEUR, -EUSE, CHAPOTOUX, -OUSE, s. m. et f., celui ou celle qui *chapote*.

CHAPPE (châpe), s. f., bas-lat. *chappa*, appentis.

« Un baptiment couvert à paille consistant en uno grange, une chappe de chacque costé, avec deux écuries attenantes auxdittes chappes... » (Archives dép., F. 1295, 5 mars 1741).

« M. X... était occupé [à Massily] à descendre des fagots de bois de dessus une chope (sic). Mais le faux-plancher s'effondra... » (*Union Rép.*, 17 déc. 1913).

CHAR, s. m. Plusieurs pièces du char

ont des dénominations qui nous paraissent purement locales. Voir *Balaillarde, Bierne, Collier, Dame, Daraise, Echarmet, Massout, Palière, Planche, Trèche.*

CHARABOTTER, v. a., farfouiller, mettre en désordre.

CHARAÇON, CHARASSON, s. m., barre métallique, armée de dents puissantes, à laquelle on accroche les quartiers de viande dans les boucheries, etc. *L'Eclaireur du Mâconnais*, du 30 déc. 1922, relatait qu'un garçon charcutier avait été « blessé à la main droite par un piquant de charaçon ». Cet appareil s'appelle à Dijon « dents de loup ».

CHARBUCLE, s. f., vx fr. *charboucle*, poussière de couleur foncée, telle que suie, dépôt du vin, etc.; charbon, maladie cryptogamique des céréales qui rend le grain friable et noir comme de la poussière de charbon.

CHARDONNET, s. m., chardonneret.

CHARFER, v. a., chauffer.
« Vô n'ai ne lie ne trobîe,
Ne feû pre vô charfai.
(Vous n'avez ni lit ni table,
Ni feu pour vous chauffer.) »
(Fertiault, *Noëls*, p. 227.)

CHARGE, s. f., réjouissance (os ajoutés à la viande par le boucher).

CHARGEON, s. m., vx fr. *charchon*, petite charge; quantité de cinq quartes, soit 35 litres de vin, que l'on transporte du pressoir au fût au moyen d'une *benne*. Il faut trois chargeons pour une feuillette ou demi-pièce et six pour une pièce entière ou tonneau.

CHARIPPE, s. f., charogne (au fig.). Sacrée grande charippe, va!
A la maison d'arrêt :
Un individu est en détention préventive pour un délit quelconque. Son père vient le voir.
« *Le Père* : Constant, y a jamais eu de tache dans la famille... Si t'es coupable... (lui donnant un revolver), brûle-te la gueule.
Le Fils : Ha! vieille charippe... Si t' t'étais brûlé la gueule toutes les fois que t'as fait une tache, y a grand temps que ma mère elle serait pas morte. »

CHARLETTE, CHOURLETTE, CHOURLOTTE, s. f., charlotte, gâteau de pâte fourrée ou garnie de fruits. « On verra de petits enfants venir manger mes chourlottes aux pommes et mon pain chaud. » (B. de Buxy, *Le Mari de la Veuve*).

CHARME, CHARMÉE, s. f., charmole. Cinq hameaux ou écarts du département de Saône-et-Loire portent le nom de *La Charme*, d'où les patronymes *La-*

charme et *Delacharme*. D'autre part, une commune s'appelle *La Charmée*.

CHARMILLE, s. f., charme.
« ... Huit troncs tortueux de vieilles charmilles forment un ténébreux berceau... » (Lamartine, *Confidences*).
Dans le train, entre Mâcon et Tournus.
Un maquignon ventru considère attentivement un bourgeois petit, maigre, air pincé, qui lui fait vis-à-vis. Au bout d'un instant, il se décide à lui adresser la parole.
« *Le Maquignon* : Pardon, M'sieu, vous avez-t-i pas des parents à Mâcon?
Le Bourgeois (d'un ton sec) : Oui.
Le Maquignon : Y serait-i pas des Côchard?... Geôrges Côchard?
Le Bourgeois (grincheux) : Oui.. Qué qu' ça vous fait?
Le Maquignon (sans se laisser démonter) : Y est ben vous qu' êtes propriétaire au Chizy, là, au-dessus de chez Poirot?
Le Bourgeois (intéressé malgré lui) : Oui.
Le Maquignon : Et pis vot' père restait au coin de la route, dret en face la buvette des Charmilles?
Le Bourgeois (presque gracieux) : Oui.
Le Maquignon (allongeant sa trique sur le bras du bourgeois) : Eh ben! M'sieu, la buvette des Charmilles, y était ma prop' belle-mère. »

CHAROGNAGE, s. m., commerce de charogne.
« Les faits qui sont actuellement reprochés à X... ne sont plus du « charognage ». Il a trouvé plus productif de devenir un affameur. » (*Progrès* de Lyon, 7 janv. 1920).

CHAROGNARD, s. m., individu qui met en vente de la viande avariée. Voir *Boucher.*
Ce sont peut-être des Bressans qui ont mis à la mode le mot de *charognards* dans les tranchées, avec un sens différent toutefois : « En mai 1915, le mot *charognard* prenait une singulière allure quand on l'entendait, en Artois, entre deux attaques, dans la bouche du vaillant commandant R..., stigmatisant ceux des officiers de l'arrière qui recueillaient sans droit les avancements et les faveurs. » (A. Dauzat, *L'Argot de la Guerre*).

CHAROGNER, v. a., mal couper, hâcher. Ce couteau ne coupe pas, j'y charogne tout. Voir *Echarogner.*

CHARPE, CHARPÉ, adj., levé.
Du pain charpe, du pain bien levé. *De la pâte charpée*, de la pâte bien levée.

Voir *Gasi*, antonyme de *charpé.*

CHARPER, v. a., vx fr., carder.

CHARPILLER, v. a., vx fr. *escharpiller* et *charpigner*, mettre en charpie, mettre en pièces. Voir *Echarpiller.*

CHARRAYE-MERDE (charraille-merde), s. m., bousier. Voir *Vire-merde.*

CHARRAYER (charrailler), v. a., charroyer.

CHARRAYOT, s. m., chariot d'enfant. Voir *Tins-te-ben.*

CHARRÉE, s. f., vx fr., charge d'un char.

« Pré contenant deux charrées de foin ou environ. » (Arch. dép., B. 1341, 1607-1610, f° 662 v°).

CHARRETTE, s. f., personne, qui en ayant rencontré une autre, lui a tenu des propos frivoles et l'a, par suite, retardée; par extension, toute personne qui fait perdre son temps à une autre. Je suis bien en retard, c'est la faute à une sacrée charrette! Voir *Jambe.*

CHARRI, s. m., charrier, drap sur lequel on met la cendre dans une lessive, que l'on tend devant une cheminée qu'on ramone, etc.

CHARTE, s. f., charrette longue, employée spécialement, dans la région de Tournus, pour transporter la vendange.

CHASSAGNE, s. f., chênaie. Quinze hameaux ou écarts du département de Saône-et-Loire portent le nom de *La Chassagne*, d'où les patronymes *Chassagne* et *Lachassagne.*

CHASSOUX, s. m., chasseur.

CHATAGNE (châtagne), s. f., châtaigne. Au fig. : 1° tête (voir *Crouler*); 2° coup de poing (voir *Marron*). Il est fort sur la châtagne.

CHATILLON. Voir *Pain de Châtillon.*

CHATRER (châtrer), v. a., pincer, couper les bourgeons ou l'extrémité des jeunes branches d'un végétal, d'un arbre à fruits, de la vigne, etc. Syn. de *Côteler.* Châtrer des osiers.

CHATRON (châtron), s. m., jeune animal récemment châtré.

CHATROUX (châtroux), s. m., châtreur.

CHATTE, s. f. (terme enfantin), langue.

CHAUCHER, v. a., vx fr., appuyer, presser, fouler, accabler (au prop. et au fig.). *Etre chauché du coucou*, avoir de la guigne, des malheurs conjugaux ou autres.

CHAUCRUER, v. a., ébouillanter, faire cuire légèrement dans l'eau bouillante.

CHAUDAINE, **CHAUDEUR**, s. f., vx fr. *chaudain* (adj.), chaleur.

CHAUDE, s. f., flambée, petit feu.

CHAUDIER, s. m., chaufournier.

CHAUFFURE, s. f., vx fr. *chaufeor* (m.), chauffoir, local où l'on fait du feu. *Maison chauffure*, maison d'habitation. *Chambre chauffure*, chambre à feu.

CHAUSSE, s. f., bas. *Chez le Mercier :*
« J' voudrais une paire de chausses.
— Qué qu' c'est qu' ça?
— Ben oui! Des chausses pour mett' les clapes. »

CHAUVEAU, s. m., ancienne mesure de capacité pour les liquides, valant 1/4 de pinte et contenant 0 litre 3795.

CHAVASSE. Voir *Chevasse.*

CHAVASSON, s. m., vx fr. *chavessot*, petit chevaine.

CHAVENEAU, **CHAVONIAU**, s. m., petit chevaine.

CHAVENIÈRE, **CHEVENIÈRE**, s. f., chénevière. *Etre marié en chavenière*, se dit d'un couple dans lequel la femme est plus grande que le mari, par assimilation au chanvre (*cannabis sativa*), espèce dioïque dans laquelle les individus femelles sont plus grands que les individus mâles.

CHAVENOT, s. m. Syn. de *chenevotte.*

CHAVON, s. m., vx fr., bout, fin, extrémité. *Tant qu'au chavon*, jusqu'au bout, jusqu'au dernier.

  « Vô qu' éte, an assurance,
  Pû brôve que chavon...
  (Vous qui êtes, assurément,
  Plus joli que personne...) »
      (Fertiault, *Noëls*, p. 227.)

CHEMIN, s. m.
« Ou duché de Bourgongne, il y a *sentier commun, chemin finerot* et *grand chemin*. Le sentier contient un pas et demy de large, qui revient à quatre pieds et demy. Le chemin finerot contient six pas de large, revenant à dix-huiet pieds. Le grand chemin contient dix pas de large, revenant à trente pieds. Le pas doit contenir trois pieds, le pied douze pouces, le pouce douze lignes. » (*Coustumes générales du pays et duché de Bourgongne*, dans *Les Coutumes générales... de France...*, p. Ch. du Moulin, t. I, 1615, p. 860).

Le *sentier commun* avait donc, en largeur, 1 m. 461, le *chemin finerot* 5 m. 847, et le *grand chemin* 9 m. 745.

CHEMIN DE FER, s. m., coulisseau de lit.

CHEMIN DE FER, s. m., employé de chemin de fer. Elle a épousé un chemin de fer.

CHEMIN-NEUF (LE), nom qu'on a donné pendant longtemps à Mâcon, au cours Moreau, qui venait d'être créé.

CHÊNERIE, s. f., chênaie. « Le terrible fléau qui décime nos chêneries et nos taillis... » (*Nouvelliste*, 12 juil. 1914. Correspondance de Manziat).

CHÉNETEAU, s. m., jeune chêne.

CHENEVOTTE, s. f., allumette de chenevotte, soufrée aux deux extrémités.

CHENILLE, s. f., taquin, moqueur, malin.

CHENILLON, s. m. Dim. de *chenille*.

CHENINE, s. f., vx fr. *chenin* (m.), voiture qui sert au transport des chiens capturés sur la voie publique. « Hier la chenine a amené en fourrière un certain nombre de cabots. » (*Union Rép.*, 28 mars 1906).

CHENIS (ch'ni), s. m., vx fr. *cenis* (fém.), balayure, poussière. T' n'as pas enlevé les chenis ce matin. Sors-me donc ce chenis que j'ai dans l'œil.

A Mâcon, les boueurs sont dits « ramasseurs de chenis ». Voir *Equevilleur*.

CHENU, -USE (ch'nu, ch'nuse), chenu, -ue; au prop., fort, gros, épais; au fig., riche. « Oh! Mam'zelle Vincelette, vous êtes ben trop chenuse; j' sais ben qu' vous n'êtes pas pour moi. »

CHEPPER, v. n., chopper, buter contre quelque chose en marchant.

CHERCHER, v. a., atteindre approximativement (comme prix). S'emploie avec le verbe *aller*. « Qu'est-ce que ça peut bien valoir? Peuh! ça va chercher une pièce de cent sous. »

CHERTANCE, s. f., cherté. En 1920, la chertance de toutes choses ne cessait d'augmenter.

CHETIOT, -IOTE (ch'tiot, ch'tiote), adj., dim. de *chetit, -ite*, au propre seulement. Il a bien profité depuis un mois; il est moins ch'tiot qu'i n'était pas.

CHETIT, -ITE (ch'tit, ch'tite), adj.; au prop., chétif, faible, petit, mince; au fig., mauvais, méchant, vaurien. « C'était « un bien *chetis* gas. » (G. Gerin, *Au Pays des Etangs*). « Les gardes, c'est tout du ch'tit monde. » (Fr. Parn, *Sicoulrou pêcheur*).

Le vin de l'année passée (1922), il est fin ch'tit.

CHETITETÉ (ch'tit'té), s. f., méchanceté, malice. Quelle ch'tit'té y a dans c'te tête. Il m'en a fait, des ch'tit'tés!

CHETITEMENT (ch'tit'ment), adv., chétivement, méchamment, mauvaisement. C'est de la besogne chétitement faite.

CHEVAL, CHEVALET, s. m., appareil destiné à porter des bottes de fourrage ou autres fardeaux analogues, composé de deux longues perches dont les extrémités inférieures, en contact, sont fixées ensemble, et dont les supérieures sont maintenues écartées en V par une traverse placée un peu au-dessous d'elles. A la hauteur de cette traverse, chacune des perches porte un barreau formant angle droit en avant. C'est dans cet angle qu'on place le faix. On porte le tout sur les épaules en passant la tête entre les perches au-dessous de la traverse.

CHEVALER, v. n., faire des allées et venues; cueillir les raisins des deux dernières *ranches* de ceps d'une *rase* lorsque ces ceps sont *mis en pont* transversalement, ce qui oblige le vendangeur à descendre dans la *raie* pour contourner chaque paire de ceps ainsi accolés; faire basculer la canardière dans l'encoche du nagerat pour viser le gibier, et ramer en même temps avec la main.

CHEVASSE, CHAVASSE, s. f., fane, feuillage des plantes potagères, distinct de la partie comestible.

CHEVAU, s. m., gros cheval de peine. Il a vendu son cheval pour acheter un chevau.

On dit de quelqu'un qui fait petite bouche :

« I mange comme un esiau,
I ch., comme un cheviau. »

CHEVENIÈRE. Voir *Chaventère*.

CHEVENOTTE, s. f., métathèse de *chenevotte*.

CHEVENOTTÉ, part. pass., se dit du bois vert qui n'ayant pas mûri, est devenu sec et cassant comme des *chevenottes*.

CHEVET, s. m., partie supérieure d'une chose. Le chevet d'un champ. On remonte, à l'aide de la *bachoule*, au chevet d'une vigne, la terre que les pluies ont fait glisser à sa partie inférieure.

CHEVÊTRE. adj., capricieux, turbulent, difficile à tenir. Les chèvres sont chevêtres. Un enfant chevêtre.

CHEVILLE. Voir *Pressoir*.

CHEVILLER, CHEVELIER, v. n., heurter les chevilles l'une contre l'autre en marchant.

CHEVILLIÈRE, CHEVILIÈRE, s. f., ruban de fil. (*Nouv. Larousse illustré*).

CHÈVRE, s. f., chevalet pour scier le bois.

CHÈVRE, s. f., vrille de la vigne.

CHÈVRE, s. f. *Ramoner la chèvre*, ramasser la *balouffe* de blé en tas avec un rateau fin après le battage au fléau. — *Passer à la chèvre*, faire passer cette *balouffe* avec un rateau fin par-dessus une planche disposée en plan incliné, pour diminuer d'autant la matière à vanner.

Chèvrecorne (A LA), loc. adv., à califourchon sur les épaules.

« Je vous porterai à la *chèvremorte...* » écrit Mistral dans *Mes Origines*.

Chevret, s. m., fromage de chèvre, particulièrement le fromage sec.

Chevreton, s. m., petit *chevret*.

Chevrette, s. f., faisceau d'échalas, dont l'une des extrémités repose sur le sol et l'autre sur deux paisseaux fichés en terre et croisés en X. La mise en chevrettes se fait dans les vignes à l'entrée de l'hiver.

Chevrule, s. f., mante religieuse (*mantis religiosa*). Syn. de *vigneronne*.

Chichine, s. f., viande. Veux-tu manger de la chichine?

Chien. Voir *Pressoir*.

Chiffre, s. f., toute espèce de calculs. Il est fort sur la chiff'. « Les parents désirent qu'on apprenne aux enfants les sciences humaines,... l'histoire,... la géographie,... la grammaire... et la chiffre.» (Œuvres manuscrites de l'abbé Agut, citées p. M.-J. Chaumont, *Hist. de M. Agut*, p. 169).

Chignoter, v. a., faire le chignon. Se *chignoter*, se coiffer.

« ... Deux dames élégamment vêtues et très bien chignotées se sont prises de querelle quai Sud... » (*L'Eclaireur du Mâconnais*, 15 mai 1920).

Chimicoux, -ouse, s. m. et f., fabricant d'allumettes chimiques.

Chine, s. f. *Passer à la chine, chiner* quelqu'un.

Chiner, v. a., taquiner quelqu'un, le plaisanter.

Chineur, s. m., qui *chine*.

Chioux, s. m., chieur; avare.

Chiquailler, v. n., *bicquailler*.

Choisir, v. a., éplucher (des légumes). Choisir de la salade, des haricots, etc. *Se choisir*, v. r., se distinguer, se séparer, se diviser, se grouper. La vraie cuisinière mâconnaise dira d'une sauce qui tourne et prend un aspect grumeleux qu'elle « se choisit ». Le jardinier dira que les fruits « se choisissent » au moment où les uns avortent tandis que les autres se développent normalement.

Chômer, v. n., vx fr., suspendre une action. *Chôme donc tranquille*, reste donc tranquille. *Chôme donc ici*, reste donc ici.

« Ne chomain pô tan.
(Ne restons pas tant). »
(Fertiault, *Noëls*, p. 226).
« ... San mai chomai...
(Sans plus tarder). »
(*Id.*, p. 250).

« Ils restaient là chômés, comme ils parlent, c'est-à-dire debout, les jambes écartées, la tête pendante et les bras ballants... » (P. Féval, *La Rue de Jérusalem*).

Chopine, s. f., ancienne mesure de capacité pour les liquides, valant 1/2 pinte et contenant 0 litre 757. A la fin du XVIIe siècle, au grenier de Mâcon, elle servait aussi à mesurer le sel et avait la contenance d'un demipot (Archives dép., C. 798, n° 2), c'est-à-dire la contenance de la moitié de la chopine, mesure de capacité pour les liquides, ou encore la contenance du chauveau, soit 0 litre 379.

Chopinette, s. f., burette d'église.

Chot, s. m., cep de vigne.

Choteler, v. a., creuser un trou en forme de cuvette au pied d'un cep de vigne.

Choucarde, s. f., brouette.

Chougnard, -arde, adj., chignard.

Chougner, **chouiner**, v. n., chigner, grogner, pleurnicher. Qué qu' t'a donc à toujours chougner comme ça?

Choupper. Voir *Chuffer*.

Choupperon, s. m., chat-huant.

Chouter, v. n., chercher en furetant.

Chrétienneté, s. f., chrétienté. *Marcher sur la chrétienneté*, marcher pieds nus ou avec des chaussures trouées.

Chuffe, s. f., huppe (oiseau); huppe (touffe de plumes); houppe (touffe de cheveux).

Chuffé, adj., qui a une huppe. Oiseau chuffé.

Chuffer, **chupper**, **choupper**, v. n., vx fr. *juper*, appeler, chuinter, hucher.

Ciblerie, s. f., installation de cibles. « En raison de la crue de la Saône, les cibleries du stand [de Mâcon] sont envahies par les eaux. Par suite, les tirs... sont remis à une date ultérieure. » (*Union Rép.*, 11 mai 1918).

Cigogner, **sigogner**, v. a., secouer. Ne m' cigogne donc pas comme ça!

Cinq sous, loc. enfantine. *Donner cinq sous, faire cinq sous*, donner la main.
Formulette :
　　　　Cinq sous, six blancs
　　　　Chopine de vin blanc,
(et en *chatouillant le creux de la main de l'enfant on ajoute :*)

Gli, gli, gli, gli, gli.

CINQUPLÉ, part. pass., quintuplé. De 1914 à 1924, la vie a cinquplé.

CIVIÈRE, s. f., brouette.

CIVIÉRÉE, s. f., contenu d'une *civière*.

CLAIE (claïe), s. f., petite claie, syn. de *claïeau*.

CLAIEAU (claïeau), s. m., vx fr. *claïet*, petite claie, portillon de clôture, fait soit de barreaux verticaux, soit de branches sèches ou de ronces. Se dit aussi par extension de l'ouverture elle-même.

CLAIRER, v. a. et n., allumer, éclairer. Clairer le feu. La chandelle claire. Voir *Éclairer*.

CLAIRVOIR, s. m., claire-voie.

Place d'Armes, le 23 juin 1921, près de la palissade entourant les nouveaux parterres :

« Si c'est pas malheureux !... Avec des rues qui sont sales... faut voir !... Y a de la m..., partout. I font des jardins ! ... Pis, l-z-y mettent des clairvoirs pour pas qu'on entre ! Pour qui donc qui-z-y font ? Y est-i pour les conseillers municipaux ?... Tas de c...! »

CLANCIR, CRANCIR, CRINCIR, v. n., vx fr. *crincier*, se rider, se racornir, se ratatiner. Cette année, les poires clancissent toutes.

CLAPE (clâpe), s. f., vx fr. *clappe*, pieu, pal ; jambe.

Clape-de-chat, s. f., pied-de-chat, nom vulgaire de différentes plantes du genre *gnaphalium*, et notamment du *gnaphalium dioïcum*.

CLAPON, s. m., ételle, éclat de bois ; jambe. Voir *Éclapon*.

CLAR, s. m., bas-lat. *clarum*, glas.

CLAUS, CLAUD, s. m., vx fr. *clas*. tocsin. « Guillaume Robin, vicaire de Charnay, auroit sonné la cloche à son de claud et de rapaux... (Archives dép. Supplément à la série E. Famille Barthelot. Cartulaire du fief de Verneuil, 1er septembre 1575).

CLAVEAU, s. m., vx fr. *clavel*, hameçon.

CLAVELIÈRE, CLAVELIRE, s. f., syn. de *percerelle*.

CLAVIOT, CRAMIOT, s. m., gros crachat.

CLEF-DE-MONTRE, s. f., petit poisson plat. Voir *Feuille-de-saule*.

CLEF DES CHAMPS (A LA), loc., à la misère. Être à la clef des champs. Mettre quelqu'un à la clef des champs.

Entendu à la *corrigeante* : « Je sais bien que j' dois payer l' dégât ; ça va m' mettr' à la clef des champs. »

CLÉMENTINE, s. f., nom que dans certains milieux on donne aux paroissiennes de Saint-Clément. Voir *Pierrette* et *Vincentine*.

CLÉRICAU, s. m., clérical.

Lettre d'un *anti-cléricau* des environs d'Azé, *que* les curés veulent pas s'étouffer à son enterrement : « Monsieur, Je vous dirai que je ne peut pas vous battre votre blé cette année, parce que vous êtes un cléricaux [sic], donc je ne travail que pour les républicains. Je vous salut. *Signé : X...* » (*Nouvelliste*, 14 août 1908).

Élections de 1914. — Un électeur, pas du tout *cléricau*, mais qui avait on ne sait pourquoi, suivi assidûment les sermons du carême, entre dans un café, à dix heures du soir, et s'approche d'un groupe de manilleurs.

« *Un Manilleur* : Tiens ! c'est vous... D'où venez-vous donc comme ça ?

L'Électeur (s'asseyant) : Je viens de me faire insulter au Salon de Flore par un garnement... (au garçon qui s'est approché) Donnez-moi un tilleul... qui m'a dit : « Te v'là, s'pèce de p'tit ca- » lotin... J' parie que t'as un scapu- » laire sus l' ventre. » Faut-il être mal embouché ?... (au garçon) ... un peu fort.

Le Manilleur : Qué que vous li avez répondu ?

L'Électeur : Je li ai répondu : « Si » j'en ai un sus l' ventre, t'en a deux » sus l' cul... (au garçon) bien chaud, n'est-ce pas ? avec un peu de fleur d'oranger... (au joueur) Coupez donc du manillon... »

CLICLICOU (A), loc. adv., à califourchon sur les épaules.

CLOCHE DE BOIS, s. f., commission arbitrale des loyers, juridiction créée pendant la guerre de 1914-1918 pour solutionner les litiges entre propriétaires et locataires.

CLOQUER, v. n., glousser.

CLORE, CLIORE, CLIOURE, s. f., cendre. On dit peut-être du *clore*, de même qu'on écrit : « Lessive au cendre » (lu sur la porte d'une laveuse).

CLORETIER, CLORETI (clor'ti), s. m., cendrier.

CLUNE, s. f., édredon, et toute couverture garnie de bourre (laine, crin, glume).

« Une clune de coultre de lipt. » (Contrat de mariage du 22 décembre 1573. Archives dép., B. 1324, f° 55).

A rapprocher du lat. *cluma* et du fr. *glume*.

Voir *Bourrasse*.

COCARDEAU, COCARDIAU, s. m., cocarde et spécialement rosette de ruban fixée au sommet du *brelot*.

« Son cocardiau

Etait plus biau
Que son chapiau... »

COCHE, s. f., cosse.

COCHE, s. f., cône de métal qui coiffe l'extrémité supérieure du fuseau et qui a une rainure hélicoïdale sur laquelle s'enroule le fil.

COCHON, s. m. *Diner de cochon*, repas composé exclusivement de cochon, qu'on fait à l'occasion du « sacrifice » de cet animal.

COCO, s. m., gobelet en cuir.

COCON, s. m., œuf. *Faire cocon diner, faire cocon dinelle*, faire la dinette.

COCONNER, v. a. embrasser, caresser, *menailler*. Voir *Coquer*.

COCONNIER, -IÈRE, s. m. et f., embrasseur.

COCU, s. m., coucou, primevère jaune (*primula officinalis*).

CŒUR, s. m., petit baquet de bois, en forme de cœur, qu'on met sous la bouteille quand on tire le vin.

CŒUR DE LA VILLE (LE), loc., se disait couramment, au milieu du XIXe siècle, du point central de Mâcon, plus anciennement connu sous le nom de *la Cour au Prévôt*, situé à la jonction des rues de la Barre, Philibert-Laguiche, Lamartine et Sigorgne.

CŒURLAIEUX (cœurlaïeux), s. m., individu qui plait aux dames, qui enchaîne les cœurs. Voir *Laieure*.

COGNE-DOUX, s. m., ouvrier paresseux, qui travaille mollement.

Deux futurs *cogne-doux*, deux gamins, fument la cigarette à la porte de l'école. Arrive l'instituteur, qui va faire sa classe.

« *Premier gamin* (jetant sa cigarette): V'là l' maitre! Dépêche-te donc!

Second gamin (continuant) : J'ai ben l' temps! J' suis pas à mes pièces! »

COGNE-DUR, s. m., ouvrier laborieux, qui travaille activement.

COGNIER, s. m., vx fr. *coignier*, cognassier.

COIE (A LA), **QUOIE** (A LA), loc., à l'abri. Se mettre à la coie. En « Berry, *se mettre à la coi*, se mettre à l'abri. » (Littré, *Dictionnaire*, vo *Coi*. « En Picardie, on dit *être au quoi*, pour signifier être à l'abri de la pluie ou du vent. » (Godefroy, *Dictionnaire*, vis *Coi* et *Recoi*). Du Cange donne le mot *acoha* comme signifiant *appendix, appensum domui tectum*, gall. Appentis.

L'Intermédiaire du 10 octobre 1918 (col. 154) dit que « la coutume de Sens et Langres stipule, art. 107 : « On ne « peut faire chambres quoyes contre

« l'héritage de son voisin sans faire « mur d'un pied et demi d'épaisseur « entre eux. »

COINCHIR, v. a., coincer, acculer dans un coin. *Coinchi*, syn. de *cuiné*.

COISIR (SE), v. r., vx fr. *se coisier*, se taire. Voir *Cauger* (Se).

COIT, s. m., lat. *cos*, queux, pierre à aiguiser.

COITE, s. f., vx fr., hâte, besoin pressant. J'ai coite de pisser.

COITER (SE), v. r., se presser, se hâter.

COITIER, s. m., gâine en bois, en corne ou en fer-blanc que le faucheur attache à sa ceinture pour y mettre le *coit*.

COITOUX, -OUSE, adj., bossu, courbé.

A Tournus, la rue du Commandant-Carré, qui est d'ailleurs courbe, s'appelait autrefois rue *du Coitoux* et aussi rue *des Coitoux*.

COLLIER, s. m. *Colliers de char*, pièces de bois qui, dans un char, réunissent les ridelles au-dessus des planches d'avant et d'arrière. Les *petits colliers* sont à l'écartement des ridelles, tandis que les *grands colliers*, dépassant d'environ 0,20 centimètres de chaque côté, y ont un orifice pour l'adaptation des *dames*.

COLONNE. Voir *Pressoir*.

COMACLE, s. f., vx. fr. *quemaicle*, crémaillère.

« ... Un quemoschlic...
(Une crémaillère...) »
(Fertiault, *Noëls*, p. 245).

COMBLON, s. m., comble d'un boisseau; dôme formé sous l'influence de la fermentation, par le soulèvement du raisin, dans la cuve, quand elle est pleine.

COMMANDEMENT, s. m. *Etre d'un bon commandement*, se dit de quelqu'un qui a bon caractère et qui obéit avec empressement. *Lyonnais : être de bon command*.

COMMISSAIRE, s. m., sergent de ville. Attends, ch'tit galopin, je vas te faire prendre par le commissaire!

COMMUNAU, s. m., terrain communal.

COMPARAITRE, v. a., comparer.

COMPASSION, s. f. *Faire compassion*, faire pitié.

COMPLET, **COMPLET DE BOIS**, s. m., cercueil. Voir *Palelot sans manches*.

COMPLIMENT, s. m. *Mauvais compliment*, parole désagréable, impertinence, injure. « François a expédié ses enfants en les grondant de l'avoir dérangé de son service, et les enfants cherchent comment vous rapporter ce mauvais compliment. » (S. Blandy, *D'une Rive*

à l'autre). — *Pour changer de compliment*, pour changer de conversation, à propos.

COMPRENABLE, adj., vx fr., compréhensible.

COMPRENETTE, COMPRENOTTE, s. f., intelligence, esprit, entendement. T'as donc ben la comprenette dure. « Quand on est beau garçon et qu'on a de la comprenette comme moi, on reste jamais dans l'embarras. » (*Théâtre lyonnais de Guignol*, pub. par J. Onofrio).

CONCARNE, s. f., sorte de trompe faite avec de l'écorce de saule roulée en spirale et à l'extrémité de laquelle on adapte une *pinette*. Prêt' me donc ton coutiau pour faire une concarne.

CONDEMINE, s. f., bas-lat. *condamina*, terre arable, champ.

Plusieurs hameaux et écarts du département de Saône-et-Loire portent les noms de *Condemine*, *La Condemine*, *Les Condemines*.

CONFESSER, v. n., se dit du vendangeur qui, placé dans une *raie* de séparation, cueille alternativement les raisins de la dernière rangée d'une *rase* et ceux de la première rangée de la *rase* suivante.

CONFESSOIR, s. m., confessionnal.

Autour du confessionnal :

« *Première grenouille de bénitier :* Savez-vous si M'sieu l' Curé va bientôt v'nir?

Seconde grenouille : J'y sais pas. I frait ben d' se dépêcher tout d' même! Y est plein d' *bardanes* dans son confessoir; j'en suis toute dévorée. »

CONFONDRE, v. a., vx fr., abîmer, bouleverser, détruire.

CONGÈRE, s. f., lat. *congeries*, amas de neige entassée par le vent.

CONNAITRE, v. a., s'apercevoir de quelque chose, s'en rendre compte. Il y a pas seulement connu. C'te biaude est déchirée; j'y vas mettre un *pelas*, ça veut pas se connaître.

CONQUÉRI, part. pass., conquis. Entendu en 1918 : « Quand on aura conquéri l'Alsace et la Lorraine... »

CONSCRIT, s. m., petit grappillon de raisin qui vient sur une pousse tardive. Voir *Agret*.

CONSEAU, s. m., bas-lat. *consegallum* (Du Cange considère à tort le vx fr. *conseel* comme latin), méteil, mélange de froment et de seigle. Syn. de *blondée*.

CONSOLANTE, s. f., se dit au jeu, d'une « partie de consolation ».

CONSOLE MAJORE, s. f., grande consoude (*symphytum officinale*).

CONSULTER, v. a., donner une consultation.

« Jusqu'à nouvel ordre, le Docteur X... consultera à Juliénas tous les jeudis... » (*Nouvelliste*, 21 avril 1919).

« M. Célestin désire qu'un meilleur médecin que M. Anselme Benoît te consulte. » (Ferdinand Fabre, *Mon Oncle Célestin*).

CONSULTER (SE), v. r., prendre une consultation.

J'ai été me consulter à l'occulisse; i m'a mis dans l'œil un caluire (collyre) qui m'a fait cuire (Caluire et Cuire!!!)

« Cela m'a fait prendre le party de me consulter. » (Archives dép., F. 1336. Lettre, sans date, en réponse à celle du 17 mai 1745).

« Dom Hilarion et Dom Cyr... se consultèrent en Sorbonne et à Dijon... » (*Mémoire pour Dom Hilarion Villette*, 1763, p. 14. Recueil de pièces du procès de Dom Brigaud, prieur de Perrecy. Archives dép. Supplément à la série H.).

« Ces jours derniers, Mariette P... venait de Tournus à Chalon pour y trouver une sage-femme vers laquelle elle pensait pouvoir se consulter sur son cas. » (*Progrès de Saône-et-Loire*, 21 juil. 1905).

CONTENTER, v. a. *Contenter quelqu'un*, lui payer ce qu'on lui doit.

CONTRAINT, -E, part. pass. *Temps contraint*, temps lourd, orageux.

CONTRARIER, v. a., se dit d'un repas ou d'un mets qui se digère mal. Mon dîner m'a contrarié.

CONTRE, prép. Au prop., près, vers. Il demeure contre l'église. Nous allons contre les beaux jours.

Au fig., marque la manifestation extérieure d'un état psychique, manifestation dirigée *contre* la personne ou la chose qui a provoqué cet état. I m'a ri contre. I m'a piqué un fard contre. I m'a tiré la langue contre.

« Ah! une soupière de macaronis!... Moi qui y faisais la grimace contre, dans ce temps-là... » (*Théâtre lyonnais de Guignol*, pub. p. J. Onofrio).

CONTRÉ-VERS, s. m., vermifuge. Du sirop de contre-vers.

CONTRÔLE, s. m., enregistrement. *Bureaux du contrôle des actes*, nom des bureaux d'enregistrement sous l'ancien régime. Y a l' coût d'acte et l' contrôle...

CONVULSION, s. f., conversion. Les enfants sujets aux convulsions sont conduits dans certains sanctuaires le jour de la fête *des Convulsions* de Saint Paul (25 janvier).

Voir Jeanton, *Le Mâconnais traditionaliste*.

Coque, s. f., pâtisserie de pâte frite. Syn. de *bugne*.

Coqueliau, s. m., bouquet de fruits.

Coquelion, s. m., bas-lat. *quoquilum*, faîte, cime, sommet.

« J'ai vieu la bête faramine s'appuser su le couquelion de la rouche de S'lutry. (J'ai vu la bête faramine se poser sur le sommet de la roche de Solutré). » (*Le P'leu*, p. 391).

Coquelle, s. f., cocotte, casserole de fonte à cuire les rôtis.

« Au feu de la cheminée, un rôti cuisait dans la coquelle de fonte. » (A. Theuriet, *Le Sang des Finhoël*).

« En découvrant la coquelle, qui était une sorte de petite marmite basse, à trois pieds... » (B. de Buxy, *Veuve de Quinze ans*).

Coqueluchon, s. m., bouton placé à la partie supérieure d'un objet quelconque, d'un couvercle, d'une *fiarde*, etc. Le coqueluchon de la soupière.

Coqueniche, s. f., cabriole.

Coquer, v. a., embrasser.

« Si quelqu'un m'apportait une bonne soupe mitonnée, je le coquerais sur les deux joues. » (*Théâtre lyonnais de Guignol*, pub. p. J. Onofrio).

Voir *Coconner*.

Coqueu. Voir *Caqueu*.

Corau, s. m., corail; branche sèche.

Corayer. Voir *Crouiller*.

Corbillard a bétail, Corbillard a bestiau, loc., voiture très basse servant au transport du bétail sur pied. Voir le texte d'une annonce de vente mobilière à Joncy le 16 février 1919 (*Union Rép.*, 26 janv. 1919).

Corce, s. f., vx fr. *corcer* (v. a.), écorce. De la corce d'orange.

Corde, s. f., ancienne mesure de longueur pour les chemins, valant le 1/12 de la portée, ou 25 pieds, c'est-à-dire 8 m. 121.

Corde, s. f., ancienne mesure de volume pour le bois de chauffage, valant 2 *moules*, par conséquent 4 stères métriques 386 décimètres cubes, ou 3 stères non métriques 372 millièmes.

Cordé, cordeau, cordiau, s. m., anneau d'osier, de cuir ou de nerf de bœuf tressé, au moyen duquel on relie le joug des bœufs au timon d'un char, on suspend la *benne* au *pal*, etc.

Cordon, s. m., sensation de constriction, localisée au front, avec ou sans ivresse, que produit le vin blanc du Mâconnais. Cet effet est dû vraisemblablement aux composés volatils du bouquet et non à l'alcool. Avoir le cordon.

Dicton vergissonnais : « Y a eu trois grands hommes en France : Napoléon pour la guerre, Lamartine pour les vers, et le grand Mouéroux pour le vin blanc. »

Coreau, Coureau, s. m., coureur, chemineau, vagabond. S'emploie surtout en mauvaise part.

Corée, s. f., cœur et autres viscères. La corée m'en *guigne* (le cœur me bat).

Corgelin, s. m., cornouille.

Corgelinier, s. m., cornouiller. A rapprocher du vx fr. *corge*, sorte de bâton.

Corgeon, Courgeon, s. m., vx fr. *corgie*, *courgeois*, *corjon*, courroie, lanière, cordon.

Cornaline, s. f., bille de cornaline ou de toute autre espèce d'agate. *Agate* désignait autrefois la bille de verre.

Corne, s. f., branche de ramification du cep de la vigne; poignée naturelle de la *benne*.

Corner, v. n., ronfler.

Cornes (Faire les), loc., faire un geste qui consiste à présenter la main avec l'index et l'auriculaire seuls étendus et les trois autres doigts fléchis, de manière à simuler deux cornes. Ce geste s'adresse aux enfants ou aux gens à qui on veut faire honte ou injure.

Cornet, s. m., tuyau. Des cornets de poêle.

« Il est de l'intérêt de la police de soumettre tous les particuliers qui se proposent de bâtir ou de réparer leurs maisons à placer des chanées avec des cornets de descente le long des couverts versants les eaux dans les rues qui traversent le fauxbourg de la Barre [de Mâcon]... » (Ordonnance du juge de Charnay et dépendances, du 16 mai 1783. Archives dép., B. 1721, n° 279).

Cornette, s. f., syn. de *sansaurette*.

Corniole, Cornioule, Corniolon, s. f. et m., gosier, gorge; passage souterrain.

« Enfele la ton canon tant qu'à la cornioule. (Enfile-lui le canon de ton fusil jusqu'au fond de la gorge). » (*Le P'leu*, p. 395).

Corniotte, s. f., pâtisserie aux amandes et en forme de tricorne, analogue à la pâte des choux sans crème.

Cornioute, s. f., couloir étroit, gorge resserrée. Voir *Corniole, cornioule*.

Corporé, adj., vx fr. *corporu*, corpulent.

Corrailler. Voir *Crouiller*.

Corrigeable, adj., vx fr. corrigible.

Corrigeante, s. f., correctionnelle. *A la corrigeante :*

— 34 —

« *Le Président* : Vous avez frappé votre femme.

Le Prévenu : Oh! mon Président... Si on peut dire... Pour un méchant coup de mouchoir que j'ui ai donné.

Le Président (se tournant vers la femme) : ???

La Femme : C'est vrai, Monsieur le Président, seulement i vous dit pas qu'i s' mouche avec les doigts. »

CORSET, s. m., tricot à manches.

COSIN, s. m., cousin. Voir *Cousin*.

COSTUME, s. m., uniforme. Le Sous-Préfet, en costume, présidait la cérémonie. — Ça! un général! Allons donc! i n'est pas seul'ment habillé en costume.

COTAISON, s. f., marcotte, provin.

CÔTÉ (A), loc., presque, à peu près. « S'il n'est pas un honnête homme, c'est tout de suite à côté. » (*Républicain Mâconnais*, 11 juil. 1909). Voir *Après* et *Suite* (*A la*).

CÔTÉ (PAR), loc. adv., de côté.

CÔTELER, v. a. *Côteler des osiers*, en enlever le cœur pour ne laisser qu'une portion de l'aubier recouverte d'écorce, ce qui les rend plus souples. Il faut, pour cela, que chaque branche ait été au préalable divisée longitudinalement en trois ou quatre parties.

COTELIE, s. f., cruche.
« ... Una cotelie...
(... Une cruche à huile...) »
(Fertiault, *Noëls*, p. 215.)

COTIGNAC (cotigna), s. m., gelée de coings et de groseilles conservée dans une boîte ronde en sapin, qui était très en honneur à Mâcon autrefois, et que la ville offrait aux personnages de marque lorsqu'elle voulait leur faire un *gracieux*. (Archives mun., CC. 81 à 143).

COTTIÈRE, COTTIRE (côtire), s. f., coussinet de paille tressée qui se place sur le front des bêtes à cornes et sur lequel passe la *laleure* ou corde qui les lie au joug.

COUCHE. Voir *Pressoir*.

COUDE, s. m. *Gagner derrière le coude*, perdre au jeu.

COUDÉE, s. f., ancienne mesure de longueur pour les chemins.

La coudée simple ou coudée commune valait 1 pied 1/2, c'est-à-dire 0 m. 487.

La coudée géométrique valait 6 coudées simples.

La grande coudée en valait 9.

COUETTRE, COITRE, s. f., couette. Lit de plume ou quelquefois de *balouffe*.

COUINE, s. f., bruit que font les souliers de cuir neuf quand on marche. Par métonymie, on dit en plaisantant qu'on a mis de la couine dans les souliers, c'est-à-dire une substance qui les fait couiner.
Voir *Craque*.

COUINER, v. n., pousser des cris brefs et aigus, comme ceux d'un enfant qu'on corrige ou d'un chien sur la queue duquel on marche.

COULEURER, v. a. et n., colorier, peindre. Il a couleuré une image. « Qu'est-ce qu'il veut donc faire vot' garçon? — Eh ben! il a idée de couleurer. »

COULISSE, s. f., coulisseau de lit.

COULOIR, s. m., COULOIRE, s. f., pelle à main, avec ou sans manche, qu'emploient les ménagères pour le charbon, et les détaillants pour les denrées en grains ou en poudre; syn. aussi d'*écuelle*.

COULOIRE, COULIRE, COULOURE, COULEURE, s. f., couloir, vallée, flanc d'une colline.
« On le veziait qu'a s'applaniait su la coullire... (On le voyait qui planait sur la colline). » (*Le P'leu*, p. 385).

COUPE, s. f., ancienne mesure de capacité pour les grains.

La coupe de Mâcon valait, suivant le poids de l'eau, 13 litres 493, et « cubée » 13 litres 033. Elle pesait « de bled froment 20 livres, la blondé[e] 19, le seigle 18, l'orge 15 et l'avoine 12. » (*Almanach du Mâconnois*, 1786, p. 134).

La coupe de Tournus valait 15 litres 215, *alias* 16 litres 911.

Ailleurs la coupe s'appelait « mesure ».

La mesure de Mont-Saint-Vincent valait 20 litres 620.

Celle de Romenay valait 19 litres 629, *alias* 22 litres 439.

Celle de Chalon valait 21 litres 464.

Celle de Charolles valait 28 litres 268.

Celle de La Clayette valait 24 litres 474.

Celle de Saint-Gengoux valait 23 litres 563.

Celle de Tramayes valait 24 litres 424. On usait aussi à Tramayes d'une demi-mesure valant 13 litres 413, par conséquent supérieure de 12 décilitres à la moitié de la mesure.

A Montcenis, la mesure s'appelait « boisseau » et valait 24 litres 524, c'est-à-dire à peu près la contenance de notre boisseau courant de 25 litres, qui est le double du boisseau métrique de 12 litres 500.

A Marcigny, on comptait par « demi-mesure » ou « quarteranche » valant 14 litres 314.

La coupe, suivant les conditions de vente ou les habitudes du pays, était soit « comble », soit « rase »; par conséquent, les contenances ci-dessus indiquées subissaient de ce chef de nouvelles et légères variations.

La coupe servait aussi de mesure de capacité pour le sel; elle faisait le 1/4 du minot et contenait (cubée) 13 litres 033.

Voir *Paneau*.

Coupe, s. f., action de *couper*.

Coupe, s. f., syn. d'*écuelle*.

Coupée, coupe, coupetée, s. f., ancienne mesure de surface pour les terres, correspondant à ce que l'on peut ensemencer avec une coupe de grain.

La *coupée* ou *coupe* de Paris était le seizième de l'arpent royal et valait 3 ares 191.

La *coupée* de Mâcon, de 600 pas carrés ou 3,750 pieds carrés, était le 1/8,66 du journal et valait 3 ares 957.

La *coupée* de Saint-Romain, Matour et Chauffailles, qui était aussi celle de Bresse, de 1,200 pas carrés ou 7,500 pieds carrés, valait 7 ares 914, soit le double de celle de Mâcon.

La *coupée* de Romenay, de 100 toises carrées de Dijon ou 5,625 pieds carrés, valait 5 ares 935.

La *coupée* de Tournus, suivant qu'elle était de 75 ou de 80 toises carrées de Dijon, c'est-à-dire de 4,218 pieds 3/4 carrés ou de 4,500 pieds carrés, valait 4 ares 452 ou 4 ares 748.

La *coupée* de Ratenelle, de 60 toises carrées de Dijon ou 3,375 pieds carrés, valait 3 ares 561.

La *coupée* de Dijon était le 1/6 du journal et valait 5 ares 713.

Couper, v. a., remuer à la pioche et à la fourche le *dé* du raisin pressuré.

Couple, s. f. *Tuile couple*, tuile creuse, ainsi appelée parce que la tuile supérieure accouple deux tuiles inférieures.

-**Courage**, s. m. *De courage*, très, beaucoup. Pleurer de courage. La neige tombait de courage.

Courandelle, s. f., femme *couratière*.

Courant, s. m., branche d'arbre fruitier attachée, après la taille, sur fil de fer, échalas, palissade, etc.

Courante, s. f., main courante, main coulante.

Courate, s. f., personne qui est souvent hors de chez elle.

Couratier, -ière, adj. et s., m. et f., celui ou celle qui court après une personne de l'autre sexe. — *Fiarde couratière*, celle qui au lieu de tourner sur place court sur le sol.

Courbe, s. m., courbe, courbure, contour. Un courbe.

Courgette, courge-bouteille, s. f., calebasse commune, *lagenaria vulgaris* (variété *gourda*).

Courir sur, loc., courir (accomplir une certaine année de son âge). Il court sur ses vingt ans, (pour *il court ses vingt ans*), c'est-à-dire il est dans sa vingtième année.

Courre, v. n., vx fr., courir. Te frais mieux d' rester cheuz nous à la veillie et d' fendre des osiers, non pas que d' courre les chemins.

Coursière, s. f., chemin de traverse.

Cousin premier, second, troisième, etc., s. m., cousin au premier, au second, au troisième degré. On dit de même *cousine première*, etc.

Corsoux, s. m., couturier, tailleur.

Couttelions, s. m. pl., ensemble des vêtements spéciaux à la région du cou et des épaules, tels que cache-nez, fichus, collets, écharpes, boas, etc.

Coutereau, couteriau, s. m., ver blanc, larve du hanneton.

Couterée, couterie, s. f., vx fr. *cousterie*, aiguillée de fil, coton, laine, etc. *Couterée de paresseuse*, longue aiguillée.

Coution, s. m., nuque, que les Mâconnais appellent volontiers aussi « nuque du cou ».

Coutreton, coutrette, s. f., petite couette pour nouveau-né.

Couturière, s. f., courtilière, nom donné par erreur au carabe doré.

Couve, s. f., vx fr. *escouve* (balai), queue. « Les touriaux foutiont le camp et s'envegniont la couve en l'ai tant qu'es étrobles. (Les taureaux fichaient le camp et s'en revenaient la queue en l'air jusqu'aux étables). » (*Le Pleu*, p. 387].

Couvècle (couècle), s. m., couvercle. « Ung cloicle d'arin sur les fons... » « Es fons ung cloiacle d'arin... » (Sur les fonts baptismaux, un couvercle d'airain...)

(Procès-verbal de visite de l'évêque d'Autun à Etalente et à Mauvilly, en 1551, Archives dép., G. 006, f** 15 v* et 18 v*).

Couvèclion (couèclion), s. m., petit couvercle.

Couvert, s. m., vx fr., toit. I s'a laissé tomber du couvert; ça li a cassé l' fil des reins.

Couvri, part. pass., couvert. Voir *Découvri* et *Recouvri*.

Couvon, s. m., coton.

« Monsieur, que je lui dis comme ça, le plus poliment que je pus, s'il y avait un jeu de dominos composé de colons, vous seriez le double-six!

— Monsieur, qu'il me répond, vous êtes un mal appris... »

(J. Aicard, *L'Illustre Maurin*).

CRACHÉE, CRACHIE, s. f., résidu du beurre que l'on cuit et qui s'accumule au fond de la marmite; gorgée de vin que l'on crache après avoir dégusté.

CRACHER, v. n. *Cracher aux cendres*, être enceinte (parce qu'il existe souvent de la salivation au début de la grossesse).

CRACHE-SANG, s. m., timarche (*timarcha tenebricosa*), coléoptère qui exsude un liquide rougeâtre comme moyen de défense.

CRACHOUILLER, v. n., crachoter.

CRAINDRE, v. a., ne pas aimer, avoir de l'antipathie pour, être gêné par, souffrir de.

Ne pas craindre : apprécier, avoir de l'inclination pour, supporter, ne pas avoir de répugnance pour, ne pas être délicat. L'eau, j'y crains; le vin, j'y crains pas. C'est une personne que je crains (c'est-à-dire avec laquelle je ne suis pas à l'aise). Je ne craindrais pas cette étoffe, ce dessin (c'est-à-dire cette étoffe, ce dessin me plaisent). Le froid, j'y crains pas; le chaud, j'y crains. J'peux bien boire dans ton verre; j'te crains pas. Une peau-de-bique, ça ne craint rien.

« La dynamite craint bien plus d'exploser facilement lorsqu'elle est gelée. » (*Progrès* de Lyon, 5 fév. 1910, dans le narré d'une catastrophe).

Sur le passage de M. Millerand, président de la République, visitant les travaux d'aménagement du Rhône, à Génissiat (Ain), « Mme B... [avait] dressé une petite table... avec une grande jatte de lait... Le président remercie gaiment... Il craint le lait... » (*Progrès* de Lyon, 14 mars 1921).

Au Salon :

« *La Baronne :* Vous ne prenez pas de thé, Monsieur?

Giboyer : Mille grâces, Madame, je le crains. »

(E. Augier, *Le Fils de Giboyer*, a. IV, sc. 6).

A la Cuisine.

(La femme de chambre, 23 ans, mariée depuis huit jours, aide la cuisinière, 60 ans. Entre la maîtresse de la maison, accompagnée d'une amie.)

« *L'Amie :* Eh bien, Justine, vous voilà donc mariée. Ça vous a réussi, vous êtes fraîche comme une rose...

Justine : ... (Elle baisse les yeux).

La Maîtresse de la maison : Ça n'a pas si bien réussi à son mari; il est encore plus maigre qu'avant.

La Cuisinière (secouant sa poêle, et à mi-voix) : I a mieux craint. »

Craindre (Se). Se craindre avec quelqu'un, être gêné avec lui.

CRAMIOT. Voir *Clariot*.

CRAMPILLON, s. m., petit crampon, cramponnet. « En travaillant à une vigne, M. X... a été blessé à un œil par le choc d'un crampillon. » (*Progrès de Saône-et-Loire*, 16 juin 1911).

CRAN, s. m. *Etre de cran*, être en querelle, s'agripper.

CRAN, s. m., sable granitique.

CRANCIR. Voir *Clancir*.

CRAPE (crâpe), s. f., râpe, rafle; grappe dépourvue de ses fruits; grappe dont les fruits sont desséchés par la chaleur ou par la maladie; grappe qui ne porte que très peu de grains; marc de raisin d'où l'on extrait le *cul-de-dé*.

CRAQUE, CRAQUANT, s. m., syn. de *couine*.

CRASE, s. f., petite combe. Voir *Creuse*.

CRASSOUX, -OUSE, adj., crasseux, -euse. Nom de famille : *Crassouse*.

CRÉCELLE. Voir *Carcelle*.

CRECHON, s. m., orifice ouvert dans le plancher du fenil et par lequel on fait tomber le foin dans le râtelier de l'étable.

CRÊPE, s. m., pissenlit.

CRÉPINE, s. f., filet pour cheveux.

CRÉSIEU, CRESIEU, CREUSIEU, CRUSIEU, CRESU, CRÉSIAU, CRESIAU, CREUSIAU, CRUSIAU, s. m., vx fr. *croisel* et *croiseul*, petite lampe de métal formée d'un récipient généralement non couvert et à fond plat, muni d'un bec à l'avant, et à l'arrière d'une tige articulée portant un crochet de suspension.

« ... Elle travaillait entre ses rideaux à la lueur du *crésieu* suspendu à la colonne du lit... » (Lamartine, *Geneviève*).

« ... Ils se chauffent à la lueur du *creusieu*... » (Id., *Le Tailleur de pierre de Saint-Point*).

« La maîtresse de la maison, à la lueur d'une lampe champêtre, appelée *creuse-yeux*, rassemblait autour de la table de cuisine ses enfants, ses domestiques, ses voisines... » (*Mémoires inédits de Lamartine*).

Les formes *creuse-yeux* et *crève-yeux* ou *crève-z-yeux* nous paraissent inadmissibles. Les premiers crésieux devaient être, comme certaines lampes romaines, à trois becs, ce qui, avec la lige, dessinait une croix. De là le nom latin de cet ustensile, *crucibulum* ou *crussibulum*, qui, suivant les règles de la phonétique, a formé le français *crésieu*. Une des plus anciennes mentions du crésieu se trouve dans le curieux document mâconnais ci-dessous (Archives dép., E. 157, n° 5) :

Hec est informatio secrete facta per nos, Johannem de Sancto Quintino, clericum, publicum notarium, judicem terre et juridictionis viri nobilis Guicherdi de Foris, domicelli, domini de Turribus prope Masticonem,... contra et adversus Johannetum Le Truat, regium servientem, parrochie de Cropio, de et super eo videlicet quod die dominica noviter lapsa, in carniprivio bordarum, ipse Johannetus, motus malitia contra dominum Benedictum Veyer, presbiterum, personaliter accessit ad domum habitacionis Guillelmeti Sorberii, de Croplo,... in qua eciam domo dictus presbiter erat hospitatus... absque loquendo dictam domum ingresfuit (1), munitus de quadam ense, ad personam dicti presbiteri accessit, de ejus manu seu pugno quodam crussibullum pendentem et plenum oley ardentem, in medio mensis (2) dicte domus percuxit, adeo quod oleum tunc existentem in dicto crussibulo super omnibus ibidem astantibus exparsum fuit, de hoc non contentus, sed personaliter accedens ad dictum presbiterum dicendo verba que secuntur : Fax, prestre de m..., traytre, tu as dit paroles chix mey dont tu as mentu falsement (3), ipsum percutiens de pugno per dentes ad eo quod continuo sanguinis exffusio per os dicti presbiteri exivit... Die martis post dominicam qua in sancta Dei ecclesia fuit cantatum Reminiscere, anno Domini millesimo quatercentesimo.

(C'est l'information faite secrètement par nous, Jean de Saint-Quentin, clerc, notaire public, juge de la terre et juridiction de noble homme Guichard de Feurs, damoiseau, seigñeur des Tours près Mâcon,... envers et contre Jean-

---

(1) Sic pour *ingressus fuit.*
(2) Sic pour *mensæ.*
(3) Benoît Foreys, de Crèches, le premier des témoins interrogés, rapporte ainsi ces paroles : *Faux, prestre de m..., traytre, tu as dit paroles chis mey dont tu as mentu falsement et malvesement.* A quoi le prêtre, suivant lui, aurait répondu : *Tu fex mai, Truat, de mey batre, autre feys m'as batu.* — Les autres témoins ne font que confirmer cette déposition.

net Le Truat, sergent royal, de la paroisse de Crèches, de et sur ce que dimanche dernier, jour des bordes de Carême, ledit Jeannet, mû de méchanceté contre Messire Benoît Veyer, prêtre, se rendit en personne à la maison d'habitation de Guillemet Sorbier, de Crèches,... maison dans laquelle ledit prêtre était aussi logé,... et sans mot dire y entra, armé d'une épée, s'avança vers ledit prêtre, envoya de sa main ou de son poing au milieu de la table de ladite maison un crésieu suspendu, plein d'huile et allumé, si bien que l'huile qui se trouvait alors dans ledit crésieu se répandit sur tous les gens présents, et, non content de cela, il se précipita en personne vers ledit prêtre en disant les mots qui suivent : *Faux, prêtre de m..., traître, tu as dit paroles chez moi dont tu as menti faussement!,* le frappant du poing sur les dents, tellement que sur le coup le sang sortit de la bouche dudit prêtre... Le mardi après le dimanche où l'on a chanté dans la sainte Eglise de Dieu *Reminiscere,* l'an du Seigneur mil quatre cent (1er mars 1401 nouveau style).

CRESSON, CRESSOL, s. m., vx fr. *cresson,* excroissance et spécialement kyste synovial. Les personnes qui emploient ce mot ignorent sa signification ancienne d'*excroissance,* et disent non pas un cresson, mais *du cresson, une boule de cresson,* comme s'il s'agissait du cresson de fontaine.

CRETELLE, CRETEILLE, CRETILLE, s. f., bas-lat. *cristilla,* capitule de la bardane commune (*lappa major, lappa minor*), dont les écailles de l'involucre, recourbées en hameçon au sommet, s'accrochent aux vêtements, aux poils des animaux, etc.

CRETOUX. Voir *Crottoux.*

CREUSE, s. f., dépression de terrain en forme de ravin. Noms de lieux : Creuse-Noire (commune de Leynes); Les Creuzes (commune de Pruzilly); etc.
Voir *Crase.*

CREUSE, s. f., coquille.
Creuse de cala, coquille de noix (petit bateau).

CREUT. Voir *Greut.*

CREUX, s. m., creux d'eau, mare. Il paraît qu'on patine déjà au creux Bouchacourt.

CREVANCE, s. f., crevaison; état d'un homme ou d'un animal qui est *après* mourir.

CRÈVE, adj., crevé.

CRÈVE-CŒUR, s. m.
Prendre le crève-cœur, avoir le moral affecté d'une façon excessive.

« ... Notre pauvre père eut tant de chagrin d'avoir été cause du malheur [arrivé à son fils], qu'il en prit le crève-cœur, comme on dit dans le pays, et qu'il en mourut l'hiver d'après... » (Lamartine, *Le Tailleur de pierre de Saint-Point*).

CRIARDE, s. f., robe ou jupe de dessus, distincte du « cotillon », qui est le jupon ou jupe de dessous.

« On n'y vaisay pô dé criarde,
Mais se fai ben dé cotelion...
(On n'y voyait pas de jupes ouvertes,
Mais si fait bien des jupons fermés...) »
(Fertiault, *Noëls*, p. 244).

CRI-CRI, s. m., nom donné à différentes espèces d'insectes bruisseurs, notamment au grillon et à l'ephippigère de la vigne.

CRIER, v. a., vx fr., appeler.
« ... Crio le parrain Bliaise...
(Appelle le père Blaise...) »
(Fertiault, *Noëls*, p. 225).

CRINCIR. Voir *Clancir*.

CRISPINE, GRISPINE, s. f., personne nerveuse, rageuse.
Voir Littré v° *Crisper* (*Etymologie*) et Godefroy, v° *Gripe*.

CRISTAU, s. m., carbonate de soude. Du cristau (pour *du cristal*). La blanchisseuse y a tellement mis du cristau, qu'elle a toutes brûlé mes chemises.

CRISTILLE, GRISTILLE, s. f., croustille (petit repas). Casser une cristille. Payer une cristille.

CROCHE, s. f., vx fr., crochet à peser, romaine.

CROIRE DE. Voir *De*.

CROISON, s. m., vx fr., croisillon, traverse de la croix.

CROISSANT, s. m., petite faucille à long manche, qui sert à tailler les buissons.

CROIX DE PAR DIEU, loc., vx fr. *croison*. Désignait autrefois les alphabets mis entre les mains des enfants, parce que sur leur couverture était figurée la croix.

« L'oncle Pamphile avait parmi ses livres un vieil alphabet. C'était une « croix de par Dieu », c'est-à-dire qu'à la première ligne de la première page la lettre A était précédée d'une croix pour rappeler à l'enfant qu'avant de lire il devait déjà commencer par se signer et par donner dévotement une pensée à Dieu. » (J. Nesmy, *Pour marier Colette*).

CROPER, v. a., vx fr., monter sur la croupe (se dit surtout de l'accouplement des oiseaux).
Se croper, s'accroupir.

CROT, s. m., vx fr., creux. Tout le monde connaît le lieudit *le Crot du Charnier*, à Solutré.

CROTTE, s. f., vx fr., grand creux, carrière. On désigne, à Lacrost, les carrières blanches et les carrières rouges par les noms de *les Crottes blanches* et *les Crottes rouges*.

CROTTOUX, -OUSE, CRETOUX, -OUSE, adj., crotté; avare.
Ces cretoux-là, ça vous donnerait pas un sou, — et dire que ç'en a autant que les chiens ont des puces!
Entre dames quêteuses sortant de chez M. X... :
« *Première Dame* : Vieux cretoux, va! On n'en peut rien tirer.
Seconde Dame : Oui, pas plus qu'un pet d'un âne mort! »
Au *cretoux* qui pour un service rendu se borne à dire merci :
« I en faut des mercis pour nourrir ma bourrique! »

CROUILLER, CORRAILLER, CORAYER, v. a., vx fr. *corolllier*, écraser, broyer.
« Crouilliz encour on gran de peudre contre la platene. (Ecrasez encore un grain de poudre contre la platine). (*Le P'teu*, p. 391).
Corrailler le beurre, le presser pour en exprimer l'eau et le lait.

CROULAILLER, v. a., fréquentatif de *crouler*.
A force de croulailler c'bouchon, j' finirai ben par l'avoir.

CROULER, GROULER, v. a., vx fr. *crouler*. Secouer, ébranler, trembler. Crouler des noix. T'as fait crouler le fauteuil. « La tarre en croule. (La terre en tremble). » (*Le P'teu*, p. 395). — Frapper. Je te lui ai croulé le *marron*, je le lui ai croulé la *châtagne*. — Fléchir. Mes jambes ont croulé sous moi.

CROUTE (croûte), s. f. *Etre aux croûtes de quelqu'un*, être à sa charge. Voir *Pain*.

CROUTON (croûton), s. m. *Prendre le croûton*, prendre la suite de quelqu'un pour une chose plus ou moins désirable, plutôt moins que plus. Pour le pain bénit, on *porte* le croûton à la personne qui doit le donner le dimanche suivant. La première femme qui va voir une nouvelle accouchée *prend* le croûton et est sûre de devenir enceinte. C'est une mauvaise plaisanterie, quand on va mourir, de dire à un ami qu'on va lui *passer* le croûton.

CROUTONNIER (croûtonnier), s. m., amateur de casse-croûte.

CROUX, CROZET, s. m., CROUSE, CROUZE, CROZE, s. f., creux. Ces noms se retrouvent dans l'onomastique (lieux et familles) du département de Saône-et-Loire.

CRUCIFIX, s. m. *Faire un crucifix dans la neige*, tomber les bras en croix dans la neige.

CUCHE, s. f., **CUCHON**, **CUCHOT**, s. m., vx fr. *cuchel* et *cuchon*, cime, sommet, pointe, tas de forme conique, et, par extension, tas quelconque.

La cuche d'un peuplier. Le cuchot d'une maison. Un cuchon de foin.

« Les soirs de fenaison, on grimpait sur les meules. Attention! Au premier en bas. Une, deux, trois! Patatras! On se retrouvait tous en « cuchon. » (G. Gerin, *Au Pays des Etangs*).

CUEILLOT, s. m., vx fr. *cueillete*, bouquet de branches. J' vas t' fesser avec un cueillot d'épines.

CUEULON (A) (akeulon), loc., à cul, à croupeton, sur les talons. Voir *Accueuler* (S').

CUIXÉ, adj., ruiné. Se dit surtout au jeu de billes quand on a tout perdu.

CUIR DE BROUETTE, s. m., bois. Des souliers en cuir de brouette (sabots).

« Quant à l'autre, il n'est pas plus son fils que Jean que voici et qui sera fourré à la porte si on l'aperçoit ici avec ses escarpins en cuir de brouette. » (E. Gaboriau, *L'Affaire Lerouge*).

CUL, s. m. En 1916, au joli mois de mai, le tribunal correctionnel de Mâcon avait à juger un naturel de R.... braconnier de pêche, qui, au cours d'une altercation avec un garde, avait porté à celui-ci le défi suivant : « Le bon Dieu m'a fait un trou au cul, mais toi, tu ne me feras pas le second. »

Etre tout cul nul, les manches pareilles, n'avoir plus le sou, être dans la misère.

Baiser le cul de la vieille, ne pas faire un seul point dans une partie de jeu (voir *Fanny*).

Dans certains villages, peut-être dans tous, on disait jadis à ceux qui allaient à « la ville » pour la première fois, qu'ils seraient arrêtés aux barrières pour « baiser le cul de la vieille », et qu'ils ne pourraient entrer qu'après avoir rempli cette formalité.

La même plaisanterie était courante sur les bords de la Saône, et dans chaque port où l'on débarquait pour la première fois, on devait « baiser le cul de la vieille » en traversant le ponton. Un jour, un garçonnet de huit ans, accompagnant sa mère à la foire de Montmerle, fut prévenu sur le bateau de ce qui l'attendait à l'arrivée. Aussitôt l'accostage, l'enfant se glissa prestement entre les autres voyageurs, et du quai

il fit un pied-de-nez à ses compagnons de route en criant à tue-tête : « Bien fait, bien fait, j'ai pas baisé le cul de la vieille! »

Japper du cul, péter (en parlant des chiens).

   A Chareuble,
   Le loup *suble*,
   Les poules pissent,
   Les chiens jappent du cul.

Faire cul-sec, vider complètement une bouteille.

Boire à coupe-cul, boire plusieurs verres ou plusieurs bouteilles coup sur coup.

Etre soûl à traine-cul, être ivre à tomber.

Tourner le cul au foin, refuser la nourriture.

Le jeu a tourné le cul à la bourrique, la chance a tourné au jeu.

L'hôtel du Cul tourné, le lit conjugal lorsque la femme tourne le dos à son mari et le boude. — Entendu à dix heures du soir : Viens donc boire encore un verre. — Non, merci. T' voudrais toujours me faire coucher à l'hôtel du Cul tourné...

Avoir dans le cul, dans la raie du cul, dans le trou du cul, dans le pr'tus de cul. En terme d'estime (?) : I nous embêt' avec son député, çul-là; s'l l'aime tant qu' ça, qu'i se l' fout' au cul, et pis qu'i nous laiss' la paix! — En terme de mépris : Mon mari... Ah! le salaud! J' voudrais que l' bon Dieu m' fass' la grâce que j' l'aye si bas dans l' cul, que je l' ch... tout de suite!

Voir *Bosse-cul*, *Gingue-du-cul*, *Lèvecul*, *Plat-cul*, *Souffle-en-cul*, *Tournecul*, *Trou-du-cul*, et *Dévirer*.

CUL-D'AIL, s. m., imbécile. Oh! sacré cul-d'ail!

CUL-DE-CASSE. Voir *Queue-de-casse*.

CUL-DE-DÉ, s. m., partie du vin qui sort du pressoir après la dernière coupe. Voir *Broule*.

CUL DE LA LUNE, loc., le dernier quartier de la lune.

Aux champs :

« *La Dame* : Eh bien! père Antoine, comment ça va-t-il?

Le Fermier : Vous êtes ben honnêt', not' bourgeoise; ça va tout à la douce.

La Dame : Qu'est-ce que vous faites donc là?

Le Fermier : Y est des poum's de terre que j' plante. Seulement, la terre est dure. I faudrait trop qu'i plussisse un p'tion.

La Dame : Eh bien, pourquoi n'attendez-vous pas quelques jours?

Le Fermier : Ben sûr... Mais c'est qu'i faut toujours que les poum's de terre soyent plantées au cul de la lune. »

CUL-DE-SINGE, s. m., espèce de melon dont la partie inférieure est ronde et saillante comme le postérieur d'un *cul-pelé*.

CUL-PELÉ (cu p'lé), s. m., singe dont les fesses sont saillantes et dépourvues de poils.

CULOTTE, s. f., jeu de la marelle à cloche-pied.

CURIEUX, adj., désireux. Etes-vous curieux de goûter d'un bon *cachet?*

CURON, s. m., débris de fruit résultant du curage. Voir *Rongeon*.

D

DAGOBERT (A LA), loc., à l'envers. *T'as donc mis tes sulés à gobet, tu t'es donc trompé de pied en mettant tes souliers.*

DAGUENELLE, s. f., vx fr., poire, pomme et tout autre fruit, séché au soleil ou au four, ou même desséché sur l'arbre.

DAGUENELLER (dagu'neler) (SE), v. r., se dessécher (en parlant des fruits).

DAGUER, v. n., élancer, causer des élancements douloureux. Le doigt me dague.

DAILLE, s. f., dail, faux.

DAILLER, v. a., faucher.

DAILLETTE, s. f., glane, poignée d'épis ramassée dans le champ après l'enlèvement des gerbes. Voir *Jevalle*.

DAME, s. f., grain de maïs qui a éclaté au feu; gouet ou pied-de-veau, *arum maculatum* (à cause de son spadice floral enfermé dans une spathe foliacée, ce qui figure assez bien une statuette dans sa niche).

DAME, s. f., perche de la longueur d'une ridelle, que, dans un char de foin ou de paille et pour en élargir le cadre, on introduit dans l'orifice spécial des *grands colliers*.

L'ensemble des dames et des grands colliers porte le nom de *jeu de dames*.

DARAISE, s. f., ridelle pleine.

DARBON, s. m., taupe, et, par analogie avec le travail de cet animal, talus de terre qu'on élève entre deux rangées de ceps lorsqu'on donne la première façon à la vigne. Nom fréquent de lieux-dits dans la campagne.

DARBONNER, v. a., mettre la terre en *darbons*.

DARBONNIER, s. m., taupier.

DARBONNIÈRE, s. f., taupinière.

DARD, s. m., grande faux.

DARGNASSE, s. f., femme ou fille paresseuse et traînarde. « Sacrée grande dargnasse, te n' peux donc pas venir... On voit ben que t'es née deux heures en retard; te n' les rattraperas jamais... »

DARLIONIER, DARLIOUNI, s. m., instrument tranchant, couteau (généralement *déguillemanché*). Dans l'Autunois, le mauvais couteau s'appelle « armelle ». Il a changé son *couteau* en *armelle*, veut dire : il a quitté une bonne situation pour en prendre une mauvaise.

Peut-être y a-t-il dans *darlionier* le radical *dard* (voir ce mot), comme il y a le radical *dail* dans *daillurier*, *dailluri*, du patois lyonnais. Voir *Dict. étymologique du patois lyonnais*, p. Nizier du Puitspelu, v° *Dailluri*.

DARTE, s. f., dartre.

DAVENTER, v. a., *aventer*.

DAYARD, DAIARD (daïard), DAYOT, DAIOT (daïot), s. m., dé à coudre; digitale (*digitalis purpurea*).

DE, prép.

S'emploie irrégulièrement entre deux verbes dont le second est le complément direct du premier.

Croire de, croire. Quand i croit de mâcher, il avale.

Figurer de (Se), se figurer. « Les Allemands qui s'étaient figurés [*sic*] de prendre tranquillement leur quartier d'hiver... » (*Union Rép.*, 19 oct. 1915).

Penser de, penser. J'avais pensé de venir, mais j'ai pas pu.

Remplace également la préposition *à* entre deux verbes.

Hésiter de, hésiter à. « M. X..., bien que blessé au pied, n'hésita pas à grimper sur les toits et de se mettre à la poursuite des voleurs... » (*Union Rép.*, 16 fév. 1919).

Employer de, employer à. « Employez-vous avec énergie d'obtenir une baisse sensible... » (*Eclaireur du Mâconnais*, 10 sept. 1921).

Inviter de, inviter à. « Le Comité invite tous les camarades d'assister à la conférence organisée par le syndicat des métallurgistes... » (*Union Rép.*, 14 fév. 1919).

Entre, comme particule réduplicative ou pléonastique dans la composition de certains mots, comme *daventer* (*aventer*), *descier* (scier), *dessortir* (sorlir), *devenir* (venir), *dôter* (ôter), etc. (voir ces mots) ; de certaines locutions, comme *d'à partir d'aujourd'hui* (à partir d'aujourd'hui), *l'autre des jours* (l'autre jour), *du dépuis* (depuis), etc. ; de certaines phrases, comme : « Je te cherche de partout. » (Onofrio, *Théâtre lyonnais de Guignol*). « L'eau baisse de partout ». « Etre seul d'enfant », etc.

S'emploie dans des locutions par ailleurs irrégulières : En se mariant, il l'a reconnue de 20.000 francs...

Voir *Trouver de* (Se).

DÉ, s. m., quantité de vendange contenue dans le pressoir.

DÉBARBOUILLOIR, s. m., serviette de toilette.

DÉBAROULER, v. n., dégringoler, rouler en bas.

DÉBEUILLER, v. a., ébouler. Voir *Ebeuiller*.

DÉBITOUSER, v. a., enlever la *bile* des yeux.

DÉBOBINER, v. a., dérouler, développer, égrener. « Le sieur O..., poivrot endurci, aux agents qui vinrent l'interrompre dans ses exploits, n'a rien trouvé de mieux que de leur débobiner un chapelet d'expressions qu'on ne trouve pas dans les manuels de savoir vivre et de bon ton. » (*Républicain Mâconnais*, 13 déc. 1908).

DÉBOULIGUER, v. a., *bouliguer*.

DÉBRONDER, v. a., émonder, ébrancher, enlever la *bronde*. Voir *Ebronder*.

DÉCABANER, v. n., déménager, et au fig. déraisonner.

DÉCAMOTTER, v. a., désagréger, dissocier, désunir. Décamotter (carder) de la laine à matelas. Au fig. : Tiens, entre les Y... et les Z... ça se décamotterait donc !

DÉCARRER, DÉCARROCHER, v. n., décamper.

DÉCATONNER, v. a., vx fr., défaire des *catons*.

DÉCENSÉ, adj., qui a renoncé au *cens*.

DE CES, loc., des. S'emploie avec « plus » ou « moins ». Mon mari peut pourtant pas travailler tant qu' ça ; i n'est pas de ces plus solides. Dites donc, c'te maison, elle n'est pas de ces mieux bâties. La Mère X... n'est pas non plus de ces moins *diseuses*.

DÉCESSER, v. n., cesser. Ne s'emploie qu'avec la négation. I n'a pas décessé de tousser pendant *toute l'hiver*.

« MM. les leaders social-réformistes ne décessent de baver à jet continu contre les communistes et la révolution. » (*Union Rép.*, 29 nov. 1924).

« Les trois dragues ne décessent pas de monter les énormes glaçons [du lac de Silans]. » (*Nouvelliste*, 17 janv. 1905).

« Depuis une demi-heure je me trempais jusqu'aux os d'une radée qui ne décessait pas... » (A. Daudet, *La Petite Paroisse*).

DÉCEVABLE, adj., vx fr., décevant, déplaisant, désagréable.

DÉCHALER, v. a., vx fr., écaler.

DÉCHAMBRER, v. a., déchirer. Voir *Essambrer*.

DÉCHEVASSER, v. a., échevasser.

DÉCHIRÉ, -ÉE, part. pass., flétri, -ie (en parlant des personnes). Elle n'est déjà pas tant déchirée...

DÉCOCONNER, v. n., décamper, déraisonner.

DÉCOMPOTE, s. f., déconfiture. Tomber en décompote.

DÉCONTINUER, v. n., discontinuer.

DÉCOUVER, v. a., employer les moyens nécessaires pour enlever à un volatile l'envie de couver. Découver une poule.

DÉCOUVERT, s. m., vx fr. *descovert*, découverte.

« ... Depuis la Saint-Jean, j'avais fait un *découvert*, comme on dit, tout en bas du sentier des bruyères. C'était une ancienne carrière abandonnée de fin grès de meules... » (Lamartine, *Le Tailleur de pierre de Saint-Point*).

DÉCOUVRI, part. pass., découvert. Voir *Couvri*.

DÉCRAPER, v. a., écraper.

DÉCRASSOIR, s. m., serviette de toilette.

DÉCROTTER, v. n., manger goulûment. I décrotte ferme.

DÉCUCHONNER, v. a., étaler un *cuchon*.

DÉFACHER (défâcher), v. a. Se *défâcher*, cesser d'être fâché.

DÉFENDRE DE, loc., empêcher de, défier de. « Là voû donc qu' vous avez trouvé c' brav' *cabinet*. — Y est l' Jean-Marie, m'n homm' qu' l'a fait. Y a été son premier métier, et pis y s'ra son dernier. Et pis, vous savez, j' défends à quiconqu' soit d' fair' mieux. »

« Ah ! *pellouler* à nos âges, ma pauv' vieille, ça nous est bien défendu ! »

« Malgré toute la bonne volonté et l'endurance de MM. les Critiques de théâtre, il leur est absolument défendu d'assister, pour en rendre compte, à deux représentations en même temps... » (*Eclaireur du Mâconnais*, 11 oct. 1924).

DÉFENSE, s. f., obstacle, empêchement, mise au défi.

« Défense de sentir des pieds et d'en souffrir. *Sudorine* 2,50. Pharmacie X... » (*Progrès* de Lyon, 23 juin 1919).

DÉFEUILLE, s. f., défeuillaison.

DEFFRACTER, v. a., *effracter.*

DÉFIGURER, v. a., dévisager.

DÉFINIR, v. a., vx fr. *définer*, finir, terminer, mourir.

DEFORS (vx fr.), DEFOURS, adv., dehors.

DÉFUTER (défûter), v. a., vx fr., vider le contenu d'un fût. *Se défûter*, vider sa vessie.

DÉGABADE, s. f., vomissement.

DÉGABER, v. n., vomir.

DÉGAILLADE, s. f., vomissement.

DÉGAILLER, v. n., vomir.

DÉGÊNER, v. a., diminuer ou supprimer l'état de gêne, mettre à l'aise.

J' suis tout *gonfle* après mes repas; faut qu' j' déboutonne ma culotte pour me dégêner.

Not' curé, je l' craignais dans les premiers temps; mais, *depuis*, i m'a bien dégêné.

DÉGERBER, v. a., descendre des tonneaux *gerbés.*

DÉGLACER, v. n., dégeler.

DÉGOISER (SE), v. r., parler d'une façon inconsidérée. Syn. de *barbouiller.*

DÉGOUGNANCER, v. a., mettre en désordre.

DÉGOUILLE, s. f., descente de gosier.

DÉGOUILLER (SE), v. r., se débarrasser de ses vêtements. - Voir *Engouiller.*

DÉGOURRER (SE), v. r., se déshabiller. Voir *Gourrer (Se).*

DÉGOUTANT (dégoûtant), -ANTE, adj., dégoûté, difficile pour la nourriture.

DÉGRENER, v. a., désengrener (une pompe).

DÉGRENER, v. a., vx fr., égrener, écosser.

DÉGRUMER, v. a., *égrumer.*

DÉGUEULEAU, DÉGUEULIAU, s. m., dégueulée, masse alimentaire rendue par vomissement. J'ai entendu mon p'tit qui m'appelait c'te nuit; quand j' suis arrivée, y était plein de dégueuliaux su' sa couverte.

DÉGUILLEMANCHÉ, -ÉE, adj., démantibulé, dégingandé. Table déguillemanchée. Ce grand déguillemanché!

DÉGUILLER, v. n., vx fr. *déguier*, tirer au sort entre enfants qui jouent, pour savoir celui qui aura à faire telle ou telle chose.

DEHORS, adv., dehors. *Je suis fermé dehors*, se dit couramment quand on ne peut pas ouvrir la porte de son logement.

« M. Michel revenait avec sa femme de l'Opéra-Comique, et depuis une demi-heure il tirait rageusement la sonnette sans parvenir à obtenir de son concierge le coup de cordon libérateur... Il était *enfermé dans la rue.* » (*Le Journal*, 28 fév. 1910).

DELEZ, DILEZ, DELAIE, prép., vx fr. *deles*, à côté de. « ... Mon garçon qu'aire [ère] après labouré [labourer] en lrand' laie [delaie] ai[ès] grande[s] tarre[s]... » (*Mâcon-Publicité*, déc. 1904).

DÉLIBÉRER, v. a., libérer. Entendu en 1917 : « Mon mari a été *pris prisonnier* en 1914, mais il est malade, j' pense qu'on va bientôt l' délibérer. »

DÉMANDRILLER, v. a., mettre en *mandrilles.* En 1710, les religieuses de l'hôpital de Chalon certifient qu'elles ont recueilli le curé Demaizière « vieillard de 86 ans, tout émandillé [sic], mourant de faim, sans un sol. » (Archives hosp. de Chalon, série B. Dossier de la fondation Demaizière).

DÉMANGONNER, v. a., démancher, démonter, déchirer. Oh! tiens, tu m'as toute démangonnée! Voir *Mangonner.*

DÉMARCHE, s. f., ancienne mesure de longueur pour les chemins, équivalente au pas de Mâcon (2 pieds 1/2, soit 0 m. 812).

DÉMARCHER (SE), faire des démarches pour obtenir quelque chose.

En Savoie, *se démarcher* signifie *bouger de place.* « Il avait une bête, appelée *coq*, qui faisait venir le jour sans se démarcher. » (Conte populaire rapporté par A. Van Gennep dans *La Savoie*, p. 34).

DÉMÊLER, v. a., syn. de *décatonner.* Démêler la pâte.

DÉMÊLOIR, s. m., peigne imaginaire, qui servirait à mettre de l'ordre et de la clarté dans le langage ou les idées d'une personne qui « bafouille ».

Au candidat électoral, la salle entière trépignante et hurlante : « Démêloir! Démêloir! »

Au copain, en lui tapant sur le ventre : « Ben, mon vieux salaud, t'as rien b'soin d'un démêloir! »

DÉMORTIR, v. n., vx fr., dégourdir (un liquide). De l'eau démortie.

DÉNIAISÉ, part. pass., qui a perdu sa gaîté.

DENIER, s. m., ancienne mesure de poids, correspondant au 1/3 du gros et valant, comme le scrupule, 1 gramme 274.

DÉNOURRI, part. pass., dégoûté. Oh! ch'tit dénourri! Voir *Trop-soûl*.

DÉNOYAUTAGE, s. m., action de *dénoyauter*.

DÉNOYAUTER, v. a., enlever le noyau d'un fruit.

DENRÉE, s. f. S'emploie en mauvaise part en parlant des personnes. Ch'tite denrée, va!
« Celle-là, c'est bien une denrée! Elle ne vaut pas les quatre fers d'un chien. » (J. Pravieux, *Mon Mari*).

DENT, s. f.
Avoir les grands dents, avoir la dentie.
Parler des grosses dents, faire la grosse voix.

DENTIE (dancie), s. f., vx fr. *dentée*, sensation d'agacement des dents provoquée par une cause directe, telle que la mastication de fruits verts, ou par une cause indirecte, telle qu'un bruit suraigu. Avoir la dentie.

DÉPARTIR, v. n., vx fr., partir.

DÉPEGER, v. a., « dépoisser ». Voir *Peger*.

DÉPEINT, s. m., vx fr. *dépeindre* (v.), peinture, portrait. Y a mes enfants qui me tourmentent pour que je fasse faire mon dépeint.

DÉPENDAINE, s. f., vx fr. *dépendance*, terrain en pente. Voir *Pendaine*.

DÉPENER, v. a., vx fr. *despener*, dépenailler, dépouiller. *Os dépené*, os dépouillé de la plus grande partie de sa chair, et spécialement portion de colonne vertébrale à laquelle adhère encore l'extrémité dorsale des côtes.

DÉPENS, s. m., dépense. Ben sûr qu'on peut y arranger, mais y va vous faire faire « de » dépens.

DÉPETER (dép'ter), v. a. et n., vx fr. *despiter*, abandonner, renoncer à. Se dit surtout des oiseaux qui laissent leur couvée et des femelles qui quittent leurs petits. Veux-t' ben n' pas grimper aux arbres, t' vas fair' dépeter toutes les marlasses.

DÉPICOLER, v. a., détacher totalement ou partiellement un fruit de son pédoncule; cueillir un fruit. Voir *Picot* et *Repicoler*.

DÉPLAYER, v. a., dételer. Voir *Applier*.

DÉPOISONNER, v. a., désempoisonner. *Se dépoisonner*, combattre le goût désagréable qu'on a dans la bouche le lendemain d'une cuite. Pour cela on prend généralement un ou deux verres de *gnôle*.

DÉPONDRE, v. a., déchirer, dégueniller. Oh! ce p'tiot, quand i rentre, il est toujours dépondu. Voir *Appondre* et *Rappondre*.

DÉPORTER (SE), v. r., se détacher de quelqu'un ou de quelque chose.

DÉPRAVÉ, part. pass., désœuvré.

DEPUIS, DU DEPUIS, conj., depuis. Depuis huit jours j'ai perdu l'app'tit.

DEPUIS... A..., loc. prép., depuis jusqu'à..., de... à...
« Tous les villages, depuis Collonges et Fort-de-l'Ecluse à Gex, sont sur le qui-vive. (*Progrès de Lyon*, 8 août 1921).

DÉQUIGNOLER, v. a., démantibuler. Voir *Requignoler*.

DÉRHUMER, v. a., désenrhumer; se désenrhumer. Je n'ai pas dérhumé de *toute l'hiver*.

DERNIER, prép., vx fr. *derrenier*, derrière.

DÉRONTÉ, s. m., vx fr. *desrouter* et *desroter* (v.), défriche. Voir *Ronté*.

DERUISE, s. f., premier duvet des oiseaux venant d'éclore, qui tombe ordinairement et reste au fond du nid, en faisant place aux plumes véritables.

DÉSATREAUDER, v. a., gaspiller, perdre sou à sou, par morceaux.
« I's ont atreaudé 60 ou 80 coupées de vignes, mais i's ont un gendre qui se chargera ben d' les désatreauder. »
Voir *Atreauder*.

DESCIER, v. a., scier, refendre, débiter du bois, de la pierre, etc.

DESCISE (d'cise), s. f., descente d'un cours d'eau, et par analogie, d'une voie de communication quelconque. Le bateau de descise. Le train de descise. Voir *Remonte*. — A la pêche, ce mot désigne le parcours du bouchon du point d'amont où on a jeté la ligne au point d'aval où on la retire.
Au bord de Saône :
« *Le Grand :* Bougre de ch'tit galopin, te pourrais pas attendre que j'aye fini ma d'cise, avant d' commencer la tienne, dis! Fous-moi voir l' camp plus loin!
Le Petit : Oh! mais, la Saône est ben à tout l' monde.
Le Grand : La Saône est à tout l' monde? Attends, j' vas t'y faire voir, moi, si la Saône est à tout l' monde!
Le Petit (à mi-voix) : 'Spèce de muff'!
Le Grand : Qué qu' t'as dit?
Le Petit : J'ai rien dit, moi!
Le Grand : Heureusement, qu' t'as rien dit, pa'c' que si t'avais dit 'spèce de muff', j'allais voir... »
Voir la citation faite au mot *Mode*.

DÉSEMPIGER, v. a., enlever une *empige*.

DÉSENDA, DÈS ENDA, adv., tout de suite. A rapprocher des vx fr. *ades* et *enda*.

> Y m'i fô don alai
> Désendai...
> (Il m'y faut donc aller
> Tout de suite...)
> (Pertiault, *Noëls*, p. 221).

« I nous faut don y alla desanda... (Il nous faut donc y aller dès maintenant...) » (*Le P'teu*, p. 391).

DESSAMPILLER, ESSAMPILLER, v. a., déchirer, mettre en *sampilles*, dégueniller. Il est tout dessampillé. Voir *Sampille*.

DESSAYER, DESSEYER, DESSOYER, DESSOIFFER, v. a., vx fr. *dessoiver*, désaltérer.

DESSÉCHER, v. a., faire cesser un état de sécheresse. Qu'est-c' que j' pourrais donc bien boire pour me dessécher la bouche?

DESSORTIR (d'sortir), v. n., sortir de, venir de. Viens-tu prendre un verre? — J'en d'sors.

DESSOULU, -UE et -USE, adj., dessoulé, -ée. « Grand salaud, t'es pas seulement dessoulu que t' veux déjà recommencer à boire! »

DESSOUSTER, v. a., terme de jeu de cartes, jeter une carte qui en soutenait une autre. J'ai fait une bêtise en me dessoustant à pique. Voir *Souster*.

DÉTERME, s. f., pâte *détermée*.

DÉTERMER, v. a., battre une pâte, la détremper, la délayer.

DÉTOUR, s. m., tour. *Détour de reins*, *détour dans les reins*, tour de reins, lumbago traumatique. « X..., en roulant une brouette, s'est fait un détour dans les reins. » (*Nouvelliste*, 16 janv. 1905. Correspondance de Chagny).

DÉTRAIT, s. m., vx fr. *destroit*, détroit, lieu resserré; travail à ferrer les bœufs.

DÉTRAU, s. f., vx fr. *destral*, s. m., cognée. « I z'y ave le père Liaude Mouëroux avu sa détrau su les reins. (Il y avait le père Claude Moiroux avec sa hache sur l'épaule [sic]. » (*Le P'teu*, p. 388). « De temps en temps Thomas réunissait ses économies, jetait là sa détrau, boutonnait ses guêtres, et s'en allait en Suisse, d'où il rentrait par les petits sentiers des montagnes, une balle de tabac sur le dos. » (Jules Mary, *Un Coup de Revolver*).

DÉTRIER, v. a., vx fr., séparer, sevrer; être en désaccord. Vaut mieux s'accorder que non pas se détrier.

DÉVALER, v. a., vomir (par opposition à *avaler*).

DEVANTIER, DEVANTI, vx fr. *devantel*, s. m., tablier.

DÉVEILLER, v. n., terminer la veillée. « Quand vint l'heure de déveiller, X... refusa de partir [du café où il se trouvait] et déclara qu'il ne s'en irait pas avant cinq heures du matin... » (*Union Rép.*, 12 mars 1920. Correspondance de Montceau-les-Mines).

DEVENIR, v. n., venir de. D'où donc qu' te d'viens?

DÉVERSER, v. a., verser, vider un contenant de son contenu. Fig., incliner à. « On devressi ancôr dé côffre...
(On déchargea encore des coffres...) »
(Pertiault, *Noëls*, p. 245).

> « .... Le-z-habitan
> Furon tretô se devressi
> Qu'i manquiron de lé chossi...
> (.................... Les habitants
> Furent tous si mal disposés
> Qu'ils manquèrent de les chasser...) »
> (*Id.*, p. 236).

DEVINETTE, s. f., énigme populaire. *Exemples* : Qu'est-ce qui est toujours à couvert et toujours mouillé? La langue. — Qu'est-ce qui est frais quand il est chaud? Le pain.

DÉVIRER, v. a., retourner, renverser. Cré mâtin d' sort, j' viens de m' dévirer un ongle! — *Avoir la vesse du c.. dévirée*, être démonté, démoralisé, découragé. Un pessimiste a toujours la vesse du c.. dévirée. « ... Les hommes ont ben souvent l'esprit déviré... » (Jean de la Brète, *Le Roman d'une Croyante*).

DÉVORER, v. a., déchirer. Des habits tout dévorés. Vous n'avez pas idée de ce garnement; il déchire tout ses habits; c'est un dévorant!

DÉVORER (SE), v. r., se donner du souci en pensant à une chose ou de la fatigue en la faisant. LES AUTEURS DU PRÉSENT OUVRAGE SE SONT DÉVORÉS EN Y PENSANT ET EN LE FAISANT.

DÉVOYANCER, v. a., renverser pêle-mêle, mettre sens dessus dessous, vider. I m'a tout dévoyancé ma *panière* à ouvrage. A rapprocher du vx fr. *Desvolance*.

DIABLE, s. m., casserole en terre se composant de deux moitiés symétriques dont l'une sert de couvercle à l'autre.

DIEU SOIT BÉNI, loc. qui désignait autrefois les almanachs populaires, parce que ces mots étaient imprimés sur leur couverture : *Dieu soit béni pour l'an de grâce...*

DIMANCHE, s. m.,
Habiller en dimanche, endimancher.
« Il était habillé en dimanche. » (S. Blandy, *La Teppe aux Merles*).
Avoir cent ans rien qu'en dimanches. Etre ou avoir l'air *si tellement* vieux qu'on semble avoir vécu autant de dimanches, c'est-à-dire de semaines, qu'il y a de jours dans cent ans.

DIOMAINE, s. m., vx fr. *diemaine*, dimanche.

DIRE, v. n., reprendre, faire des observations. Avec ce garnement-là, il faut toujours être *après dire*.

DISEUR, -EUSE, adj., qui reprend, qui fait des observations. Ce mot est employé surtout par des inférieurs parlant de leurs supérieurs. La patronne est une diseuse; j' suis pas fâchée de quitter la place.

DISPENSE, s. f., dépense.

DISPENSER, v. a., dépenser.

DISPENSIEUX, -IEUSE, adj., dépensier, -ière.

DITE, s. f., cruche.
        « Una dite...
        (Une cruche...) »
                (Fertiault, *Noëls*, p. 245).

DODOCHE, s. m., bêta.

DOGUIN, -INE, adj., bon, doux, comme un gros chien.

DOIGT-DE-MORT, s. m., racine de salsifis épluchée (à cause de sa forme allongée et de sa couleur cadavérique).

DONNÉ, -ÉE, part. pass., m. et f. *Enfant donné*, enfant naturel.
« Louys, filz de Jehanne Bornier, donnée de feu Me Estienne Bornier, advocat, lequel elle a dict avoir heu des oeuvres de Me Louis Colaz, notaire, » est baptisé le 11 mars 1613. (Archives mun. de Mâcon, GG. 28).
Antoine, fils de noble Guillaume Julien, « à luy donné par sa servante, Simone Rousseau », est baptisé le 29 novembre 1574. (Archives mun. de Givry, GG. 2).
A rapprocher d · vx fr. *donoieor, donneur*, amant, galant, et *donoier*, *donner*, parler d'amour, faire l'amour.

DONZELLE, s. f., vx fr. *donsele*, sorte d'étrier de fer qu'on suspend à la crémaillère pour supporter la poêle, le moule à gaufres, etc. « Un réchaut de fert, une donselle... » (Inventaire du mobilier de Jean Delavaivre, bourgeois de Cluny, 1er-2 déc. 1745, Archives dép., B. 1820, n° 60).
Voir *Servante*.

DORME, DROME (dr'me), **DORMIE** (vx fr.), s. f., sommeil, somme, sieste. Voir *Prunire*.
Avoir la drome, avoir sommeil.
Faire une dorme, faire un somme.

DORMIR, v. a., endormir.

DORT-EN-CHIANT, s. m., individu mou, sans énergie.

DOS D'ANE, s. m., barre de bois cintrée servant de porte-manteau.

DÔTER, v. a., ôter. Dôter son chapeau. Dôte-toi donc d' là que j' m'y mette!

DOUBLE, s. m., double décalitre. Un double de pommes de terre.

DOUBLE, s. f., gras-double. De la double.

DOUBLE, s. m., deux parties simples d'un objet plié, ou chacun des objets similaires superposés en vue de donner à leur ensemble une résistance, une solidité plus grande. Un double de toile. Un double de ficelle. Un carton fait avec plusieurs doubles de papier.
A double, en double.
« ... Le pansement est maintenu à l'aide d'une épaisseur de trois ou quatre doubles de gaze antiseptique. » (*Nouvelles littéraires*, 22 nov. 1903, art. du Dr Daurat).
« Deux pansements... composés d'un gâteau d'étoupe... ensaché dans un double de gaze... » (*Revue scientifique*, 1er août 1914, art. du Dr Piussan).
Chez le Marchand :
« *Le Marchand* : Qu'est-ce qu'il y a pour votre service?
Le Client : Je voudrais du fromage bleu.
Le Marchand : C'est bien facile... Je viens justement d'en recevoir bien fait, bien gras. (Il applique le tranchant de son couteau sur le fromage.) Comme cela?
Le Client : Un peu plus.
Le Marchand : C'est bien facile... (Il coupe une tranche de fromage qu'il fait basculer sur un papier jaune.) Voyez... C'est de toute beauté... C'est beau, et c'est bon. (Il enveloppe le quartier de fromage dans le papier jaune.) Et avec cela?
Le Client : Je voudrais une caisse de savon.
Le Marchand : C'est bien facile... (Il va chercher la caisse de savon.) Et avec cela?
Le Client : Plus rien.
Le Marchand : C'est bien fa... Je vas vous faire un seul paquet des deux?
Le Client : ... (Il paie et se dispose à prendre son paquet.)
Le Marchand : Vous donnez donc pas la peine; on y portera bien chez vous.

Le Client : Non, merci. Je prends le train.

Le Marchand : Oh! alors. J'y vas mettre un double de ficelle. Comme ça, y sera plus solide.

Le Client (placide) : Mettez en donc quatre. Y tiendra encore mieux. »

DOUBLETTE, s. f., groupe de deux joueurs associés. Voir *Quadrette*.

« Dimanche 5 juin aura lieu, au Stand, un concours de boules en doublettes. » (*Union Rép.*, 3 juin 1921).

DOULEUR, s. f., douleur rhumatismale. Je crois que c'est des douleurs; *depuis* quinze jours ça m' tient dans le bas des reins.

DOUTANCE, s. f., vx fr., doute, soupçon.

DOUTE, s. f., vx fr., inquiétude, crainte.

Être en doute, être dans une situation embarrassée au point de vue de l'argent ou des affaires, et donner des inquiétudes à ce sujet.

DOUVE, s. f., talus, naturel ou artificiel, qui longe un chemin, une rivière, une terre, etc. Voir *Balme*.

DREMILLE, s. f., dormille ou loche franche (*cobitis barbatula*); gremille ou perche goujonnière (*acerina cernua*). Voir *l'illette*.

DRET, adv., droit, exactement. *Entre deux vieilles* : « Au jour d'aujour-d'hui, les enfants n' valont donc ren. Y est dret la grêle. I n'ont ni t'nue ni dét'nue. I sont tout palvertis (pervertis). — Qu' voulez-vous? Y a été comme ça avant nous; y sera encore après. »

DROGUASSER, v. n., fréq. de « droguer », perdre son temps au lieu de travailler.

DROITS DE MORT, s. m. pl., droits de succession.

DROUILLE, s. f., diarrhée.

DROUILLER, v. n., aller à la selle en *drouille*.

DROUILLOUX, -OUSE, adj., qui a la diarrhée, qui s'accompagne de diarrhée. Une femme drouillouse. Un pet drouilloux.

DUELLE, s. f., douelle, douve de tonneau.

DUR, adj. *Temps dur*, temps long, nostalgie.

J'ai le temps dur, le temps me dure.

Il vaut mieux qu'elle chante toute la journée que d'avoir le temps dur de son pays.

DURAND, nom propre. *Le Père Durand*, le soleil. *Madame Durand*, les w.-c. (peut-être parce qu'on y voit la lune) !

DURE, s. f., temps long, nostalgie. *Avoir la dure*, trouver le temps long.

E

EAU, s. f.
Eaux chaudes, pituite des alcooliques.

Petite eau, syn. de *blanquette*.

EBAFFINER. Voir *Baffiner*.

EBERLUTER (ébr'luter), v. a., éberluer, étourdir, troubler, faire perdre la tête. Voir *Berlu*.

EBEUILLER, v. a., ébouler. Voir *Débeuiller*.

EBIAIS, s. m., biais. *En ébiais*, en biais.

EBORNICLER, ÉBOURNICLER, v. a., abîmer les yeux par une tension excessive de la vue. Ne lis donc pas quand i fait nuit; t' vas tout t'ébourniclier les yeux.

A rapprocher du vx fr. *borgner*.

EBOUILLANCER, ÉBEUILLANCER, v. a., ébouillanter, étuver.

EBOUILLIR (S'), S'ÉBEUILLIR, v. r., vx fr. *esbolllir*, s'écrouler, se partager, se démolir.

EBOYER, ÉBOYANCER, ÉBUYANCER, v. a., vx fr. *esboeler* et *esbolllier*, arracher les boyaux, étriper, éventrer.

EBRAISER (S'), v. r., s'émietter. Voir *Braiser*.

EBRÉCHER, v. a., sécher. Un grand vent « ébrèche » la terre.

EBREDAULÉ. Voir *Bredaulé*.

EBREDEAU. Voir *Bredeau*.

EBREDINER, EMBREDINER, v. a., rendre *bredin*, troubler les idées; mettre le désordre dans quelque chose.

EBRIAUDÉ, ÉBRIAULÉ, adj., syn. de *bredaulé*.

EBRIQUER, v. a., mettre en *briques*. Il a foutu un bon coup su' la cannelle en cuivre, ça li a tout ébriqué sa duelle.

EBRONDER, v. a., émonder, ébrancher, enlever la *bronde*. Voir *Débronder*.

EBROQUÉ, -ÉE, part. pass., ébréché. Un *ébroqué*, un brèche-dent.

ECHADUÉ, -ÉE, adj., las, fatigué.

ECHAILLER, v. a., enlever les *chailles*, écaler.

ECHANDIR, v. a., vx fr., échauffer. Voir *Réchandre*.

ECHARER, ÉCHARAILLER, v. a., échauder.

ECHARGNER, ÉCHARNIR, v. a. et n., vx fr., syn. de *rechagner*.

ECHARMET, s. m., ÉCHARMÉE (?), s. f., syn. de *massoul*.

ECHAROGNER, vx fr., syn. de *charogner*.

ECHARPILLER, vx fr., syn. de *charpiller*.

ECHATRER (échâtrer), v. a., *châtrer*.

ECHAULAILLÉ, part. pass., qui a un *étourdissement*, qui éprouve un malaise accompagné de sueurs et de nausées. J' suis toute échaulaillée.

ECHAVOU, s. m., vx fr. *escharoir*, rouet, dévidoir. *Marcher comme un échavou*, aller très vite.

ECHELLE A PAIN, s. f., échelle dont les montants ne sont reliés qu'à leurs extrémités et dont les barreaux, perpendiculaires au plan de ces montants, s'en détachent en avant l'un à la hauteur de l'autre. Chaque miche de pain repose à plat sur deux barreaux correspondants. Ces échelles à pain, spéciales à la campagne, ont presque disparu aujourd'hui.

ECHELLE DOUCE, s. f., escabeau à échelle. Voir *Nouv. Larousse illustré*, v° *Escabeau*, fig. 5.

ECHEVASSER, ÉCHAVASSER, v. a., enlever la *chevasse*.

ECHIQUE, s. f., écharde.

ECHUPPER, ÉCHOUPPER, v. a., *chuffer*, *chupper*, appeler.

ECLAIRE, ÉCLAIRDÔLE, s. f., éclaircie (dans un ciel nuageux).

ECLAIRER, v. a., allumer. Eclairer le feu. Eclairer la chandelle. Voir *Clairer*.

ECLAPER, ÉCLAPONNER, v. a. et n., fendre, éclater.

ECLAPON, s. m., vx fr. *esclape*, éclat de bois. Voir *Clapon*.

ECOIN, s. m., coin, angle. *Terre en écoin*, terre formant une saillie anguleuse.

ECORNER, v. a. *Ecorner les oreilles*, les fatiguer de bruit.

ECOSSE, s. f., cosse.

ECOUILLONNER, v. a., vx fr. *escoillier*, châtrer. S'applique aussi aux objets inanimés lorsqu'ils subissent la perte d'une partie essentielle, par exemple à la vis du pressoir à grand point quand la mortaise vient à sauter.

ECOUPEAU, s. m., vx fr. *escoupel*, copeau de bois. Affiche lue à la devanture d'un menuisier : « Ecoupeaux à vendre. »

ECOURRE, v. n., vx fr. *escoudre*, battre à l'*écousseux*.

ECOUSSEUX, s. m., vx fr. *escoussour*, fléau à battre le blé. « L'ave des pleumes su la beque qu'eront grousses qu'man des vregis d'écousseux. (Elle avait des plumes sur le bec qui étaient grosses comme des verges de fléau) ». (*Le P'teu*, p. 393).

ECOUTER, v. a., vx fr. *écoter*, ébrancher.

ECRAPER (vx fr.), ÉCRAPASSER, ÉCRAPECHER, v. a. et n., gratter, râcler, nettoyer. La poule *écrapasse*, quand elle gratte le sol.

S'écraper, se donner de la peine, du mouvement.

Voir *Décraper*.

ECRECHI, EGREGI, -IE, adj., écorché, maigriot, gringalet. Il a l'air d'un chat écrechi.

A rapprocher du vx fr. *gregler*.

ECREIGNE, adj., avare.

ECROCHURE, s. f., crotte.

ECUELLE, s. f., faisselle, moule à fromage, en terre ou en fer-blanc, percé de trous.

ECUIRE, v. a. (ne s'emploie qu'au part. pass.), déterminer une rougeur inflammatoire de la peau par action externe, comme dans le cas du frottement de deux parties du corps l'une contre l'autre. J' suis tout écuit...

EFFOGER, v. a., lat. *effugare*, mettre en fuite, chasser, effaroucher.
« Hélo! mon Di! i-s-éfojon
Le côq ô tôte lé potaille...
(Hélas! mon Dieu, elles effrayent
Le coq et toutes les poules...) »
(Fertiault, *Noëls*, p. 250).

EFFRACTER, v. a., briser. Voir *Deffracter*.

EGARAILLE, ÉGARADE, s. f., parcelle de terre isolée et éloignée du gros d'une propriété.

EGAROUILLEAU, s. m., épouvantail à oiseaux.

EGAROUILLER, v. a., vx fr., égarer, éloigner.

EGASSER. Voir *Gasser*.

EGOUTTIAU. Voir *Agouttiau*.

EGRAFIGNER (vx fr.), ÉGRAFINER, v. a., égratigner. Voir *Grafigner*, *grafiner*.

EGRAFIGNURE (vx fr.), ÉGRAFINURE, s. f., égratignure.

EGRAMOLER. Voir *Gramoler*.

EGRE (FAIRE), loc., faire basculer un objet autour d'un point fixe avec ou sans levier, comme quand on soulève une pierre à l'aide d'un *presson*, quand on décloue une caisse à l'aide d'un ciseau, quand on ouvre une porte à l'aide d'une pince-monseigneur, etc.

A rapprocher du vx fr. *Egres*.

Leçon de « dentisterie opératoire » donnée par Gnafron à Guignol : «... Te saisis adroitement la dent avec des tenailles, te fais aigre et la dent vient... » (J. Onofrio, *Théâtre lyonnais de Guignol*).

EGRÉ, s. m., vx fr., degré, marche d'un escalier.

EGRECHIR. Voir *Gregir*.

EGREGI. Voir *Ecrechi*.

EGRUMER, v. a., égrener.

« Les noahs... se dessèchent, s'égrument... » (*Progrès* de Lyon, 27 août 1919).

ELANCÉE, s. f., lancée, élancement.

ELENTI, -IE, adj., vx fr. *alenter* (v. a.), ralenti, fatigué.

ELÈVE-MORT, s. m. et f., personne qui couve la mort.

D'un vieillard agité, qui ne reste pas en place, on dit : « C'est la mort qui le mène. »

ELIDE, ÉLUIDE, s. f., vx fr. *esloide*, éclair ; clarté.

« A chaiziet qu'man ine éluide. (Il tombait comme un éclair.) » (*Le P'teu*, p. 387).

ELIDER, ÉLUIDER, vx fr. *esloider*, v. n., faire des éclairs ; éclairer.

ELOCHER, ÉLOUCHER, v. a., vx fr., déchirer, dégueniller, mettre en loques.

ELOURDIR, v. a., vx fr., provoquer un *élourdissement*. Ah ! reste donc un peu tranquille, t' m'élourdis toute.

ELOURDISSEMENT, s. m., vx fr., état d'appesantissement ou de semi-vertige.

EMAPPER, v. a., agiter, remuer.

EMAU, s. m., émail. Un émau bressan.

EMBELLE, s. f., embellie, circonstance favorable, situation améliorée. Aux billes, les enfants crient : *Pas d'embelle !* lorsque celui qui fait tirer une bille de valeur cherche à l'abriter au moyen d'un obstacle naturel.

Peut-être faut-il écrire *en belle*, et sous-entendre *place* ou *situation*.

EMBOCONNER, v. n., empester (voir *Bocon*). « Y est c'te sacrée *bougie* de Saint-Laurent qu' emboconne tout le quai. — Oui, on en prend plus avec le nez qu'avec un' fourchette. »

EMBOIRE, v. a., faire un *embu*.

EMBOURS (A L'), loc. adv., à l'envers.

EMBOURSAT, s. m., vx fr. *embossoir*, entonnoir à large tube servant à faire les saucisses, boudins, etc. Voir *Boudinet* et *Fait-clair*.

EMBOURSER, EMBOSSER, v. a., remplir un boyau à l'aide de l'*emboursat*.

EMBOURSEUR, EMBOSSEUR, s. m., ouvrier saucissonnier, qui *embourse*.

EMBOUTONNER, v. a., boutonner. Voir *Aboutonner* et *Remboutonner*.

EMBRASSÉE, s. f., ancienne mesure de longueur pour les chemins, valant 6 pieds, c'est-à-dire 1 m. 949.

EMBREDINER. Voir *Ebrediner*.

EMBRENE. s. f., em...bêtement ; embarras, *arrigailles*. « T' vas encore à la salle des ventes ; j' n'ai pas besoin de toutes tes embrenes ici. »

EMBRENER, v. a., em...bêter ; embarrasser, encombrer, *empiger*. Quand on veut faire ce qui s'appelle un gueuleton, faut pas s'embrener d' femmes...

EMBRUNCHIR, v. a., vx fr. *embrunir*, brunir, s'assombrir. Voir *Brundir*.

EMBU, s. m., fronce.

EMBUIER, EMBUER (embûer), v. a., mettre le linge dans le cuvier à lessive. Voir *Buie*.

EMERAUDE, s. f., cétoine dorée (*cetonia aurata*), coléoptère vivant sur les roses. Voir *Tailleuse*.

EMEUDES, s. f. plur., glas ; première sonnerie pour un mort, variable suivant que le défunt est un homme, une femme ou un enfant.

EMMAISER, v. a., mettre en male, encuver le linge de la lessive.

EMMATER, v. a., mettre en *male*.

EMOUCHAILLER, v. a., fréq. d'émoucher, chasser les mouches.

A Saint-Point :

« *Monsieur de Lamartine :* Dis donc, Ph'libert, *quoi* donc qu'est la Grise ?

Philibert : Alle est après s'émuchailli' u bouesson. (Elle est après s'émouchailler au buisson.) »

Voir *Quoi*.

EMOUTER, v. a., syn. d'*écouter*.

EMPAN, s. m., gifle, application de la largeur de la main sur la figure. A rapprocher d'*arpan*.

EMPAU, AMPAU, s. m., mesure de superficie.

« Trois pièce[s] de terre, seize[s] au finage de Sainct-Clément [-lès-Mâcon], l'une contenant quatre empaux de terre, l'autre deux meilurées, et la dernière trois ampaux... » (Archives dép. Pièce de procédure du 31 juil. 1478, analysée dans H. 22, f° 260 v°).

Dans le mot *empau*, l'élément *pau* (pal) correspond peut-être à la mesure agraire appelée *perche*.

EMPEINTE, EMPEINTRE, s. f., gouvernail très long et très lourd qu'on adapte aux radeaux et aux chalands.

EMPELOTONNER, v. a., pelotonner.

EMPETOUGER, v. a., embourber (au prop. et au fig.). Voir *Pelouger*.
Empelougé, empelaugé, empotagi, embarrassé. Avec c'te salop'rie d' vendangeurs venus de j' sais pa' où, on est rien mal empotagi.

EMPI, PIRE, s. m., terre d'Empire, rive gauche de la Saône. Termes de batellerie : aller d'Empi, virer de Pire. Voir *Rioume*.

EMPIGE, s. f., entrave, et au fig., personne empêtrée ou empêtrante. Voir *Pege*.

EMPIGER, EMPEGER, v. a., vx fr. *empiger*, entraver, mettre des *empiges* à un animal. Au fig., gêner, embarrasser.
Empigé, empegé, empêtré, gauche. Ah ! il est bon à rien, c'est un empegé ! Voir *Pegeux*.

EMPIRE, s. m., empirement.
Foutre un empire à quelqu'un, lui administrer une râclée.

EMPOIGNE, s. f., poignée en étoffe épaisse qui sert à saisir le fer à repasser ou tout autre ustensile chaud.

EMPOISON, s. m., poison; odeur infecte. Ça sent rien mauvais ici; l'as donc fait un empoison!
Souvenirs sur l'ancien théâtre de Mâcon, par H. Lenormand : « ... Ce bon public des troisièmes galeries, appelées aussi le « Paradis », avait une physionomie bien particulière... Le traître verse un liquide incolore dans le verre de la reine infortunée. Aussitôt : « Bois-z'y pas, c'est de l'empoison! » crie un spectateur empoigné... » (*Union Rép.*, 25 janv. 1922).
Cette histoire nous en rappelle une autre.
On jouait *le Bossu* de Paul Féval. — scène de la bataille dans les fossés de Caylus.
« *Lagardère* (brandissant son épée, et s'adressant à Gonzague qu'il vient de blesser à la main) : Qui que tu sois, la main gardera ma marque. Je te reconnaîtrai. Et quand il sera temps, si tu ne viens pas à Lagardère, Lagardère ira-z-à toi!
Un Spectateur : Avec-z-un cuir...
Lagardère (se tournant vers le public, d'une voix tonnante) : Non, avec mon épééé... »

EMPOUR, prép., vx fr., en échange. Il m'a donné mes étrennes; je l'ai embrassé empour.

EMPRER, vx fr. *emprendre*, allumer. Empre donc la lampe. — Part. passé, *empri*. La lampe est emprie.

EN, prép., dans, à. Une maison exposée en matin, en soir. J' vas me baigner en Saône. J' va' en Bourgneuf. En Cenves. En Suin.
Voir *Champ (Aller en)*.
« Un cultivateur de notre commune [Rigny-sur-Arroux]... allant chercher son cheval en pré... » (*Union Rép.*, 17 déc. 1918).
« La débâcle des glaces en Loire [a] commencé ces jours derniers... » (*L'Echo de Paris*, 21 fév. 1917. Correspondance de Nantes).
« Il est si bête qu'i n' pourrait pas seulement trouver d' l'eau en Saône. »
En remplace *a* comme préfixe dans certains mots comme *engraver* (aggraver), *envoisiner* (avoisiner), etc.

EN-BAS, EN-HAUT, s. m., rez-de-chaussée et étage. Le boulanger à l'en-bas, et pis nous, nous avons l'en-haut.

ENCABOUINER, ENCACOUINER, v. a., engluer, enduire d'un corps gluant. Fais donc attention où-c'- que t' marches; t' vas toute t'encabouiner.

ENCHAPELER, v. a., vx fr., couvrir d'un chapeau; revêtir la jante d'une roue de son bandage.

ENCHAPLE, s. f., petite enclume de faucheur.

ENCHAPLER, v. a., vx fr. *chapler*, frapper; battre la faux sur l'*enchaple*.

ENCHATRE (enchâtre), s. f., vx fr. *enchastre*, syn. de *bâche, bachut*.

ENCOURAGEANT, adj. *Encourageant à travailler*, courageux au travail. Au fig., attrayant, désirable. Une femme encourageante.

ENCRE, adj., excessif, exagéré, fort, suprême.

ENCREMENT, adv., vx fr., extrêmement, brusquement, violemment.
Sur l'halage (sic) :
L'hiver est venu encrement; depuis vingt-quatre heures la neige tombe fine et serrée.
Un traîne-la-grolle (souliers crevés sur les bords, pantalon à carreaux rapetassé avec des pièces de différentes couleurs, veste de toile dépassée par un tricot troué, casquette dont la visière tournée en arrière sert de *chanse* pour abriter la nuque).
Un habitué du quai (long pardessus, vert olive du temps de son premier propriétaire, actuellement et depuis longtemps caca d'oie; casquette fourrée, rabattue sur les oreilles; chaussons garnis de basane, *gondoles* presque neuves; les mains dans les poches du pardessus; un brûle-gueule entre les dents).
« *Le Traîne-la-Grolle* (grelottant) :

Qué sacré cochon d' temps... On gèle
rien !
    L'Habitué du quai (il lance une bouf-
fée) : Ben... J' suis pas de ton avis...
J' trouve que l' temps est pas mauvais.
    Le Traîne-la-grolle (claquant des
dents) : Qué donc que t' li trouves d' si
bon. à c' temps?
    L'Habitué du quai : D'abord... (Il
lance deux ou trois bouffées)... Y a pas
d' mouches... »

ENCRETÉ, s. f., augmentation, excès,
exagération, suprême degré, force, violence. A rapprocher du lat. *incremen-
tum.*

ENCUCHONNER, v. a., mettre en *cuchon.*

ENDAILLER, v. a., ramasser à la fourche les épis pour les mettre en gerbe.

ENDURER (S'), v. réfl., se supporter.
S'endurer avec quelqu'un, supporter les
défauts de ce quelqu'un. Que voulez-
vous? I faut ben s'endurer ensemble
quand on est marié.

ENFARANT, adj., enflammé, cuisant, ir-
rité (au sens morbide).

ENFLE, adj., enflé. La vache est enfle;
j' compte qu'elle aura trop mangé de
trèfle vert.

ENFUTER (enfûter), v. a., vx fr., en-
futailler.

ENGAGER, v. a., border (un lit).

ENGORGÈRE. Voir *Gorgère.*

ENGOUFREMENT, adv., goulument, en
goinfre (vx fr. *goufre*).
    « *Le Docteur*, rencontrant le domes-
tique de M. X... : Qu'est-ce qu'a donc
M. X...? On m'a dit qu'il était malade.
Est-ce grave?
    Le Domestique : Oh! non. M'sieu;
seulement l' patron a payé à dîner à
des amis. et pis j' crois qu'il a mangé
engoufrement. »

ENGOUILLER. v. a., engoncer.
Etre engouillé, être embarrassé par
ses vêtements.
    Voir *Agouiller* et *Dégouiller (Se).*
    A rapprocher aussi de *Gourrer (Se).*

ENGRAVER, v. a., aggraver.

ENGRIGNÉ, ENGRESI, adj., vx fr. *en-
groigné*, renfrogné, de mauvaise humeur.

ENGUEULE (MÈRE), nom d'un croque-
mitaine femelle qui passe pour habiter
les puits, les rivières et en général les
endroits dangereux. On en menace les
enfants qui s'exposent et ceux qui sont
désobéissants. Attention! ne t'approche
pas : la Mère Engueule! — Si t'es pas
sage. j' vas t' faire prendre par la Mère
Engueule!

EN-HAUT. Voir *En-bas.*

ENJEVALER, v. n., enjaveler, mettre
en *jevalles;* faire un paquet de plusieurs *jevalles* de sarments, ordinairement une douzaine.

ENQUINTER, v. a., commencer, entre-
prendre, organiser. Une chose peut être
bien ou mal enquintée.

ENRHUMER, v. n., s'enrhumer. J'en-
rhume.

ENROIASSER (enroïasser) (S'), v. r., vx
fr. *enroïr*, s'enrouer.

ENROTER, v. a., embourber.

ENSACHER, v. a., mettre en sac, tasser
par secousses ou autrement.
    Piarrot B'rnâd a vendu son vin à
M. Ph'libart, qui vient en prendre li-
vraison. Le transvasement se fait. et
l'acheteur frappe sur les douves des
fûts pour faire tasser le vin et gagner
quelques litres. Piarrot B'rnâd lui saute
au collet : « Oh! mais, M. Ph'libart, j'
vous ai ben vendu mon vin à fût plein,
mais pas à fût ensaché. »

ENSAINTER (S'), v. r., se mettre dans
la sainteté, tomber dans la dévotion.

ENSEIN, ANSAIN, adv., vx fr. *ensems*,
ensemble.
    « Nos arain ben prou tan demain
        Pre travailli ansain.
(Nous aurons bien assez de temps de-
    Pour travailler ensemble.) »   [main
            (Fertiault, *Noëls*, p. 220).

ENSENOD. Voir *Ancenal.*

ENSERRER, v. a., vx fr., égarer.
    « Ma de qué schlian fô-t-i possai
    Pre ne pô m'ansarai?
(Mais de quel côté faut-il passer
Pour ne pas m'égarer?) »
            (Fertiault, *Noëls*, p. 221.)

ENTEMI, ENTOUMI. Voir *Etômi.*

ENTENDEMENT, s. m., ouïe, sens de
l'audition.

ENTREMI. prép., vx fr., au milieu de.
    « Le père Benaï Proutat ere cuchi
entremi les beuves... (Le père Benoît
Proutat était couché entre les bœufs...) »
(*Le P'teu*, p. 385).

ENTREMITER (S'), v. réf., s'interposer,
se mettre entre.
    « La fourche s'est entremité [sic].
c'est-à-dire était entre nous. par suite
elle a bien pu piquer mon adversaire. »
(*Républicain Mâconnais*, 13 déc. 1908).

ENTREMOINE. s. f.. vx fr. *entremoien*,
espace intermédiaire, intervalle.

ENTRESAUTÉ. Voir *Nerf.*

ENTRETENIR (S') DE, loc. Avoir des
relations plus ou moins suivies avec
quelqu'un. I vaut mieux s'entretenir

des chetits que des bons, c'est-à-dire il vaut mieux être en bons termes avec les méchants pour qu'ils ne vous nuisent pas.

ENVIEUSETÉ, s. f., envie.

ENVOISINÉ, part. pass., avoisiné.

ENVOURNER, **ENVEURNER**, v. a., vx fr. *envermer*, rendre véreux. Au fig., *ça l'envourne dans la tête*, il a des étourdissements et comme des grouillements dans la tête.

ENVOYER, v. a., renvoyer.

EPAILLETTE, s. f., aviron, *parale*. Dans le Lyonnais, l' « arpaillette » est la *rame de fond*.

EPAIRE, s. f., paire.

EPANIÈRE, s. f., vx fr., appareil fait de deux perches horizontales et parallèles, suspendues au plafond et destinées à recevoir la provision de pain.

EPANTE, s. f., épouvante.

EPANTER, v. a., épouvanter.

« Je m'en épante par avance.
(Je m'en épouvante par avance.) »
(Fertiault, *Noëls*, p. 255).

EPARNIR, v. a., vx fr. *espanir*, épanouir, ouvrir.

EPATIENTER, v. a., impatienter.

EPERVIER, s. m. *Poser* ou *jeter l'épervier*, locutions imagées qu'emploient les habitués des bords de la Saône comme synonymes de *dégailler*. Il semble qu'il y ait entre les deux locutions une nuance fondée sur la forme, plus ou moins en éventail, de la *dégaillade*.

EPEUILLIR, v. n., vx fr. *espelir*, éclore, s'ouvrir, s'épanouir. Ne s'emploie qu'au propre, pour les animaux ovipares et pour les végétaux.

EPEURAISON, s. f., vx fr. *espeurissement*, frayeur, épouvante. T' nous fais d' ces épeuraisons!...

EPEURER, v. a., effrayer, épouvanter. Le *Nouv. Larousse illustré* donne les « adjectifs » *apeuré* et *épeuré*, qu'on ne trouve pas dans Littré.

EPINASSER, v. a., entourer d'épines, défendre, protéger. Oh! c'te fille, y a pas de risque qu'on la prenne; elle est trop ben épinassée..

EPOUTEVASSER, v., a., ahurir.

EPROUVER, v. a., accuser un défaut ou masquer une qualité (au physique). Le jaune éprouve les blondes.

EQUARRER, v. a., vx fr. *escarrer*, équarrir.

EQUARRI, s. m., vx fr. *escarrie* (f.), angle droit formé par deux surfaces. L'équarri d'un mur, d'une maison, d'une poutre.

EQUENÉ (equ'né), **EQUOINÉ**, adj., épuisé, usé, vanné et vidé (au sens argotique). J' veux m' marier avec un bel homme; j' veux pas d'un équené.

Jouer au pouce équené, se dit au jeu de billes lorsqu'on tient sa bille dans la concavité formée par les trois phalanges de l'index au lieu de la maintenir avec la seule phalangette, et que le pouce est fléchi au maximum dans le médius et l'annulaire.

EQUEVILLES, s. f. pl., bas-lat. *scobiliæ*, ordures, balayures.

Le 1er mai 1919, jour de la fête du Travail, « plus d'un seau d'équevilles resta sur le trottoir rempli à déborder. » (*Nouvelliste*, 2 mai 1919.)

EQUEVILLEUR, s. m., boueur, ramasseur d'*équevilles*.

EQUEVILLON, s. m., boîte à ordures.

ERREUR, s. f., différence entre deux chiffres se rapportant à des choses semblables, âge, compte, etc. Il y a trois mois d'erreur entre nous, c'est-à-dire l'un de nous a trois mois de plus que l'autre. Il y a cinq francs d'erreur entre nos comptes, c'est-à-dire l'un de nos comptes est de cinq francs plus élevé que l'autre.

ESME, s. f., vx fr. *aesme* et *esme*, intelligence, jugement. T'as donc bien peu d'esme pour ne pas comprendre c' qu'on t' dit! T'as de l'esme autour de la tête, mais pas dedans!

« T'v verô ben tantoû,
E petou,
Se t'ô un petion d'aime...
(Tu le verras bien tantôt,
Et plus tôt,
Si tu as un peu d'esprit...) »
(Fertiault, *Noëls*, p. 220).

« ... Je reconnus le pauvre idiot qui courait les montagnes, sa besace sur le dos, et qu'on appelait dans le pays l'innocent ou le *Sans aime*... » (Lamartine, *Le Tailleur de pierre de Saint-Point*).

ESPARRON, s. m., vx fr., palonnier; cheville de bois, mobile ou fixée à la ridelle d'un char, et qui la soutient.

ESSABOUIR, v. a., vx fr., éblouir, hébéter, stupéfier. J' suis tout essabout.

ESSAMBRER, v. a., déchirer. Voir *Déchambrer*. « I z'avint quosi lieu essambré lou marnires. (Ils avaient presque tous déchiré leurs culottes). » (*Le P'tieu*, p. 393).

ESSAMPILLER. Voir *Dessampiller*.

ESSAPER, v. a., essorer.

ESSAUVAGER, v. a., vx fr. *ensauvagir*, assauvagir, effaroucher, effrayer.

ESSEMAILLE, s. f., semaille.

ESSEMENT, s. m., vx fr. *essemée* (terre ensemencée), semence. (Grangéage du 6 octobre 1698. Archives dép. Supplément à la série E. Fonds de la famille *De Champier*).
Voir *Sement*.

ESTIMER, v. a. *Estimer de*, manifester l'estime qu'on a pour quelqu'un, faire son éloge. *Il m'a bien estimé de vous*, il m'a dit qu'il vous estime beaucoup.

ESTRANGOUILLER, ESTRAGOUILLER, v. a., étrangler.

ETAGER, ÉTÔGER, v. a., vx fr. *estuier*, procéder par degrés, ménager, économiser.

« Coula, que ne s'étauge pô,
Li dessi, levan son chapiô...
(Colas, qui ne s'épouvante [se ménage] [pas,
Lui dit, levant son chapeau...) »
(Ferliault, *Noëls*, p. 228).

« Mon Di, i ne s'étôjon guaire...
(Mon Dieu, ils ne s'épargnent guère...) »
(Id., p. 230).

ETAULAILLER, v. a., enlever les *étaules*. L'orage de c'te nuit a tout étaulaillé ma vigne des Jean-Loron.

ETAULE, s. f., éteule, paille, chaume; branchette, brindille.

« Il y a entre Chevignes et Prissey une superbe pièce de terre, nommée *Etoile*, par corruption [!] du mot *éteule*, qui signifie la paille qui reste sur le champ quand on coupe l'épi. Car la moisson ne s'est pas toujours faite à Prissey comme elle s'y fait maintenant; on coupait séparément l'épi et la paille, comme cela se pratique en plusieurs endroits tant de la France que des pays étrangers. » (*Géographie de nos Villages, ou Dictionnaire Mâconnais*, par Pulhod, art. *Prissey*).

ETÉ, s. f. Toute l'été.

« Un soir de cette été... » (V. la citation, v° *Tendue*).

ETEINDOIR, s. m., éteignoir.

ETEINDU, -UE, part. pass., éteint, -einte. La chandelle est éteindue.

ETEINTE, s. f., vx fr. *esteinte*, extinction. J'ai une éteinte de voix.

ETELLER, ÉTALLER, v. a., faire des *ételles*. A la campagne, on dit *ételler du bois* quand on fend en éclats le bois à brûler, et *fendre du bois* quand on divise le bois pour en faire des pieux, des échalas, etc.

ETERNAILLE, s. f., ce qui sert à faire la litière.

ETERNAILLER, ÉTERNIR, v. a., vx fr. *esterner* et *esternir*, étendre, joncher. *Eternailler les vaches*, faire leur litière.

ETIRER, v. a., tirer.

Littré dit qu'on *étire* le *métal* et qu'on *tire* le *linge*.

ETÔMI, ENTEMI, ENTOUMI, adj. et s., vx fr. *entomi*, engourdi, endormi, emprunté, hébété. T'as l'air d'un étômi!

ETONNER (S'), v. r., devoir être étonné, redouter. Je m'étonne s'il viendra (c'est-à-dire je serai étonné s'il vient). J'ai si tellement la fièvre que j' m'étonne d'aller m' coucher c' soir.

« Est-ce que M. Letondu est parti? — M'sieu Letondu? Ah ben oui... J' m'étonne s'il s'en va jamais avant dix heures... » (G. Courteline, *Messieurs les Ronds de cuir*).

ETOUFFOIR, s. m., éteignoir. Si t' continues à fourrer tes doigts dans ton nez, t' vas l' fair' venir comme un étouffoir.

ETRANGE, adj., étranger, différent.

ETRANGER, v. a., vx fr. *estrangier* (éloigner), traiter un client en étranger, lui surfaire la marchandise, ce qui a pour effet de l'éloigner.
Chez le marchand de bois, à l'entrée de l'hiver 1919-1920.

« *La Cliente :* Combien donc qu' vous vendez l' moul' de bois ct' année?
Le Marchand : A cinquante francs le stère, ça vous met le moule à...
La Cliente : Merci, j' vas voir ailleurs...
Le Marchand : Vous croyez que j' veux vous étranger. Ben, allez où vous voudrez; et pis vous verrez si on vous y donne à moins...
La Cliente (à elle-même) : Pas l'embarras... (au marchand) : Et' mangé par le loup ou par le chien, y est toujours par une bête à quat' pattes! »
Chez le curé :
Un garçon vient s'entendre avec le curé au sujet des funérailles de sa mère : « Je venons vous causer pre ma mère qu'a mouru à c'te nuit. Comben qu'y va m' coûter pre la fare entarrer?... V' savez... faut pas m'étranger; y a encoure le vieux que s'ra pre vous ».

ETRAUBLE, s. f., étable.

ETRE ÇA, ÊTRE CELA, loc., falloir, convenir. *C'est pas ça qu'est ça*, ce n'est pas ce qu'il faut, ce n'est pas ce qui convient.

ETRES, s. m. plur., constructions extérieures ou annexes d'un bâtiment, telles que appentis, galeries, escaliers, etc. Hatzfeld et Darmesteter (*Dictionnaire*) font venir ce mot du latin populaire *exteras*.
Il faut orthographier aussi *êtres* (et non *aîtres*) le mot par lequel on désigne les dispositions intérieures d'un bâti-

ment et les meubles qui s'y trouvent. Les personnes qui écrivent *aîtres* et qui se croient en cela bien « averties », comme on dit aujourd'hui, sont en réalité des *double-six* (voir *Couyon*). Le mot *aître*, qui correspond au latin *atrium*, signifie cour, parvis, etc.

Étroncher, v. a., vx fr. *estronchier*, étronçonner.

Étuer, v. a., étuver.

Euillon, s. m., aiguillon.

Éveillotte, s. f., veillotte, veilleuse, colchique d'automne.

« *J'ôme miot vor les coucous qu' les éreuillottes.* Ce qui signifie : J'aime mieux voir arriver la saison des primevères que celle des colchiques d'automne. » (Fr. Parn, *Sicoulrou pêcheur*).

Exceptionnellement, adv., superlativement. Il faisait la noce exceptionnellement (prononcer *ex-cep-ti-o-nel-le-ment*).

Exeprès (exeuprès), adv., exprès. Je suis venue exeprès. — On dit de même *exepress* pour *express*, *exeposer* pour *exeposer*, etc.

F

Faciliter, v. a. *Faciliter quelqu'un*, faciliter quelque chose à quelqu'un. « M. J.-B. Giray, député, a écrit au ministre pour lui demander de faciliter les carriers de la région de Montalieu à expédier leurs envois de pierres de taille. » (*Progrès* de Lyon, 28 janv. 1919).

Faïence (yeux de), loc., yeux bleus. Avoir les yeux de faïence.

Faim, s. f. « T'as autant faim que la Saône a soif », se répond à un enfant qui demande encore à manger quand il n'a plus faim. — « T' n'as pas faim d' soupe, mais t'as ben faim d' viande. »

« Holà, Reine, vite le goûter. J'ai gagné faim. » (S. Blandy, *La Teppe aux Merles*).

Fait, s. m.
Grand fait, fait important, digne de remarque. Y a grand fait que te l'as laissé aller tout seul en bateau : i pouvait s' noyer.

Fait-clair, s. m., entonnoir.

Faîtrage (faîtrage), s. m., faîtage.

Faître (faître), s. m., vx fr. *festre*, faîte.

Falourde, s. f., mouette. Voir Littré, v° *Falourde*.

Famine, s. f., faim. C' pauv' goss', i n'a pas son biberon, i pleur' de famine.

Fanchonnette, s. f., fanchon en laine tricotée ne couvrant que le sommet de la tête.

Fanny, s. f., nom donné à la « vieille » dont, au jeu de boules, ceux qui n'ont pas fait un seul point sont condamnés à « baiser le cul » (voir *Cul*).

La *Fanny* est représentée sur un panneau de bois, fermé par un ou deux volets. C'est une « vieille » laide et colorée, vue de dos, retroussant ses jupes et montrant ses fesses, en même temps qu'elle regarde en arrière. Le moment venu de lui « baiser le cul », on agite une cloche pour prévenir les assistants. Alors, les « condamnés » s'asseyent sur un banc, et l'un des gagnants présente le « cul de la Fanny » à chacun d'eux, en ayant soin de l'essuyer après chaque baiser.

On doit trouver des *Fannys* dans tous les établissements où il y a un jeu de boules. Mais les *boulistes* avisés portent sur eux, à tout événement, une Fanny « de poche ».

Littré (v° *Babouin*) rapporte que *Babouin* « s'est dit autrefois d'une figure ridicule que les soldats dessinaient grossièrement sur les murs d'un corps de garde, pour la faire baiser, par forme de punition, à ceux qui enfreignaient les lois établies entre eux. Faire baiser le babouin à quelqu'un, [c'était] le réduire à se soumettre, malgré qu'il en ait. »

« De nombreux boulistes, profitant de la belle journée que nous avons eue hier, ont fait d'interminables parties. « Fanny » a été embrassée bien souvent et de nombreux pots ont été vidés. On voit avec plaisir que les vieilles traditions ne se perdent pas. » (*Union Rép.*, 27 mars 1922).

Fantaisie, s. f., pâtisserie analogue à la *bugne*, mais beaucoup plus légère.

Fantôme, s. f., mannequin, épouvantail.

Farabout, s. m., faraud, qui se donne de l'importance, qui fait ses embarras; étourdi, écervelé.

Faramine, adj. f., faramineuse (voir Littré, v° *Pharamineux*), fantastique. « Le P'teu ou l'Esiau de Vregesson qu'ere ine bête faramine. (Le Peteu ou l'Oiseau de Vergisson qui était une bête faramine.) » (*Le P'teu*, p. 385). Godefroy, v° *Faramine*, dit : « Bourg[ogne].

Yonne, *faramine*, ad. f., méchante, nuisible : « bête *faramine*, bête dange- « reuse. »

Après le passage d'un des premiers trains de la section de Chalon à Lyon, ouverte à l'exploitation le 19 juillet 1854 :

« Qué qu'y est donc qu' ces ch'mins de fer? Y est-i des hommes de Mâcon qui z'y mènent?

— Non, y est ceuss' d' Chalon. Et pis si t' voyais ça!

— C'ment donc qu'y est fait?

— Eh ben! y a une grande échelle qu'est par terre, et pis d'ssus une bête faramine, un gros bestiau. I fume, i crache. i renifle, i souffle, i siffle, i fout l' camp. »

FARANDOLE, s. f., récit, conte, légende. « Le père Benaï Proutat... les conta cele farandoule. (Le père Benoît Protat... leur conta cette farandole). » (*Le P'teu*, p. 385).

FARFOTTEMENT, s. m., râle pulmonaire.

FARFOTTER, v. n., avoir des *farfotte-ments*.

FARFOUILLER, v. a., troubler la fonction digestive, donner mal au cœur. Ça m' farfouille sur l'estomac. J' suis toute farfouillée à c' matin.

FARFOUILLON, s. m., farfouilleur (syn. de *frenouillon*).

FARINE JAUNE, s. f., farine de maïs. On dit aussi *farine de Turquie*.

FARINIÈRE, s. f., coffre à farine ou à provisions quelconques, et, par extension. ces provisions elles-mêmes. Une farinière de noix.

FARQUETTE, FOURQUETTE, s. f., vx fr. *farcosle*, barque à fond plat, dont l'avant est carré et relevé et dont l'arrière est en arête. Voir *Barquot* et *Nagerat*.

FARRAGOIN, s. m., farrago, mélange, salmigondis.

FATIGUE, s. f., indisposition légère. Une fatigue d'estomac.

« L'embarras gastrique... est dû à un mauvais état général, à une fatigue de l'estomac. » (Rudaux, *Anatomie, physiologie et pathologie élémentaires*, 1903, p. 521).

FATIGUÉ, -ÉE, adj., malade. Se dit de la plus légère indisposition comme aussi de l'affection la plus grave. Madame ne reçoit pas aujourd'hui; elle est un peu fatiguée.

Sur le pas de la porte :

« *Un Ami :* Comment va Monsieur, ce soir?

La Bonne : Il est bien fatigué; il ne passera peut-être pas la nuit.

L'Ami : Tant pis! (Il s'en va). Cui-là, si on ne lui porte pas le bon Dieu avec un maillet... »

« Il paraît que sa femme est *beaucoup fatiguée* : elle ne passera pas la nuit. — En Provence, on dit d'un homme près de la mort qu'il est *beaucoup fatigué*. » (Jean Aicard, *L'Illustre Maurin*).

FAUTE, s. f., vx fr. *faut*, manque, besoin. Ah! qu' ça m' fait faute! J'ai trop faute de...

FAVIOLE, FAVIOULE, s. f., vx fr. *faverolle*, haricot.

FAY, FAYE. s. m. et f., vx fr. *faye* (f.) et *feyol* (m.), mouton, brebis.

« ... Celû que baille son fay... (Celui qui donne son mouton...) » (Fertiault, *Noëls*, p. 236.)

« Lé faye, ne lé cabri Dé lou ne seran plieû pri. (Les brebis, ni les chevreaux Des loups ne seront plus pris) » (Id., p. 243).

FEDAU, FEDEAU, s. m., tablier en toile grossière.

FEILLETTE, FILLETTE, s. f., feuillette, ancienne mesure de capacité pour les liquides, valant un demi-tonneau, soit 104 litres 583. Aujourd'hui, en Mâconnais, la feuillette contient de 107 à 108 litres.

FELAIN, FELAN (flin, flan), s. m., maladie régnante, de caractère bénin et indéterminé. C'est un felain qui court. A rapprocher du vx fr. *felon*.

FEMELLIER, FEMALI (femâli), s. m., coureur de femmes.

FEMME-SAGE, s. f., sage-femme.

FENAL, FENAU, s. m., FENIÈRE, s. f., vx fr. *fenal* et *fenière*, fenil.

FENÊTRON, s. m., petite fenêtre.

« Pendant des nuits, [ma chienne] qui m'éveillait d'habitude à force de crier *au voleur* sous mon fénestron, ne dit plus rien. » (Jean Aicard, *L'Illustre Maurin*).

FENILLER, v. a., faner (le foin). Plainte du curé de Saint-Albain au juge de la terre et seigneurie, contre « plusieurs personnes [qui] par un mépris au devoir et à la soumission que doivent avoir les catoliques de sanctifier les jours de dimanches et festes, ne laissent pas dans la belle saison de feniller les foins et reguains dans l'étandue de la paroisse », 6 sept. 1729. (Archives dép., B. 1863, 1).

FERMAILLES (vx fr.), FREMAILLES, FROMAILLES, FORMAILLES, FOURMAILLES, s. f. pl., dragées de fiançailles. Dans les villages. les fiancés vont de porte en porte offrir, la future des dragées, le futur une prise de tabac.

« Des fr'mailles d'un vieux garçon! Qué qu' t'en veux faire? Elles sont toutes creuses... »

FERMER, v. a. Voir à *Dehors* son emploi avec ce mot.

FERRATIER, FERRETIER, s. m., vx fr., taillandier.

FESSE, s. f. *Avoir les joues comme les fesses d'un pauvre homme,* être très joufflu.

FEU, s. m., inflammation. C'est un grand feu qu'il a dans le ventre!

FEU (AU), loc., très cher, hors de prix. Le gibier est au feu en ce moment. Dans ce magasin (nous ne le nommons pas, pour ne pas lui faire de réclame) tout est au feu.

FEUILLE-DE-SAULE, s. f., petit poisson plat. Voir *Clef-de-montre*.

FIANÇAILLES, s. f. plur., dragées de fiançailles. A Mâcon, un magasin de confiserie a pris pour enseigne : *Aux Fiançailles.* Voir *Fermailles*.

FIANCER, v. a., tromper, abuser de la confiance de quelqu'un.

« T' m'as fiancé! Tiens, on peut pas plus s' fier à toi qu'à une planche pourrie... On peut pas pus avoir confiance dans toi qu' dans ceux-ci d' la rue d' Veyle... »

FIARDE, s. f., toupie en forme de cône renversé, armée d'une pointe de fer au sommet du cône et, à sa base, d'un *coqueluchon* de bois. Voir *Frise*.

FICHE, s. f., ligne de fond.

FIGUE, s. f. *Figue de chat,* crotte de chat.

FIGURER DE (SE). Voir *De*.

FIL, s. m. *Fil des reins,* colonne vertébrale. En tombant i s'a cassé l' fil des reins.

FIL, s. m., filet, frein de la langue. *Avoir le fil,* avoir la parole facile et la réponse aisée.

FILATERIE, s. f., fabrication et commerce du fil.

FILER, v. n., couler (en parlant des fruits qui ne nouent pas). *Filer au bois,* se dit des arbres dont les branches s'accroissent démesurément au détriment de la fructification.

FILERIE, s. f., vx fr., veillée (où, habituellement, l'on file); lieu où l'on veille.

FILLATRE (fillâtre), s. m. et f., vx fr., gendre, bru; beau-fils, belle-fille. « Y est-i pas toi qu'est le fillâtre à Fontanet? »

Dans une auberge, au mois de septembre 1914 :

« *L'Aubergiste* : Tiens, vous v'là, mère Labouri? Avez-vous des nouvelles de vot' garçon?

La Mère Labouri : Non, mais Gout, mon fillautre, a été blessi...

L'Aubergiste : Ah!... gravement?...

La Mère Labouri : Non... Li, pis ses camarades, ils ont été atteris par un guet-apens. Pis Gout, pre sa part, il a teulé deux Prussiens, et pis il a encore teulé l' guet-apens. »

« ... Sans conpassion
De la maire é de sa fellôtre...
(... Sans compassion
De la mère et de sa fille...) »
(Fertiault. *Noëls*, p. 252).

L'auteur aurait dû traduire *fellôtre* par *belle-fille.*

FILLER, v. n., vx fr., enfanter, accoucher. « Bonjour, M'ame Augustine. — Dites donc, j' suis point une dame, j' suis une demoiselle : j'ons jamais fillé... »

FILOCHER, v. a., employer le *filochon* pour cueillir un poisson.

« ... Un barbillon de 7 livres... C'est un poisson que bien des pêcheurs auraient voulu « filocher ». (*Union Rép.*, 5 avril 1921).

FILOCHON, s. m., épuisette pour la pêche à la ligne.

« Une grande fête nautique est organisée par la société de pêche « le Filochon » et la fanfare de Vonnas. » (*Progrès* de Lyon, 10 août 1921).

FILOUX, s. m., fileur de chanvre, cordier.

FIN, adj. *Temps fin,* temps clair résultant d'un ciel pur et d'un air léger.

FIN (FAIRE), loc., se dit des personnes et des animaux dont le corps se développe et profite bien.

FINEROT, FINÉROT, adj., vx fr., limitrophe, séparatif. Voir *Chemin*.

FINIR, v. a., s'emploie incorrectement au passif. « Le linge n'est pas fini de sécher. »

FIRER, v. a., férir, frapper.

FLAINE, s. f., vx fr., taie d'oreiller. Syn. de *flune*.

FLAMUSSE, s. f., gâteau de la campagne, brioche.

« Des fournils ouverts sortait le délectable parfum des *flamusses*, ces savoureuses galettes d'œufs frais et de maïs, que l'on mange toutes chaudes et dorées, à mesure qu'elles sortent du four... » (Fr. Parn, *Sicoutrou bohémien*, feuilleton du *Courrier de Saône-et-Loire*, 22 juil. 1921).

FLANC, s. m., côté, direction.

FLAPI, -IE, part. pass., vx fr. *flapir* (v. a.), flétri, mou, flasque. S'emploie tant au propre qu'au figuré.

« Chose curieuse, Léonce Colombier et ses tziganes n'ont pas l'air flapi, je n'y comprends rien. » (*Républicain Mâconnais*, 6 juin 1909).

« Eh bien! tu as l'air tout flapi? » (Willy, *La Môme Picrate*).

FLATTE, s. f., vx fr. *flate*, flatterie. Prendre quelqu'un de flatte : le prendre par la flatterie. « *Mettre en flatte*, tromper. » (Godefroy, *Dictionnaire*).

FLATTOUX, -OUSE, adj., flatteur, -euse.

FLOTTE, s. f., vx fr., écheveau.

FLUME, s. f., vx fr. *fleume*, flegme, mucosité rendue par expectoration ou vomissement. Un ivrogne rend ses flumes dès le matin.

FLUNE, s. f., taie d'oreiller. Syn. de *flaine*.

FOIRAL, FOIRAIL, s. m., champ de foire.

« Dès l'aube, les rues paisibles de Tournus avaient été envahies par la population des villages voisins qui se coudoyait au foiral. » (S. Blandy, *La Teppe aux Merles*).

« La foire a été presque nulle... Une demi-douzaine de vaches seulement ont été amenées sur le foirail du Pâquier-Fané [à Chagny]... » (*Union Rép.*, 17 avril 1918).

FOIRE DES GOURMANDS, loc., foire du Jeudi gras, à Mâcon.

FOIROTTE, s. f., foirande, foirolle, mercuriale annuelle. Voir *Bleuiasse*.

FOIROUX, s. m., individu qui va à la foire. Un train de foiroux.

A l'auberge, règlement de comptes :

« 1er *Foiroux* : Réglons voir nos comptes.

2e *Foiroux* : Y est ben commode. Y a d'un côté tout c' que te m' dois, et pis d' l'aut' côté tout c' que j' te dois. On verra cui-ci que r'doit à l'aut'.

1er *Foiroux* : Voyons voir... (Il calcule sur son carnet), 6 fois 7 font 42. J' pos' 2 et je retiens 4.

2e *Foiroux* (lui flanquant une *beugne*) : Tiens, retiens donc aussi cui-là. Y n' m'étonn' pas si j' te r'dois toujours quéqu'chos'. Te retiens *mais que* te n' poses. »

FOIROUX, -OUSE, adj., foireux, -euse.

FOIS, s. f.

A des fois, vx fr. *à la fois*, parfois.

FOLLET, s. m., coup de vent.

FOLVIELLE (DROIT DE), droit de fol vieil ou de folle vieille que percevait autrefois l'abbé de Maugouvert (voir ce mot) sur les veufs ou veuves qui se remariaient.

FORCE, adj., forcé. *Y est ben force*, c'est bien forcé. Y est ben force, quand on ne peut pas mieux faire.

FORCÉ, part. passé. *Vin forcé*, vin qui commence à aigrir. Il a un goût de forcé, ce vin. Il sent le forcé.

FORÇURE, s. f., vx fr. *forcerie*, lésion produite par un effort, spécialement la hernie.

FORGET, s. m., vx fr. *forgiet*, bénitier portatif en usage dans les cérémonies religieuses.

FORME, s. m., gîte du lièvre. Un forme de lièvre.

FORME, s. f., bourgeon à fruit.

FORMER, v. n., produire des *formes*. Par c'te chaleur, la vigne forme bien.

FORON, FEURON, s. m., trou pratiqué dans un mur.

FORTUNE, s. m. *Enfant de fortune*, enfant du hasard.

FOSSON, FOUSSON, s. m., vx fr. *fosson*, fourche, fourchet.

FOSSONNER, FOUSSONNER, v. a., remuer à l'aide d'une fourche ou d'un fourchet.

FOU, adj. *Chien fou*, chien enragé.

FOUCHELLE, FOUCHALLE, FECHALLE, s. f., fr. *féchelle* (Littré) et *faisselle* (*Nouv. Larousse illustré*), syn. d'*écuelle* (moule à fromage).

FOUIN, s. m., vx fr., fouine et plus spécialement le mâle. *Tousser comme un fouin*, tousser beaucoup. Il est à remarquer que le *fouin* ne tousse pas plus que le *putois* ne crie.

FOUINASSER, v. n., fouiner, espionner, se mêler des affaires d'autrui.

FOUINASSEUR, s. m., qui *fouinasse*.

FOULOIR, s. m., pressoir à vis horizontale, connu sous le nom de « pressoir châtillonnais » (*Nouv. Larousse illustré*, v° *Pressoir*). Voir un *fouloir* décrit et reproduit dans G. Jeanton, *Le Mâconnais traditionaliste*. Voir aussi *Muselle*.

FOURAGNER, FORAGNER, FEURAGNER, v. n., lat. *foraginare*, fourrager, fureter; aller et venir, s'agiter. Voir *Frenouiller*.

FOURCHE A FEU, FOURCHETTE A FEU, s. f., petite fourche en fer servant à *grabotter* le feu. Le manche de cet instrument, long de moins d'un mètre, était ordinairement fait d'un vieux canon de fusil, à l'aide duquel on pouvait souffler aussi le feu. Voir *Grappe* et *Grappin*. Voir aussi A. Déresse, *Dict.*

étymologique du Patois beaujolais, v°
Barné.

FOURNAYER, FORNAYER, v. a., vx fr.
fornier, cuire au four, passer au four.

FOURQUETTE. Voir *Farquette.*

FOUTREAU, s. m., jeu de cartes dans
lequel on « fout » au perdant des coups
de cartes sur le bout des doigts. « Un
coquin à figure patibulaire tenait les
cartes à une partie de foutreau, noble
jeu qui est un dérivé de la bouillotte. »
(P. Féval, *La Vampire*).

FOYASSE. s. f., foyer; syn. aussi de
foyère dans sa troisième acception.

FOYÈRE, s. f., taque de cheminée;
dalle de pierre ou de marbre placée en
avant de la cheminée; foyer élevé au-
dessus du niveau du sol et dont la
plaque centrale n'est supportée qu'à
ses deux extrémités, de manière à laisser au-dessous d'elle un espace vide
comme un four.

FRACHE, s. f., bas-lat. *frasca,* ramée;
chevasse. Voir *Bronde* et *Frelat.*
Lettre du 23 juin 1766, dans laquelle
Chevardin, exploitant de forêts, écrit,
de Saint-Maurice-en-Rivière, aux éco-
nomes de l'hôpital de Chalon qu'il leur
donnera 10 moules de bois, mais que
avec les officiers de la maîtrise « il fut
convenu que ce seroit en bois de frà-
che ». (Arch. hosp. de Chalon, série B,
Dons.).

FRAGILE, adj., frêle, délicat; sensible,
douloureux au toucher. Cet enfant est
bien fragile. — J'ai mal là; quand j'y
presse, c'est fragile.

FRAICHEUR, s. f., pluie fraîche et de
courte durée. « Père Glaude, vous qui
vous y connaissez au temps, ça va-t'y
durer c'te pluie? — Oh non! M'sieu,
y est quéqu's gouttes mal attachées, ça
va se passer en fraicheur. »

FRAIS, adj. *Fraîche de lait,* se dit de
la femme ou de la femelle des mammi-
fères qui a récemment *pétioulé.*

FRAISON, s. m., trempette. Manger un
fraison de *cailli.* Voir Littré, v¹⁰ *Fraisé*
et *Fraiser.*

FRANC, FRANCO, adv., franchement,
entièrement, exactement. « Le chemin
de Placé? — Franc devant vous. »
Après une seconde attaque d'apoplexie:
« Les deux fois y m'a foutu franco par
terre... T'vois pas c' cochon de méd'cin
qui veut pas qu' je mange... I veut
que j' sorte de table avec la faim, moi
qu' mange les rentes de ma belle-
mère... Hein? t'en connais pas beaucoup
comm' ça des belles-mères?... Et pis,
i veut pas que j' boive, moi qu'ai qua-

rante coupées d' vigne, pac' que ma
langue tourne pus dans ma bouche
quand j'ai trop bu d' vin blanc. Cochon
d' méd'cin va!... »

FREGONNER, v. n., fourgonner, tison-
ner, fouiller.

FRELINGON, s. m., idée fixe, obsession,
cafard. Avoir son frelingon.

FRENOUILLER (fr'nouiller), FOURNAIL-
LER, v. n., fureter dans une chose et la
mettre en désordre. Voir *Fouragner.*

FRENOUILLON (fr'nouillon), s. m., individu qui *frenouille.*

FRETAILLE, s. f., vx fr., fretin.

FRETAT, s. m., fretin (d'arbres ou arbustes), rejet, branchette.
Voir *Frache.*

FRETIL. s. m., vx fr., friche, chaume.
C'est jamais sans un *lèvre* dans c'
fretil.

FRETOUX. s. m., chevaine des cours
d'eau de la Bresse, caractérisé par sa
petite taille. Voir *Brochet d'Espagne.*

FRIBOULE. s. f., morille.
Chez le Vigneron :
« *Le Vigneron :* Hé! Not' Mossieu,
vous avez donc ben trouvé d'jolies fri-
boules.
Le Propriétaire : Est-ce que vous les
aimez?
Le Vigneron : Oh! qu'oui ben.
Le Propriétaire : Eh bien, prenez-en
donc, mon garçon.
Le Vigneron : Merci ben, c'est pas
d' refus.
(Le lendemain) :
Le Propriétaire : Eh bien, étaient-
elles bonnes, ces friboules?
Le Vigneron : Oh oui, not' Mossieu.
Et pis, j'en ons eu *abrenuntio.*
Le Propriétaire : Elles ne vous ont
pas rendu malade, je pense?
Le Vigneron : Oh!... Oh!... Non...
Le Propriétaire (s'éloignant) : Va
bien. J' peux en manger maintenant... »

FRILLER, v. a., bucler, roussir. J'ai
frillé mes cheveux. Ça sent le frillé, ici.

FRILLOLER, v. a., dim. de *friller.*

FRISE, s. f., syn. de *fiarde* et de
tonton.

FRISER, v. n., tourner.
Friser autour d'une personne, tourner
autour d'elle, généralement dans une
intention galante.
Se friser, c'est se tortiller, donner à
sa démarche une tournure rapide et
gracieuse (du moins les dames le
croient) résultant du mouvement des
épaules et des hanches. Le chien *se
frise* quelquefois en signe de joie, mais
le plus souvent il *frise* sa queue.

Frisolet, s. m., thym.

Frison, s. m., copeau de bois, de métal. etc.

Frisotte, **fresotte**, s. f., « cordon de soulier » en cuir.

Froid, s. m., refroidissement qui engendre un trouble quelconque de la santé; maladie ou indisposition réputée consécutive au refroidissement. Pour moi, c'est un froid qui lui a couru dessus. Voyez-vous, tout ça c'est des froids qui me sont tombés dessus les uns sur les autres.

Froid et chaud, loc., chaud et froid. Il a ramassé un froid et chaud; ça li a foutu l' coup d' la mort.

Froidissement, s. m., refroidissement.

Fromage, s. m. — *Fromage blanc*, fromage de vache. — *Fromage de chèvre* (voir *Biquot*, *Cabrion* et *Bouton de culotte*). « Ces fromages sont-ils bien purs de chèvre? — Oh oui! y est pas des fromages de grande queue » (vache).
— « Le v'gnait à Mâcon vendre ses fremoges de cheuvres, purs de vaches... » (*Mâcon-Publicité*, 1er janv. 1904).

Fromage fort, fromage spécial au pays, fait de diverses espèces de fromages additionnés de beurre, de vin blanc, de bouillon de poireaux, etc. — *Fromage fort de Bâgé*, se dit plaisamment de la graisse de volaille. Bâgé (Ain) étant renommé pour ses produits de basse-cour.

Fromage passé, fromage pourri, fromage de vache ou de chèvre, plus ou moins sec, que l'on fait fermenter en vase clos. Les *passés*, dans la région lyonnaise, s'appellent des *rigolles*. —
Sur une plainte des bourgeois et habitants du quartier de la Barre à Mâcon, au sujet des marchands qui exposaient devant leurs boutiques des « fromages nommez pourrys, vieux ou forts », dont « les puanteurs empêchent la tranquillité publique », les maire et échevins défendent d'exposer ces fromages en juin, juillet et août, à peine de 5 livres d'amende, le 14 août 1733. (Archives mun., FP, 48, f° 38).

Fromage, s. m., élève qui dans un lycée ou collège ne suit pas les cours de l'enseignement classique. Voir *Lapin*.

Fromager, **fremouger**, v. a., enlever le fumier d'une écurie; renouveler la litière du bétail.
À rapprocher des vx fr. *Fomerer* et *Fomerot*.

Frouille, s. f., tricherie au jeu.

Frouiller, v. a., vx fr. *froier*, frotter; tricher au jeu, faire perdre.

« De peur de frouiller les bénéficiers et paroisses par voyages exprès et nouveaux fraictz... » (Ordonnance synodale de l'évêque d'Autun, 10-18 avril 1606. Archives dép., G. 751, 11).

Frouilleur, -euse, **frouillon**, -onne, adj., tricheur, -euse.

Frouillon, s. m., *frison*, copeau.

Fruiter, v. n., avoir le goût du fruit. Du vin qui fruite bien.

Fumaillon (f'maillon), s. m., péjoratif de *fumailloux*.

Fumailloux, s. m., fréq. de *fumoux*.

Fumée, s. f. *Accommodé à la fumée de mon cul*, locution exprimant un souverain mépris.
Sur la route, au passage de citadins : « Rang' te donc pour laisser passer ces bourgeois... — Ça, des bourgeois... Oui, des bourgeois accommodés à la fumée de mon cul. »
Après une affaire de « coups et violences réciproques » : « Oui, ma chère, i-z'on été acquittés, des gens de rien du tout... qui vivent on ne sait pas comment... qui mangent... des pommes de terre accommodées à la fumée de mon cul. »
Il y a peut-être un rapprochement à faire entre cette locution et les « fumées, fiente des bêtes fauves » (Littré).

Fumer, v. n., vx fr., être en colère. Il en fume. Oh! ce qu'il fume!
« Ce qu'elle fumait! Seulement elle fumait en anglais, je ne comprenais pas. » (Tristan Bernard et André Godfernaux, *Triplepatte*, acte III, sc. 1.)
« M. Cloque... allume son cigare. — histoire de faire fumer par la même occasion son épouse... » (Xanrof, *Reproche immérité*).

Fumière, s. f., vx fr., fumée.

Fumoux, s. m., fumeur. Les « fumouses », bien que nous n'ayons jamais entendu ce mot, ne sont pas rares.

Fusiquer, v. n., fouiller, fureter.

Futaillier (fûtaillier), s. m., vx fr. *fustcillier*, tonnelier.

Fute (fûte), s. f., vx fr. *fuste*, fût. En 1728, à Mâcon, on payait le tonneau de vin (sans la fûte) 8 livres 10 sous, et la fûte 3 livres 10 sous. (Archives dép., G. 314, 10).

Futer (fûter), v. a., vx fr. *fuster*, surpasser, éclipser, avoir une supériorité marquée, contraster avec. Se dit des personnes et des choses.
De deux inséparables, l'une jolie et l'autre laide, on dit que la première *fûte* la seconde. D'un arbre qui dépasse son voisin rabougri, on dit qu'il le *fûte*.

Futier (fûtier), vx fr. *fustier*, s. m.,

charpentier en bateaux. Voir *Taquler*.

Fuyoux, s. m., fuyard, réfractaire, déserteur.

Reproche fait à la citoyenne Corsin par la citoyenne Garnier, « qu'elle dési-
gnoit la retraite des réquisitionnaires et conscrits fuyous. » (Délibération de la municipalité cantonale de Charnay-lès-Mâcon, 8 messidor an VII. Archives dép., série L.).

<h1 style="text-align:center">G</h1>

Gabon, s. m., blouse en toile bleue.

Gabouillage, s. m., action de *gabouiller*; syn. aussi de *gabouille*.

Gabouille, s. f., eau boueuse, boue claire.

Gabouiller, v. n., barboter dans la *gabouille*. — S'emploie d'une manière impersonnelle en parlant d'un sol couvert de flaques d'eau boueuse. Ça gabouille rudement aujourd'hui. — *Au fig.*, v. a., gâcher. Au jeu de piquet : « Bon Dieu! J'avais une quinzième « majore » à cœur... J' l'ai foutue par terre... J'ai tout gabouillé mon jeu... »

Gabouillon, s. m., linge, généralement de couleur, qu'on *n'emmaise* pas avec les autres, mais qu'on rince en même temps qu'eux.

Gadin, s. m., galet, pavé. *Ramasser un gadin*, ramasser une pelle (tomber). « X... sauta sur la machine et s'enfuit à toutes pédales jusqu'à Cluny où, ayant ramassé un gadin magistral, il se trouva dans l'impossibilité de continuer son chemin... » (*Union Rép.*, 13 juil. 1922).

Gadrouille, s. f., *gabouille*, avec un sens péjoratif.

Gadrouiller, v. n., *gabouiller*, avec un sens péjoratif.

Gagé, s. m., cultivateur à gages. Est-ce que vous avez un vigneron ou ben si vous faites faire vos vignes par un gagé?

Gaille, **gailla**, s. f., boue.

Gaillemafri (gaillemâfri), s. m., Galimafré, nom d'un pitre bien connu à Paris au commencement du XIXe siècle, et qu'on applique aux personnes, grandes ou petites, qui se livrent à des bouffonneries.

Galandure, s. f., galandage. Dans une lettre adressée de Paris, le 16 décembre 1789, par Merle, député et maire de Mâcon, aux officiers de ville, on trouve le récit d'une émeute à Senlis, au cours de laquelle la milice nationale enfonça « une espèce de galandure » dans un certain immeuble. (Archives mun., O. 3).

Galeux, **-euse**, adj., qui a la peau, l'enveloppe ou la surface rugueuse. Fruit galeux. *Agate* galeuse.

Galinant, s. m., terme du jeu de bouchon, se dit du sou dont on a taillé en biseau les deux arêtes du pourtour pour en faciliter le glissement sur le sol. Voir *Piquant*.

Paul Féval, décrivant (*La Rue de Jérusalem*) une partie de bouchon, s'exprime ainsi : « Le gamin, comme presque tous les Parisiens, était un *coupeur* hardi et précis. Son décime... était arrondi aux arêtes et semblait avoir subi le poli de l'émeri. C'était une merveilleuse pièce de *coupage*, glissant dans la poussière... comme un galet sur l'eau.

« Le chiffonnier, au contraire, avait le jeu prudent des *galochiers* de l'Ouest. Il *piquait* et abattait en piquant, de sorte que son gros sou, épaissi à la tranche par le marteau et limé en scie par-dessus le marché, restait toujours en place, fidèle gardien des sous qui pouvaient tomber du bouchon. »

Galine, s. f., galet, palet, jeu du bouchon.

Galoux, **-ouse**, adj., galeux, -euse.

Gamache, s. f., vx fr., savate, pantoufle sans quartier ou dont le quartier est rabattu à l'intérieur.

Gandouse, s. f., gadoue.

Gandouser, v. a., vidanger; fumer une terre avec de la *gandouse*.

Gandoux, **gandousier**, s. m., gadouard, vidangeur. S'appliquait autrefois exclusivement aux paysans de la Bresse qui venaient enlever la gadoue à Mâcon chez les particuliers. « Le numéro 100 est le seul qui puisse convenir à ce gandou [sic] de la sociale. » (Journal local du 4 déc. 1903).

Gapian (gâpian), s. m., gabelou, employé d'octroi. « On nommait « gâpians » les commis et les employés des fermes. » (Fr. Funck-Brentano, *Mandrin*).

Garant, s. m., pierre enfouie à côté d'une borne pour la consolider et, au besoin, en retrouver la place.

Garaude, s. f., gamine qui court les rues; femme de mauvaise vie.

Garaude, s. f., guêtre de toile. « Il n'y ave ran de se brove à vaî que çu grand moire de chasseux avouî lou garoudes. (Il n'y avait rien de si beau à voir que ce grand nombre de chasseurs avec leurs guêtres. » (*Le P'teu*, p. 389).

Garauder, v. n., courir les rues, vagabonder. Qué saprée maison! toute la nuit on entend les chats garauder!

Garde-pertus (pr'tu), s. m. et f., porte-respect, personne qui accompagne les fiancés au cours de leurs visites.

Réflexion entendue au sujet d'un fiancé mal dessalé : « Ah! I n'a pas b'soin de garde-pr'tus, çui-là! I n'a pas fait les études pour se marier. »

Garde-robe, s. m., armoire à linge, cabinet.

« Des malfaiteurs... se sont introduits dans sa maison... Ils ont fracturé et fouillé le garde-robe, et répandu à terre tout le linge qui y était renfermé... » (*Progrès* de Lyon, 14 mai 1919. Correspondance de Marboz).

Garguesson, Gargousson, s. m., pyrosis, renvoi aigre avec sensation de brûlure le long de l'œsophage. A rapprocher du vx fr. *Gargueton*. Poésie inédite :

Tu pourras, si tu veux, bélitre,
Te griser comme un polisson,
Et même te donner la foire,
La colique et le garguesson,
Sans jamais arriver à boire,
Autant que l'oncle Paul...

Voir *Pelat*.

Garrelot, Garrelet, Garreleut, s. m., vx fr. *garillon*, étui à aiguilles. Voir *Garreut*.

Garreut, Garreleut, s. m., garrot, bâton que l'on attache transversalement au cou des animaux pour les empêcher de franchir une clôture; syn. aussi de *paleron*.

Garrot, s. m., averse subite et de courte durée. Voir *Batterasse*.

Gase, s. f., gaize, sol dur et compact, motte de terre. Rapprocher de ce mot le nom du « chemin des Gaises » à Mâcon.

Gasi, Gasant, adj., compact, aggloméré, en mottes ou *gases*. Du pain gasi. En Lyonnais on dit : « Du pain cafi. »

Gasse, s. f., allée séparative de deux coupes de bois.

Gassen, Egasser, v. a. et n., faire gargouiller, gargouiller. Gasser du linge à la *platte*. Gasser un fût. Quand on remue un fût qui n'est pas plein, ça gasse. Quand on a « beaucoup bu », ça gasse dans le ventre.

Gassevale, s. f., personne qui *gassevale*.

Gassevaler, v. a., parcourir en tous sens, battre une région.

Gassouillage, s. m., action de *gassouiller*; syn. aussi de *gassouille*.

Gassouillarde, s. f., amie de la mariée, qui fait la servante volontaire au repas de noce. « Les amies intimes de la mariée, sous le titre de *gassouillardes*, s'occupèrent à servir les mets. Ce titre-là est fort envié... » (S. Blandy, *La dernière Chanson*).

Gassouille, s. f., vx fr. *gassouil* (s. m.), mouille, dépression de terrain contenant de l'eau.

Gassouiller, v. n., vx fr., barboter dans l'eau. Fréquentatif de *gasser*. S'emploie d'une manière impersonnelle lorsque le sol est couvert de flaques d'eau. Ça gassouille dans ce pré!

Gate (gâte), adj., gâté, gâteux.

Gaude, s. f., farine de maïs, bouillie faite avec cette farine.

Lu sur un écriteau à l'entrée d'un « petit moulin », près de Cruzille :

« X...,
ancien fabricant d'huile,
a réparé le petit moulin,
et tient petit débit.
Farine de gaude à 0.25 la livre. »

Inutile d'ajouter que c'était dans « le bon temps », c'est-à-dire avant la guerre, les taxes, les réquisitions... et les allocations.

Gaufre, s. m. Un gaufre. — Les petites gaufres du Mâconnais, qui sont bien connues, doivent leurs qualités à la crème qu'on ajoute à la pâte.

La Fileuse à l'Enfant : « Ramass' me donc mon fuseau, p'tiot; j' te baillerai un pr'tus d' gaufre. »

Gavallon, Gavillon, s. m., bâton, trique. « S'emparant d'un *gavalon* (bâton), il en frappa durement le pauvre ivrogne... » (*Républicain Mâconnais*, 14 mars 1909).

A rapprocher du bas-latin *gavelo* et du vieux français *gavelat* (javelot).

Gavot, Gavout, s. m., ouvrier maladroit, gâcheur de besogne. Voir une sentence du bailli de Mâcon, du 1er juin 1753, qui, à la requête des compagnons de Mâcon, appelés *gavots*, interdit l'association des compagnons du Devoir (Archives mun., HH, 11, n° 12).

Gelinier, s. m., vx fr., poulailler. « Des malfaiteurs ont pénétré dans le gelinier de M. S..., au château de Thoiriat, à Crèches, où ils ont dérobé sept poules. » (*Nouvelliste*, 22 fév. 1906).

GÉLIS, -ISSE, adj., gélif, -ive, état des fruits et légumes, gelés ou non, qui ne s'amollissent pas à la cuisson.

GENDRESSE, s. f., bru, belle-fille. Sa gendresse était si tellement ficelée dans ses biaux habits le jour de la noce qu'elle en était rouge come un cul-fessé (prononcér *cu-f'sé*).

« Dis-moi si ces Libertat trouveront à Toulon une *gendresse* qui leur ferait plus d'honneur... » (P. Bourget, *Laurence Albani*).

GÉNÉRAU, s. m., général.

GENILIER, s. m., métathèse de *gelinier*.

GENNE (gén'), s. m. et f., vx fr., marc de raisin. Du genne. De la genne. Eau-de-vie de genne.

GENOUILLON, s. m., vx fr. *genoillon*, genou. *A genouillons*, à genoux.

Dicton :
Qui sème son chanvre aux Rogations
  Le récolte à genouillons.

GENRE, s. m., chic. C'est pas genre. Il est rien genre, çui-là.

GENS DE SAÔNE, loc., habitants des bords de la Saône, vivant de la batellerie et de la pêche.

On a proposé d'orthographier *Gens de Saône* le nom du port de Montbellet qui est écrit partout *Jean de Saône*. Il est à remarquer toutefois qu'avant la Révolution il s'appelait *Saint-Jean-de-Saône*, par opposition à *Saint-Jean-de-Montbellet*, hameau dit aujourd'hui *le Bas de Montbellet* (voir les cartes de Cassini et de Demlège).

GENTITE, adj. f., gentille, active, travailleuse. Si t'es bien gentite, j' te donn'rai un p'tit rien tout neuf.

GERBE, s. f., ensemble de rangées de fûts superposées.

GERBER, v. a., mettre en *gerbe*. *Gerber en second, en troisième*, etc., superposer une deuxième, une troisième rangée de fûts, etc.

GERLE, GERLOTER, GERLOTIER. Voir *Jarlot, Jarloter, Jarlotier*.

GICLÉE, s. f., jet de liquide. Viens donc, j' vas t' payer une giclée de vin.

GICLER, v. n., vx fr., jaillir avec force. « .... La chantepleure est tendre.
Prends garde. Le vin gicle aussitôt sans
                    [attendre. »
(J. Richepin, *Le Chemineau*, a. III, sc. 5).

GICLOU, GICLARD, s. m., petite seringue faite ordinairement avec une tige de sureau dont on a enlevé la moelle.

GIFFE, s. f., vx fr., gifle. J'i ai foutu une giffe; la terre li a rendu l'autre.

GIFFLES, s. f. pl., oreillons (maladie). Il a les giffles.

GIGIER, s. m., gésier. Ce mot s'applique aussi par erreur au jabot et par plaisanterie au gosier.

GIGOGNER, v. a., syn. de *cigogner*.

GIJE, s. f., vx fr. *gise*, aiguillon à piquer les bœufs.

GINGOIS (DE), loc. adv., de guingois.

GINGUE-DU-CUL, s. m. et f., qui se tortille, qui se trémousse, qui cherche à se donner de l'importance et du genre. Les élèves qui fréquentaient l'école des garçons de la rue de la Préfecture avaient été ainsi surnommés, il y a quelque quarante ans, par les enfants des autres écoles.

GINGUER, v. n., giguer, danser, sauter, s'agiter.

GINGUETTE, s. f., ondée fouettée par le vent. Une ginguette de *traverse*.

GLAINGLAIN, s. m., gland, pompon. *Saint Glainglain*, saint imaginaire, dont, par suite, la fête n'existe pas au calendrier. « Les kalendes grecques et la Saint Glinglin qui les a remplacées sont des choses à supprimer... » (*Courrier de Saône-et-Loire*, 3 mars 1921).

GLIENNE (hlienne), s. f., glane, syn. de *daillette*.

GLIENNER (hlienner), v. n., faire des *gliennes*.

GLISSIÈRE, s. f., glissoire.

GLOIRE, s. f., gloriole, vanité, ostentation.

« Dites-donc, père Antoine, pourquoi donc, quand vous fumez, que vous tenez toujours en bas le fourneau de votre pipe? — Oh! M'sieu, y est pas par gloire, y est pac' que j'ai pus d' dents pour le t'nir en haut. »

GNACOUX, -OUSE (niacou), adj.; qui montre les dents, ou qui sait en user; hargneux.

GNAQUE (niaque), s. f., dent.

GNAQUER (niaquer), v. n., donner un coup de dent, mordre, manger.

GNOCHE (nioche), GNOUNE (nioune), s. f., gniole, personne niaise et mollasse.

GOBET (A). Voir *Dagobert (A la)*.

GOBILLE, s. f., bille à jouer.

GODE, GODICHE, s. f., grosse *gobille*, et, par analogie, bosse consécutive à un coup.

« ... Cin ou si gôde,
Dé gobeglie...
(... Cinq ou six *godes* (?),

Des gobilles...) »
(Fertiault, *Noëls*, p. 246.)

Comme on le voit, l'auteur n'a pas traduit le mot *gode*. « Jouet inconnu à toutes les générations d'aujourd'hui », dit-il (p. 256).

GODER, v. n., tomber, dégringoler; se faire une *gode* (bosse).

GODIN, s. m., vx fr., bâton.

GODINE, GODINETTE, s. f., petit *godin*. Baguette graduée qui permet de mesurer la hauteur du liquide dans un fût.

GODOT, s. m., vx fr., godet, *collier*, sabot bressan sans bride. Voir *Gondole*.

GOGUELU (MÈRE), se dit d'une personne chargée de petits paquets. Elle est comme la Mère Goguelu. Tiens, voilà la Mère Goguelu.

A rapprocher des vx fr. *goguelu* et *gogue*, ce dernier mot s'appliquant à une « sorte de farce ou de ragoût composé de lard, d'œufs, d'herbes et de fromage mêlés d'épices et de sang de mouton, que l'on mettait cuire dans une panse de cet animal. » (Godefroy).

GOGUETTE, s. m., bol de vin chaud.
« *La Vie chère.* — Un litre de vin blanc chaud à 7 francs! Ne croyez pas que cela soit une charge... Un honorable commerçant de Mâcon voulut, l'autre jour, pour combattre le froid, goûter un peu de vin chaud dans [un] établissement... On lui réclama 7 fr... Nous espérons que ce n'est qu'une erreur de la part de la bonne (!). » (*Union Rép.*, 18 déc. 1921).

GOIFFON, s. m., goujon.

GÔLÉE, GOULÉE (goûlée), s. f., vx fr. *gollie*, gorgée. J'en ai bu une bonne gôlée.

GONDOLE, s. f., remorqueur à aubes; sabot bressan sans bride (voir *Godot*).

GONE, s. m., gosse.

GÔNER, v. a., habiller. S'emploie surtout dans un sens péjoratif. Oh! qu' t'és mal gôné!
Voir *Gôniauder*.

GONFLE, s. f., ampoule, bulle de savon, vessie de poisson, etc.
« La cantharidine donne naissance à une inflammation assez vive, allant jusqu'à la phlyctène ou production de gonfles analogues à celles qui se produisent après une brûlure du deuxième degré. » (*Nouvelles littéraires* [de Lyon], 24 juil. 1910, art. du Dr Daurat).

GONFLE, part. pass., vx fr. *gonflé*. Je suis toute gonfle. J'ai le cœur gonfle. Une vache qui a mangé trop de trèfle vert devient gonfle.

« Le temps est *gonfle*. De tous côtés, on signale des orages. » (G. Gerin, *Mariniers du Rhône*).
« Avec les pattes postérieures la lycose tient soulevée au-dessus de l'embouchure la blanche pilule gonfle de germes. » (J.-H. Fabre, *Les Merveilles de l'Instinct chez les Insectes*).
D'un égoïste on dit : « Le chien que li a mangé sa bonté n'est pas gonfle. »

GONFLER, v. a., exciter quelqu'un, lui monter la tête.

GONGON, s. m. et f., personne qui *gongonne*. Père Gongon, Mère Gongon.

GONGONNER, v. a., gronder, grogner. Il m'a rien gongonné. J' sais pas c' que l' patron a aujourd'hui; i fait qu' gongonner.

GÔNIAU, s. m., vx fr. *gonel*, vieil habit, vêtement en loques, guenille; gros nuage.
Le *Progrès* de Chalon du 1er mars 1906, décrivant le carnaval à Chalon, parle des travestis vus dans la rue et dit qu'il y a eu « des nuées de *gôniauds* ». Au sujet du dimanche gras de la même année, l'*Union Républicaine* du 27 fév., sous la rubrique de *Bourgvilain*, par erreur pour *Chalon*, avait dit : « Quelques travestis ont défilé à travers les rues... Les *gôniots* dominaient et se faisaient remarquer par leurs mises extravagantes. »

GÔNIAUDER, v. a., habiller de *gôniaux*, mal habiller. Voir *Gôner*.

GORGE, s. f., bouche.

GORGÈRE, ENGORGÈRE, s. f., vx fr. *gorgière*, gorgerette, guimpe.
« E quatre ou cin bale angorgire...
(Et quatre ou cinq belles *angorgères*...) »
(Fertiault, *Noëls*, p. 246).
L'auteur déclare (p. 256) que cet objet lui est « inconnu », mais propose avec raison d'y voir « quelque ornement » ou fourrure à se mettre, l'hiver, autour du cou, de la *gorge* ».
« ... Les plus fières filles du pays auraient été bien heureuses d'avoir de pareille toile pour se faire des gorgères ou des tabliers... » (Lamartine, *Le Tailleur de pierre de Saint-Point*).

GORICHONNER, v. a., syn. de *bucler* et de *friller*. J'ai gorichonné ma robe.

GOSANCHE, GODANCHE, GASANCHE, GADANCHE, GADACHE, GADOCHE. Voir *Pressoir*.

« A Layne, ce 17e aoust 1728. — Monsieur. A présent, qui est sur les quatre heures, estant arrivé un maleur dont Monsieur Dombes, mᵉ chirurgien, me vien de dire le récit, qui est un nommé Jean Duc, pauvre vigneron de cette parroisse, a esté tué par un seul coupt de palire, autrement gaujanche, sur l'os coronal, partye latéral, un peut moyenne, sans playes, mais reconnus mort par ledit sieur Doubès, aussitôt porté dans son lict, où il a expiré. Vous feré ce que vous jugeré à propos. J'attant l'honneur de vostre responce par le porteur, et suis et seré toujour avec respect, Monsieur, Vostre très humble et très obéissant serviteur, CORTAMBERT. — A Monsieur, Monsieur Sauvajot, procureur fiscal aux bailliage de Tournus, à Tournus. » (Archives dép. Supplément à la série B. Bailliage de Tournus, année 1728).

[Cortambert était substitut du procureur fiscal au bailliage de Tournus pour la justice de Leynes.]

GOSSINE, s. f., gosseline, gamine.

GOUILLAT, s. m., flaque d'eau sale; ruisseau de ville (voir *Saute-goui'llat*); mer. Ah! Si n'y avait pas le grand gouillat à traverser, j'irais bien en Algérie. Voir aussi un emploi de ce mot dans le même sens rapporté par Perliault (*Dictionnaire*).

GOULIFRER, v. n., vx fr. *goulafrer*, goinfrer.

GOULUSE, adj. f., goulue.

GOUNIAUDE, s. f., soupe au vin.

GOURBINER, v. n., fourmiller, picoter. Ça me gourbine dans les doigts (j'ai les doigts gouras, engourdis).

GOURD, s. m., endroit d'une rivière où l'eau ne court pas.

(Un pêcheur, dont la ligne est accrochée au fond d'un gourd de la Veyle, près de l'écluse d'un moulin, la secoue en tous sens pour se déprendre.) Un *boéron*, qui le regarde faire : « Tirez pas tant, M'sieu, vous allez lever la soupape! »

GOURDER, v. n., boire à la gourde; boire un coup (aux bains *de Saône*).

GOURGUILLON, s. m., lat. *gurgulio*, charançon. « Des insectes malfaisants que M. Agut nomme « gourguillons » infestaient le grenier où les Carmélites conservaient leur provision de blé et menaçaient de tout dévorer. » (L.-M.-J. Chaumont, *Histoire de M. Agut*, p. 65).

GOURIN, s. m., vx fr. *goron* et *gorin*, cochon.

Scène de ménage.

« *Madame* (traits convulsés, lèvres frémissantes, yeux exorbités, entre brusquement dans la chambre où Monsieur lit son journal) : J' viens d' mettre la bonne à la porte... Elle ne restera pas ici une heure de plus...

Monsieur (très calme et levant les yeux) : Ça, c'est t'n affaire...

Madame (provocante) : Tu n' me demandes pas pourquoi?... Elle est enceinte... entends-tu?... enceinte...

Monsieur (souriant et avec bonhomie) : Ça, c'est s'n affaire...

Madame (éclatant) : Misérable! C'est de toi...

Monsieur (d'un ton qui n'admet pas de réplique) : Ça, c'est m'n affaire...

Madame (sort en faisant claquer la porte) : Sale gourin, j'y vas dire à m'man. »

GOURIN, -INE, adj., personne débauchée.

GOURINER, v. n., se conduire en *gourin*.

GOURRER (SE), v. r., vx fr. *gorrer* (se), s'habiller. Voir *Dégourrer* (Se).

GOUT, s. m., rat d'égout. « Qué que c'est donc que c'te saloperie d' farine jaune qu' vous m'avez vendue; y est plein de *catalles* dedans? — Des catalles?... Ah! j' vas vous dire, j'ai des gouts dans mon derrière (arrière-boutique), y est eusses qu'auront fait ça ».

GOUTABLE (goûtable), adj., vx fr. *goustable*, en état d'être goûté.

« En ce qui concerne la qualité,... aussitôt les vins refroidis et « goûtables », nous donnerons une appréciation... » (*Union Rép.*, 22 sept. 1919).

GOUTELION (goûtelion), s. m., goûter, casse-croûte.

GOUTELIONNER (goûtelionner), v. n., faire un *goûtelion*.

GOUTTAILLER, v. n., tomber des gouttes de pluie. Y va gouttailler comm' ça tout' la nuit.

GOUTTES, s. f. plur., goutte (maladie). « Le sieur Pesseaud.... eagé de soixante cinq ans, ...affligé des gouttes... — Vénérable Anthoine Disle, ...eagé de soixante-troys ans, ...affligé des gouttes et d'une collicque graveleuse... » (Registre de la prévôté royale de Mâcon. Archives dép., B. 1630, n° 2, 10 septembre 1610, f°° 573 v° et 574). « On attribuait la *goutte* à des *gouttes* d'une humeur viciée qui arrivaient aux articulations. » (Littré, v° *Goutte*).

GOUVERNANCE, s. f., vx fr. *governance*, gouvernement; manière de gouverner une maison. En s' mariant il est bien tombé; il a trouvé une bonne gouvernance.

GOY, s. m., vx fr. *goi*, espèce de hache dont la lame est de forme carrée et le manche de la longueur d'une poignée ordinaire. Le goy sert dans les boucheries et dans les ménages à différents usages. — *Goy coudé*, outil de tonnellerie.

GOYARD, s. m., vx fr. *goiart*, goyarde à long manche.

GOYARDE, s. f., *goy* dont l'extrémité est recourbée en forme de serpe. Sert à tailler les arbres.

GOYETTE, s. f., serpette à manche fixe.

GRABOT, GRABEUT, s. m., bas-lat. *grabotum*, petit corps étranger donnant le besoin de se gratter, et, par extension, ce besoin lui-même. Avoir un grabot dans l'œil.

GRABOTTER, v. a., gratter, remuer.

GRABOTTON, s. m., personne qui *grabotte*.

GRACIEUX, s. m., gracieuseté. « I croyait qu' j'allais lui donner mon temps *poure* rien : pus souvent que j' li ferais un gracieux à c' vieux cretoux là ! »

GRADE, s. m., charge, emploi, fonction. « Un générau ça gagne cent mille francs par an, c'est un soldat qui m'y a dit. C'est comme les cardinals.... Ah! si j' tenais l' grade, j' voudrais pus aller faucher. »

A propos du *grade de préfet*, nous avons entendu cette réflexion d'une personne « bien avertie » : « Vaut mieux êt' cocu qu' préfet; on est plus sûr de garder sa place. »

A rapprocher encore : « Vaut mieux êt' soûl qu'êt' bêt'; ça dure moins longtemps. »

GRAFIGNER, GRAFINER, v. a., vx fr. *grafigner*, égratigner. Voir *Egrafigner*, *égrafiner*.

GRAILLE, s. f., dépôt du vin sur les parois des fûts.

GRAIN, s. m., ancienne mesure de poids, correspondant au 1/8 du scrupule et valant 0 gramme 053.

GRAISSE, s. f. *Se plaindre de graisse*, se plaindre d'un mal alors qu'on jouit manifestement du bien opposé. Ex. : un « nouveau riche » qui parle de sa pauvreté; un individu qui « pète de santé » et qui se dit toujours malade.

GRAISSER, v. a. *Le ciel se graisse*, le ciel s'embrume, blanchit, ou moutonne légèrement.

GRAMOLE, s. f., mauvaises herbes et spécialement le chiendent.

GRAMOLER, ÉGRAMOLER, v. a., bas-lat. *grammulare*, enlever la *gramole*, sarcler.

GRAND, s. m., grand-père.

GRAND', s. f., grand'mère. Du dépuis que j' suis-t-à Louchi (Loché), ma grand' me tourmente journellement.

« Pas vrai, maman, pas vrai, ma grand', je ne désobéis jamais, moi? » (S. Blandy, *D'une Rive à l'autre*).

GRAND'BONNE HEURE (DE), loc. adv., de grand matin.

GRAND-MUR (LE), nom qu'on donne à Mâcon au mur de soutènement des terrains de la Compagnie P.-L.-M., rue Bigonnet. J'ai passé par le Grand-Mur pour aller à Saint-Clément, et puis je suis revenu par les Marans.

GRAPIGNER, v. a., effilocher.

GRAPILLON, s. m., grimpillon, sentier escarpé.

GRAPPE, s. f., vx fr. *grape*, grappin; fourche à feu.

GRAPPER, v. a., vx fr. *graper*, s'emparer de quelque chose, grappiller.
« ... Craisan que netron bon Gésu Venay grôpé sé revenu...
(... Croyant que notre bon Jésus Venait prendre ses revenus...) »
(Fertiault, *Noëls*, p. 236).

GRAPPETTER (grap'ter), v. n., grappiller. Voir *Grumetter*.

GRAPPIN, s. m., tisonnier recourbé aux deux extrémités, fourche à feu; bigorne. *Grappin à foin*. Voir *Tire-foin*.

GRAS FONDU, s. m., diabète.

GRATTE, s. f., vx fr. *grale*, gale.

GRATTE (A), loc. *Etre à gratte*, n'avoir fait encore qu'un seul point dans une partie de jeu. Voir *Baise (A)*.

GRATTON, s. m., vx fr. *graton*, petit morceau de viande ou de lard grillé.

GRAVALE, s. f., vx fr. *gravele*, aspérité, rugosité du sol.

GRAVALOT, GRAVELOT, GRAVATON, GRAVILLON, s. m., petit gravier.

GRAVALOUX, -OUSE, adj., graveleux, rugueux.

GREDEAU (gr'deau), s. m., gredin. Ch'tit gr'deau!

GREDELER, v. n., grelotter. Voir *Greler*.

GREF, -EFFE, adj., vx fr. *grief*, dur, résistant. Sol gref. Noix greffes.

GREFFÉE, adj. fém., enceinte. La Toinon, elle a ben l'air d'êt' greffée.

GREFFION, GRIFFON, s. m., vx fr. *grafion*, grosse cerise, bigarreau.

GREGIR, GRECHIR, v. a., vx fr. *gresgi* (adj.), griller.
« Le polé n'ut ran qu'inne arpion in petion grechi... (Le poulet n'eut rien qu'un ergot un petit peu grillé)... »
(L. Lex, *Histoire de Saint-Point*).

GRELER, v. n., vx fr. *greuler*, grelotter. Greler le froid. Voir *Gredeler*.

GRELOT, s. m., grelottement, tremblement.

GRELOT, s. m.
Formulette du jeu qui consiste à faire

deviner combien on a de cailloux ou de billes dans la main :

Grelot, grelot, grelot,
Combien qu' j'ai d' pierres dans mon [sabot?

Aux environs de Tramayes on ajoute :
Qu'a varié les boute (Qui s'est trompé les donne) (?).

GRELU, -USE, adj., vx fr. *gresli,* chétif, malingre.

GRELUCHET, GRELUCHON, GRELUCHOT, s. m., dim. de *grelu.*

GREMISSEAU, s. m., vx fr. *gremissel,* peloton.

« ... Una corbelle
Pliainne de gremissiau de fi...
(... Une corbeille
Pleine de pelotons de fil...) »
(Ferliault, *Noëls,* p. 244).

GRENÉ, part. pass., atteint de maladie quelconque (par extension du cas du porc *grené,* c'est-à-dire atteint de ladrerie). De quelqu'un qui est vigoureux on dira : Ah! i n'est pas grené, çui-là!

« Qui vandra char grenée por saine, il nos devra set soulz. » (Franchises de Louhans, 1269. *Documents inédits pour servir à l'histoire de Bourgogne,* pub. p. M. Canal).

GRENETTE, s. f., vx fr., halle aux grains.

GRENISSER, v. a., grincer de. Grenisser les dents (*Annales de l'Académie de Mâcon,* 2ᵉ série, t. III, 1881, p. 92).

GRÉSILLON, s. m., vx fr. *grésille,* grain de grésil.

GREUT, CREUT, s. m., berceau. Tout le monde connaît le *greut* d'autrefois, consistant en une caisse en bois, munie à la tête et au pied de patins ou cintres qui permettaient le bercement. Quand la mère était debout, elle berçait avec le pied; quand elle était au lit, elle tirait le *verdon* (voir ce mot).

« Sur les flancs de la colline d'Artus, en la paroisse de Beaubery... on voit le greu (berceau) de l'enfant Jésus... » (P. Muguet, dans *Dun, autrefois, aujourd'hui*).

« On cre (un berceau) ». (*Petit vocabulaire de notre patois,* dans F. Perraud, *La Chapelle-de-Guinchay*).

Greut et *creut* sont à rapprocher du bas-lat. *grota* (grotte) et *crotum* (creux) et du vx fr. *grebbe* (crèche).

GREUTER, GROTER, GROUTER, GREUCHER, GREUSSER, GROUSSER, v. a., vx fr. *groer,* bercer le *greut.* Voir *Sagroter.*

« Je greceré votre-n-Anfan.
(Je bercerai votre Enfant). »
(Ferliault, *Noëls,* p. 228).
Réponse d'une bonne « d'après-

guerre » à Madame : « Ah! vous savez! j'en ai assez d' greuter vos gosses. Qui fait les veaux les lèche! »

GREVER, v. a., vx fr., contrarier, gêner.

« El mon Dé, quan j'i panse,
I m'i grive ni bian...
(Eh! mon Dieu, quand j'y pense,
Je m'en chagrine bien...) »
(Ferliault, *Noëls,* p. 227).

GREVER, v. n., syn. de *grouer.*

GRICHOUX, -OUSE, adj., grisâtre, incolore. Une figure grichouse.

GRILLADE, s. f., *panouille* grillée.

GRILLAISON, GRILLE, s. f., grillage des feuilles ou des fruits par coup de soleil.

GRILLE, GRILLET, GRILLETTE, GRILLOT, GRILLOTIÈRE, s. m. et f., grillon mâle et femelle.
Formulette :

« Grillot, grillotire,
Sors de ta poutire!
(Grillot, grillotière,
Sors de ta *potière*!) »

GRILLE, s. f., rangée d'épis de maïs suspendus et conservés sous les avant-toits des maisons.

GRILLER, v. a. *Griller quelqu'un,* afficher sa publication de mariage au tableau grillagé de la mairie. Syn. de *pendre.*

GRILLET, s. m., hochet.
Berceuse :

« Un petit grillet d'argent
Pour guérir le mal de dents...»

GRILLOT, s. m., vx fr. *gretel,* baquet en bois, de forme ronde, servant aux mêmes usages que le *cœur.*

GRINGUENAUDES, s. f. pl., gringuenaude, débris d'aliment; hardes. Lyonnais : *gringuiniotte,* menus restes d'un pâté, d'une tourte, d'une brioche.

« Je me rappelle une dame en blanc, que nous appelions la dame aux *gringuenotes,* parce qu'elle se plaignait toujours en soupirant d'avoir des *gringuenotes dans l'estomac!...* Personne n'a jamais su ce qu'elle voulait dire. » (Alphonse Daudet, *Souvenirs d'un Homme de Lettres*).

Ces gringuenotes sont évidemment des gargouillements, des borborygmes, puisque nous trouvons en vx fr. *gringuenoter* (gazouiller, retentir, chanter), et *gringuenotis* (gazouillement).

GRIPPE-TOUT-NU, s. f., sage-femme. La Mère Grippe-tout-nu.

GRISPINE. Voir *Crispine.*

GRISTILLE. Voir *Cristille.*

GROBE, s. f., **GROBON, GREBON,** s. m., vx fr. *greblon,* souche de bois.

GROGNASSE, s. f., tête de cochon; viande inférieure.

GROLASSE, GROULASSE. Voir *Grouasse*.

GROLLASSER, v. n., traînasser la *grolle*.

GROLLASSON, s. m., syn. de *grolle*.

GROLLE, s. f., vx fr. *grole*, vieux soulier, savate.

GROLLER, v. n., aller, marcher. traîner la *grolle*.

GROLLEUR, GROLLIER (vx fr. *groller*), GROULLI, GROLLASSOUX, s. m., savetier. Voir *Regrolleur*.

GROLLI-GROLLANT, loc. adv., marchant tout doucement, en traînant la *grolle*. La voilà qui s'amène grolli-grollant.

GROLLON, s. m., syn. de *grolle*.

GRONDE, s. f., guêpe; guimbarde (instrument de musique).

GROS, adv., très, beaucoup, bien. Il est gros bête.

GROS, s. m., ancienne mesure de poids, correspondant au 1/8 de l'once, comme le treizeau, et valant 3 grammes 824.

GROS DE MUR, s. m., mur de refend; grosse pierre entrant dans la construction d'un mur, dont elle a toute la largeur, et quelquefois même en dépassant les parements.

GROSSIER, -IÈRE, adj., gros, grosse.

GROUASSE, GROULASSE, GROLASSE, s. f., poule qui *groue* ou qui demande à *grouer*.

GROUASSER, GROULASSER, GROLASSER, v. n., demander à *grouer*.

GROUÉE, s. f., couvée.

GROUER, v. n., couver (au prop. et au fig.), et, par extension, être pleine ou grosse.

Chanson locale :

« Les canards sont bons cuits dans la
[marmite,
Les canards sont bons cuits au court-
[bouillon.
La mère qui les groue,
Qu'elle vive, vive;
La mère qui les groue,
Qu'elle vive toujours. »

« Ah ! i peut ben pleuvoir ce soir s'i veut... Y a assez groué toute la journée. »

« Le provençal moderne *groua* signifie à la fois « grouiller » et « couver, frayer, engendrer. » (Hatzfeld et A Darmesteter. *Dictionnaire*, v° *Grouiller*).

GROUILLER. v. a., creuser un fruit, par ex. pour en enlever le noyau, une portion gâtée, etc.

GROUILLON, s. m., amande contenue dans le noyau d'un fruit, et, par extension, le noyau lui-même.

GROULER. Voir *Crouler*.

GROUPESSÈCE (group'sèce), GROUPESSÈCHE, GROPESSÈCHE, s. f., tas d'ordures. A rapprocher des mots bas-latins *gropa* (amas) et *grossicies* (immondices).

A Davayé, en 1848.
Le Commandant de la Garde nationale à ses hommes :

« Garde nationale de Davayé, alignez-vous le long des tarriaux. Celés qu'ont des souliers, betez-vous d'un flanc; celés qu'ont des sabouts, betez-vous de l'autre flanc. Vous marchérez en ourdre tant qu'à la groupessèche qu'est devant la grille du jardin de m'n oncle. Quand vous serez iqué, vous crierez treï keus : Qui vive? Se nedion ne dessit ran, quittez v'tés fusils, prenez des piarres et pis carraillez me çan. »

(Garde nationale de Davayé, alignez-vous le long des fossés. Ceux qui ont des souliers, mettez-vous d'un côté; ceux qui ont des sabots, mettez-vous de l'autre côté. Vous marchérez en ordre jusqu'au fumier qui est devant la grille du jardin de mon oncle. Quand vous y serez, vous crierez trois fois : Qui vive? Si personne ne dit rien, laissez vos fusils, prenez des pierres et puis lancez-moi ça.)

GROUTER, GROUSSER. Voir *Greuter*.

GRUMALER (gr'maler), v. n., grainer, faire graine, être enceinte.

GRUME. s. f., vx fr., grain de raisin; larme. T'as la grume à l'œil, hein?

« Au dessert, ils boivent à la même coupe, et échangent sur leurs lèvres des grumes de raisin. » (Michel Provins. *L'Article 252*, dans *Dialogues d'Amour*).

« La grume était déjà tendre. » (Maurice Talmeyr, *La Cuve*, dans *Nouvelles littéraires* [de Lyon], 15 oct. 1905).

GRUMECHON (gr'm'chon), GRUMOCHON, s. m., *grumelle* venue sur un cep de deuxième année.

GRUMER, v. a., déguster (du vin).

GRUMER, v. n., pleurer.

GRUMETON (A) (à gr'm'ton), loc adv., à croupeton.

GRUMETTE (gr'mette), s. f., grappillon qui reste après la vendange. Voir *Agrais*.

GRUMETTER (gr'm'ter), GRUMOTTER, v. n., grappiller. Voir *Grappeller*.

GRUMEUR, s. m., appréciateur de vin, dégustateur.

Vers inédits :

« Viens donc déjeûner sans façon,

Un de ces matins, en garçon...
Nous goûterons certain Bourgogne
Qui, sûr, chatouillera ta trogne
    De fin grumeur... »

GRUMEVAIRE (gr'm'vaire). Voir *Vaire*.

GUÉMENTER, v. n., vx fr. *guaimenter*, geindre, se lamenter. C'est pa' une vie d'être avec ces gens-là qu' sont toujours après guémenter.

D'une personne qui *guémente* au sujet de sa santé on dit :

Elle est comme la poule blanche,
Elle a toujours mal au dos ou à la
             [hanche.

Et les Bressans, plus rustiques :
Elle est comme l'oie blanche,
Qui a toujours mal au bec, au cul ou à
             [la hanche.

GUENILLE, s. f. *Vieille guenille*, vieille fille.

Refrain populaire :
Les vieilles filles
Sont des guenilles,
Les vieux garçons
Sont des torchons.

GUÉRI, part. pass., se dit d'un défaut qu'on n'a jamais eu. Il est ben guéri d'èt' bête.

GUERIAU, s. m., celui qui *gueriaude*.
« Qui qu'a sonné? — C'est un gueriau.»

GUERIAUDER, v. n., courir les rues, battre le pavé.

GUERNIPILLE (g'rnipille), s. m. et f., vaurien, fripouille. Va donc, ch'tite guernipille!
« ... Moi, je suis un grenipille [*sic*], Un vagabond, un hors la loi, hors la
             [famille. »
(J. Richepin, *Le Chemineau*, a.V, sc. 10).

GUETTE-AU-TROU, s. f., sage-femme. Voir *Vise-au-trou*.

GUETTER, v. a., regarder.
« A c'tu matin je me sais levé à quatre heures pre guéti qua l'ere. (Ce matin je me suis levé à la pointe du jour pour regarder où elle était). » (*Le P'teu*, p. 391).

Un fermier apporte des redevances à son propriétaire. Celui-ci est à table, fait introduire le bonhomme dans la « salle », et continue à manger sans rien lui offrir.

« *Le Propriétaire* : Eh bien. mon brave, quoi de neuf?
Le Fermier : Ah! not' maître, i nous est arrivé une drôle d'affaire...
Le Propriétaire : Quoi donc?
Le Fermier : Y a not' vache qu'a fait cinq veaux.
Le Propriétaire : Bah!
Le Fermier : Oui, et pis y en a rien que quatre qui peuvent « téter ».
Le Propriétaire : Alors, le cinquième, qu'est-ce qu'il fait?
Le Fermier : I fait comme moi, not' maître, i guette faire les autres. »

GUEULE, s. f. *Bas de la gueule*, niais, qui parle à tort et à travers. *Haut de la gueule*, fort en gueule.

Quand on reproche à quelqu'un d'être haut de la gueule, celui-ci répond :
« Crier ne casse pas d'os » (ce qui veut dire: « Je crie, mais je ne frappe pas »).

GUEULEU, s. m., trou creusé en terre pour jouer aux billes. Syn. de *pot*.

GUIDE, s. f., gouvernail de *chaloupe*.

GUIDE, **GUIDON**, s. m., poteau indicateur de route.
« Un billet de la banque de France a été trouvé sur la route de Saint-Gengoux, entre le quartier Saint-Jacques et le guide de Messey... » (*Union Rép.*, 1er déc. 1918. Correspondance de Buxy).

De nombreux lieux habités, dans le département de Saône-et-Loire, se nomment *Le Guide* et *Le Guidon*.

GUIGNE-QUEUE, s. m., hoche-queue, bergeronnette.

GUIGNER, v. a., remuer, agiter. Ça guigne toujours!
« L'esiau guegnit la couve. (L'oiseau remua la queue). » (*Le P'teu*, p. 387).

GUIGNOCHER, v. n., fréquentatif de *guigner*.

GUIGNOCHON, s. m., qui *guignoche*, qui s'agite. Voir *Bougeon*.
Nous connaissons, dans un village du Mâconnais, une femme âgée qu'on appelle couramment « la Mère Guignochon ».

GUMMER, v. n., rester stationnaire ou stagnant. Se dit surtout des liquides.

H

H est généralement muette quand elle devrait être aspirée (hachon, hachis, etc.), et au contraire aspirée quand elle devrait être muette (hameçon, etc.).

Au Parquet.

Deux gendarmes (dont un « brigadier ») amènent un individu qui ne paraît pas, à simple vue, avoir jamais fait de mal à une mouche.

« *Le Procureur* (debout devant la fenêtre, d'où ils les a vus arriver et sans se retourner) : Qu'est-ce que vous m'amenez-là, brigadier?

Le Brigadier (portant la main à son képi) : M'sieu le Procureur, c'est un individu qui a-t-hué un gendarme...

Le Procureur (se retournant brusquement) : Il a tué un gendarme? Où çà? Quand? Comment?

Le Brigadier (bonasse) : Oh!... avec un' h, M'sieu le Procureur.

Le Procureur (suffoqué) : Avec une hache!

Le Brigadier (dans un gros rire) : Mais non! M'sieu le Procureur. Pas avec une *détrau*... Avec un' h, avec un' h...

Le Procureur : ?...

Le Gendarme (finement, à part) : Subséquemment, v'là un procureur qui ne comprend pas ce que parler veut dire. »

HABILE, adj., actif, prompt, expéditif. I sera d'abord là; il est habile à marcher.

HACHON (àchon), s. m., hachette.

HAÏR, v. a. L'indicatif présent se conjugue : j'haïs, t'haïs, il haït, pour je hais, tu hais, il hait. Oh! j' t' haïs t'i, je t'haïs t'i!

HARIA (aria), s. m., vx fr. *hariage*, embarras. Ah! que ça me fait donc d'harias!

HARIGAILLES. Voir *Arrigailles*.

HARPI (arpi), s. m., harpin, croc des bateliers. Se dit aussi de la *rame de fond*.

« Perroud, en 1894, signalait l'existence de cette phtisie traumatique particulière aux mariniers du Rhône, et due aux chocs répétés de l'*harpi*, sorte de longue perche qu'ils appuient sur la partie supérieure de leur thorax pour faire avancer leur bateau. » (*Les Accidents du Travail*, p. Ollive et Le Meignen, Paris, 1904).

HASARD, s. m. *Attendre le hasard*, flâner avec l'espoir d'une rencontre agréable, d'un spectacle curieux, d'une nouvelle intéressante, etc. *Contempler le hasard, regarder le hasard*, stationner *en attendant le hasard*.

HATEREAU. Voir *Atreau*.

HATEREAUDER. Voir *Atreauder*.

HAUTS-GOUTS (ôgoûts), s. m. pl., épices et autres aromates culinaires.

HERBELER, HERBOLER, HARBOLER, v. n., vx fr. *herbeler*, désherber, couper de l'herbe, arracher de l'herbe.

HERBE SALÉE, s. f., oseille sauvage (*rumex acetosa*).

HERBES (PETITES), s. f. pl., fines herbes.

HÉRISSON, s. m., cylindre de bois garni de chevilles destinées à porter les bouteilles vides qu'on fait égoutter; petit écouvillon servant à nettoyer les bouteilles; écale de la châtaigne.

HERNAISON, HERNIÈRE, s. f., lumbago. A rapp. du bas-lat. *harna*, coup, blessure.

HERNÉ, -ÉE, adj., atteint de lumbago. J' suis l'herné.

HÉSITER DE. Voir *De*.

HEURE, s. f. *Voir l'heure, voir les heures*, prévoir, désirer vivement, attendre impatiemment. J' voyais l'heure qui-z-allaient s' fout' des coups. I voyait l'heure de s' mettre à table. C' qu'i nous a rasés avec ses histoires de chasse; moi, j' voyais l'heure et le moment de m'en aller.

HIVER, s. f. Toute l'hiver.

HIVERNAGE, s. m., exposition au froid. *Ine tarre à l'huvernauge* (une terre à l'hivernage).

HONGROIS, s. m., romanichel du type blond. Voir *Bohémien*.

HONTEUX, adj., timide, sauvage. C't enfant, il est rien honteux du tout.

« Oh! je le connais bien, ce dix-cors! Je l'ai encore vu la semaine dernière, à la queue de l'étang du Martinet : c'est un gaillard qui n'est pas honteux. Je puisais de l'eau, ça ne l'a pas empêché de venir boire à côté de moi. » (Foudras, *Les Veillées de Saint-Hubert*).

HOUCHE (ouche), s. f., hoche, taille de boulanger.

HUANT, s. m., chat-huant.

HUCHER, v. a., jucher; vomir.

« M. Fallières, huché par le destin au sommet de la République... » (*Le Gaulois*, cité par la *Libre Parole*, 22 fév. 1906).

« Le roi (Louis VI) était un homme d'action, toujours prêt à hucher son énorme personne sur le dos d'un gros cheval. » (Fr. Funck-Brentano, *Le Moyen Age*).

HUREUX (hûreux), adj., heureux. On dit de même *hûreusement*.

HUSSERIE (hùsserie), s. f., étude d'huissier. Qu'est-ce qu'i fait donc vot' propriétaire? — I tient une hùsserie.

HUSSIER (hùssier), s. m., huissier.

HUTAIN (hûtain), s. m., hautain de vigne.

HYDROPIQUE, s. f., hydropisie. Elle a une hydropique.

I

IARD, s. m., liard. Voir *Liard de beurre.*

ICI, adv., ci. Ces jours ici.

IÈVRE, s. m., lièvre. Un lèvre (pron. sans liaison).

IMAGE, s. f., tout ce qui appartient aux arts du dessin, depuis le tableau de maître jusqu'à l'image d'Epinal.

INCERTAIN, s. m., en-tout-cas. Le temps ne sait pas ce qu'il veut faire; je vas prendre mon incertain.

INCOMPRENABLE, adj., vx fr., incompréhensible. Y est incomprenable.

INDIGESTION, s. f. *Fausse indigestion,* fausse digestion, indigestion légère.

Entre voisines, place de la Baille : « Qu'est-c' donc qu'il a, vot' p'tit belin ? Il a l'air tout fatigué, est-c' qu'il est malade ? — M'en parlez pas. C'est une fausse indigestion qu'il a eue. I n'a fait qu' dégailler tout' la nuit, et pis maint'nant il a la drouille. Il a d'jà fait trois fois dans sa culotte depuis c' matin. — Ah ! ma foi, i fallait pas tant qu'i mange. »

INDUCATION, s. f., éducation.

INDUQUÉ, part. pass., éduqué.

INDUSE, adj. f., indue.

INGRAT, adj., avare.

INQUANT, s. m., vx fr. *incanter* (v. a.), encan. « Vendre les meubles de l'hoirie à l'inquant... » (Publication de testament, 11 avr. 1608. Archives dép., B. 1630, 2, f° 435 v°).

INQUIÉTER DE (S'), v. r., s'occuper de quelque chose, s'intéresser à quelque chose, s'informer de quelqu'un. Il s'inquiète de peinture, de musique. — « En r'venant d' la vogue à Saint-Clément, j'ai rencontré ta mère qu' s'est inquiétée d' toi. J'i ai dit qu' t'avais pas pu venir à cause que les *grolles* t'avaient talée. Elle m'a répondu qu'y était ben d' ta faute, pac' que si t'as des p'tits pieds, les grands souliers t' vont bien. »

INSOLENTER, v. a., injurier.

INSTITEUR, s. m., instituteur. « Mon cadet a été bien montré par l'institeur. C'est un premier pour *la chiffre.* »

« Où donc qu'est l'institeur ? — Il est à la mairerie. »

INVITER DE. Voir *De.*

ISERABLE, USERABLE, USERAUBLE, s. m., érable champêtre (*acer campestre*). Il y a un petit affluent de la Mouge qu'on appelle *ruisseau de l'Iserable* (Chavot, *Le Mâconnais, géographie historique*), ou *de Luzerable* (*Annuaire de Saône-et-Loire pour 1900, art. Clessé*).

IVRASSE, s. f., ivrognesse.

IVRER (S'), v. r., vx fr., s'enivrer. Le médecin m'a dit que si je continuais à boire je perdrais la vue. Eh ben ! j'ai assez vu, mais j'ai pas assez bu. J'aime mieux fermer la fenêtre et que la porte reste ouverte.

J

JACOBINE, s. f., bergeronnette.

JACQUELION, s. m., gâchette de l'arc et du fusil. « Te les y deros de bian guéti se le jaquelion va bian. (Tu leur diras de bien regarder si la détente va bien). » (*Le P'leu,* p. 387).

JACQUES, s. m., geai.
Ce sobriquet du geai est signalé par L. d'Hamonville dans son *Atlas de poche des Oiseaux de France,* série I, 1898.

JACQUETTE, JACQUOTTE, s. f., pie.

JAILLE, s. f., JAILLAT, JAILLOT, JAILLOUT, s. m., branchette, partie extrême d'une branche d'arbre ou d'arbuste.

JAILLE, s. f., JAILLERON, s. m., collet de veau (partie comprise entre la tête et l'épaule).

JALOUSEMENT, adv., de manière à rendre *jaloux.*

« Les dégâts occasionnés par la grêle ont été surtout importants dans les six communes principales du Beaujolais; mais à côté de cela une dizaine n'ont été atteintes que très partiellement et jalousement... » (*Eclaireur du Mâconnais,* 19 juin 1920).

JALOUSETÉ, s. f., jalousie.

JALOUX, -OUSE, adj., qui provoque la jalousie. *Année jalouse,* celle dont le rendement a été inégal dans des propriétés voisines, ce qui conduit les cultivateurs moins favorisés à jalouser les autres.

Dans le Quercy, *l'année jalouse* serait plutôt l'année maigre : « L'année est jalouse; la gerbe n'a pas rendu, et les châtaignes ne sont pas pleines. » (Emile Pouvillon, *Césette*).

JAMBE, s. f. *Tenir la jambe à quelqu'un,* le cramponner.
Voir *Charrette.*

JANVIER (PÈRE), s. m., personnage

imaginaire qui est censé apporter leurs étrennes aux enfants dans la nuit du 31 décembre au 1er janvier. A Cluny, le Père Janvier, qu'on appelait *Janvier Garguille* (greguille. gr'gui), *caquait* autrefois des dragées sur le toit de l'église Notre-Dame.

JAPPE, s. f. *Mener sa jappe*, caqueter, bavarder. *Fermer sa jappe*, cesser de caqueter.

JAPPE-A-LA-LUNE, JAPPE-LA-LUNE, s. m. et f., personne vantarde et causant à tort et à travers.

JAPPET, -ETTE, s. et adj., m. et f., bavard, -e.

JARDINAGE, s. m., produits maraîchers.

JARDINIER, JARDINIÈRE, s. m. et f., carabe doré (*carabus auratus*); courtilière (*gryllotalpa vulgaris*).

JARGOUILLER, v. n., vx fr. *jargoillier*, gazouiller; jargonner.

JARLOT, s. m., vx fr. *jarle* et *gerle*; *seillet*; cuvier à lessive; chaire à prêcher.

JARLOTER, v. n., remplir l'emploi de *jarlotier*.

JARLOTIER, -IÈRE, s. m. et f., celui ou celle qui porte les *jarlots* de chaque vendangeur et les vide dans la *benne*.

« Les vendanges battent leur plein à Romanèche-Thorins. Les vendangeurs sont assurés de trouver du travail. Voici les prix de la journée : coupeurs, 3,50; jarlotiers et porteurs, 7 fr.; nourriture en plus. » (*Progrès* de Lyon, 24 sept. 1909).

JARRETER, v. n., battre le briquet (se heurter les chevilles en marchant).

JAUGE, s. f. *Avoir la jauge, être de jauge, tenir la jauge*, être capable de se remplir l'estomac sans *fatigue*.

« Il est bon vivant et il tient bien la jauge, comme l'on dit ici. Demandez au papa Chappaloup... » (*Républicain Mâconnais*, 29 nov. 1908).

« Pour avoir oublié son degré de jauge, notre ami est tombé plusieurs fois dans la même journée. » (*Id.*, 11 juil. 1909).

JAYAT, s. m., geai.

JETER, v. a., lancer. Jeter une gifle. Des chèvres me poursuivaient en me jetant des coups de corne.

JETOIR, JETOIRE, s. m. et f., *seilleton* muni d'un long manche, qu'on emploie pour couler la lessive.

JEU, s. m., corps gras destiné à donner du jeu aux outils. *Boîte de jeu*, récipient contenant ce corps gras.

JEUNE, adj., court, insuffisant. *Au jeu de cartes* : « Je coupe! — Un peu jeune; je surcoupe. »

JEVALLE, s. f., javelle, gerbe, faisceau de sarments provenant de la taille de la vigne.

JOLI (NE PAS FAIRE), FAIRE JOLI (ironiquement), loc., manifester vivement du dépit, de la contrariété, de la colère. Quand le Pétrus a vu qu'on li avait ouvert son bachut, i f'sait pas joli, *ou* i f'sait joli, allez! Voir *Vilain (Faire)*.

JOLITE, adj. f., jolie.

JOUE. Voir *Pressoir*.

JOUER, v. a. *Faire jouer le télégraphe*, télégraphier au moyen du télégraphe aérien de Chappe. S'est dit longtemps, par habitude, en parlant de la télégraphie électrique.

JOUIR DE, loc., avoir de la tranquillité, de la satisfaction, du fait de quelqu'un ou de quelque chose.

Ce ch'tit morveux, i faut toujours qu'i fasse du mal partout; y a pas moyen d'en jouir.

« M° X... ne peut pas aujourd'hui jouir (si l'on peut ainsi parler) de sa tâche habituelle, toujours si lourde, car, avocat de la régie, il ne peut défendre les délinquants. » (*Union Rép.*, 1er mai 1919).

JOUR DE L'AN, s. m., étrennes du jour de l'an. Mon *grand* m'a donné un plein sac de *gobilles* pour mon jour de l'an.

Aux abords de l'église Saint-Vincent, le matin du jour de l'an 1903 :

« *Un Mandrin* (il voit arriver un monsieur, et se précipite au-devant de lui, sa casquette à la main) : M'sieu, j' vous souhaite bien la bonne année, une bonne santé, et l' Paradis à la fin de vos jours.

Le Monsieur : ... (Il passe).

Le Mandrin (il suit le monsieur, sa casquette toujours à la main) : M'sieu, j' prierai bien l' bon Dieu pour vous.

Le Monsieur : ... (Il passe).

Le Mandrin (il suit encore le monsieur, mais en ralentissant le pas, et rapproche sa casquette de sa tête. (D'un ton un peu sec) : Vous n' fait's pas un' p'tite charité?

Le Monsieur : ... (Il passe).

Le Mandrin (il s'arrête et rajuste sa casquette d'un geste brusque. A pleine voix) : Vieux *chioux!*...

Le Monsieur : ... (Il passe). »

JOURIE, s. f., bas-lat. *joeria*, lien. courroie à l'aide de laquelle on relie les deux *cordés* du joug.

JOURNAL, s. m., ancienne mesure de surface pour les *terres*, correspondant à ce qu'un homme peut labourer en un jour. Il contenait, à Mâcon comme à Dijon, 360 perches carrées de 9 pieds

1/2, c'est-à-dire 8 coupées 2/3, et valait
34 ares 284.

JOURNALISTE, s. m., marchand de
journaux. « Les braves femmes l'appe-
laient « le Journaliste ». C'était un marchand de journaux en gros. » (*Nouvelliste*, 28 janv. 1906).

Nous avons entendu parfois appeler
le *journaliste* « le marchand de men-
songes ».

JOURNAU, s. m., journal.

« Oh! M'sieu, y est sûr; y est marqué su' l' journau. »

JOURNÉES (ETRE A SES), loc., travailler
à la journée.

JUSTICE (FAIRE), loc., tuer (un porc).
C'est autour de Noël qu'on fait justice
au *Mossieu*.

K

KILO (AU), loc. adv., le double. « Ah!
c'est pas lourd c't' affaire; y en a
combien? quatre livres? — Oui, au
kilo. » — « Combien donc qu'y a de
Mâcon à Romanèche? Deux lieues? —
Oui, au kilo. »

L

LA (là) (ETRE), loc., être dans un état
stationnaire. « Dites donc, comm' donc
qu' va la mère Jeannette à c' matin? —
Eh ben!... Vous savez... Elle est là... »

En 1916 : « Qu'est-ce que vous dites
de la guerre? — Ben quoi... c'est là... »

LABOURER, v. a., travailler, malmener,
dénigrer.

Elle laboure toutes ses amies quand
elles ne sont pas là, et puis quand elle
les voit elle leur saute au cou.

LACETTE, s. f., ganse, galon de laine
ou de soie qui sert à border les vêtements; soutache, lacet étroit en fil, en
coton ou en soie, que l'on applique sur
une étoffe pour l'orner.

LADRE, adj., atteint d'insensibilité cu-
tanée. Cette insensibilité, si remarqua-
ble dans la forme anesthésique de la
lèpre, avait une grande importance dia-
gnostique au moyen âge, temps où l'on
soumettait les personnes suspectes à
une épreuve dite d'*insensibilité*.

« ... N'avez-vous pas entendu parler
d'hommes vivants dont la peau est
morte, qui ne sentent ni le chaud ni le
froid, ni l'eau ni le feu, ni les mille
impressions de l'air qui font frissonner
ou s'épanouir notre peau à nous? —
Oui, les malheureux qu'on appelle les
ladres dans nos montagnes... » (Lamartine, *Le Tailleur de pierre de Saint-
Point*).

LAIEURE, s. f., liure, lien.

« Liaude Mouëroux va descendre avu
taî pr' appourta deuves layeures. (Claude Moiroux va descendre avec toi pour
apporter deux liens pour les bœufs). »
(*Le P'teu*, p. 395).

LAIR, s. m., loir.

LAIT, s. m., laitance. *Carpe au lait*,
carpe mâle. *Carpe aux œufs*, carpe femelle.

LAIT, s. m., **LAITE**, s. f., salsifis des
prés. Voir *Bibamboche* et *Calaneue*.

LAITIE, s. f., petit lait.

LALI-LALA, **LALI-LANLAN**, adv., couci-
couça, médiocrement.

« Le mauvais temps aidant, il n'y
avait personne dans les rues; au café
c'était lali-lala. » (*Républicain Mâconnais*, 20 juin 1909).

LAMPE A QUEUE, s. f., *crésieu*.

LANGUER, v. a., langueyer.

LANGUEUR, s. m., langueyeur.

LAPIN, s. m., élève qui, dans un lycée
ou collège, suit les cours de l'enseignement classique, c'est-à-dire de « latin ».
Voir *Fromage*.

LARDE, s. f., pissenlit, laiteron (*ta-
raxacum dens leonis*).

LARDE DE COCHON, s. f., crépide à
feuilles de pissenlit, vulgairement groin
d'âne (*crepis taraxacifolia*).

LARDERANCHE, **LARDENNE** (larden'), s.
f., vx fr. *larderele*, larderon, mésange.

LARMIER, s. m., soupirail de cave.

« ... Des caves... qui ne recevaient le
jour que par des larmiers à fleur de
terre du jardin... » (Lamartine, *Nouvelles Confidences*).

« La voleuse... avait jeté une montre-
bracelet et un sautoir par un larmier
dans une cave... » (*Nouvelliste*, 17 janv.
1922. Correspondance de Tournus).

LARMISE, s. f., lézard gris des mu-
railles.

LAS D'ALLER, **LASSE D'ALLER**, loc., personne mollasse. Oh! c'te grande lasse
d'aller!...

Voir *Dargnasse*.

LAVASSIER, LAVASSI, s. m., caisse dont le fond est un plan incliné et qui sert à faire égoutter les fromages frais.

LAVE, s. f., pierre plate servant à couvrir les toits. De la pierre de lave.

« La lave est une pierre plate, assez large, qui se place en guise de tuile; en vieillissant, les laves prennent un ton gris moussu qui s'harmonise parfaitement avec le paysage. » (G. Jeanton, *Le Folk-lore Tournugeois*).

« Un coin de pré à l'angle duquel une maisonnette dressait sa toiture de lave. » (A. Theuriet, *Le Sang des Finhoël*).

LA VOU (là voù), loc. Voir *Voù*.

LÈCHE, s. f., tranche mince et longue. Lèche de pain, lèche de viande.

LEISIR, s. m., vx fr. *lesir*, loisir.
Avoir leisir, avoir le temps de.
En 1918 : « J' vas vit' prend' le train. — Ah t'as ben d' leisir. Il a trois heures de retard. Viens plutôt prend' un *pot*. »

LE, LA, LES, art. Sur sa suppression dans certains cas, comme dans *en rue*, *en Saône*, etc., voir les mots *En*, *Semaine* (*Sur*), etc.

« Mme Hoisel visitait la maison du quai de Saône. » (S. Blandy, *La Teppe aux Merles*).

LENDE, s. f., lente, larve du pou.

LENTIBARDANER, v. n., flâner.

LESSIS (l'si), s. m., vx. fr. *lessif*, eau de lessive. Voir *Lissieu*.

LÈVE-CUL, s. m., nom générique donné à certains coléoptères dont l'abdomen est souvent relevé, surtout pendant la marche. Le plus commun est le *staphylinus oleus*.

LEVER, v. a., enlever. Lever une tache.

LÉVIER, s. m., évier, et, par extension, *souillarde*. Le lévier.

LEVRAUTER, LEVROUTER, v. n., prendre la couleur du lièvre, se bronzer. Se dit en parlant des fruits, notamment du raisin blanc.

LEVRETTE, s. f., mâche. Voir *Poupée*.

LIARD DE BEURRE, s. m. servant à indiquer un volume minime. Voir *Once de beurre*.

« Qu'est-ce que c'est que ce petit bonhomme gros comme deux liards de beurre? » (Gyp, *Le Mariage de Chiffon*).

« Une petite amie grosse comme deux liards de beurre et rigolote. » (G. Courteline, *Les Linottes*).

LIAVROUX, adj., syn. de *gasi*. Du pain liavroux.

LIE, s. m., lie. *Du lie de vin*. Voir *Alie*.

LIERRE, s. f., lierre. Ne pas confondre *la lierre* avec *la lièvre*.

LIEUE, s. f., ancienne mesure de longueur pour les chemins.
La grande lieue de Paris ou lieue de poste, de 12,000 pieds, valait 3,898 m. 073.
La petite lieue de Paris était moitié de la grande.
La lieue de Mâcon, de 15,000 pieds, valait 4,872 m. 585.
La lieue de Dijon, de 18,000 pieds, valait 5,847 m. 108.

LIEUE CARRÉE, s. f., ancienne mesure de surface en général.
La lieue carrée de Paris valait 24 kilomètres carrés 992.
La lieue carrée de Dijon et de Mâcon valait 23 kilomètres carrés 741783 mètres carrés.

LIETTE, LITTE, s. f., vx fr. *layette*, tiroir.

LIÈVRE, s. f. La lièvre.
A la chasse :
« *Le Chasseur* (venant de tirer ses deux coups de fusil) : Il est blessé! Il est blessé!
Le Paysan (voyant détaler le lièvre) : All' est blessie c'te livre! All' n'est ren blessie du tout... All' a un trou au milieu des fesses,... je ne dis pas,... mais c'est tout. »

« Depuis deux jours Maurin venait avec Pastouré attendre un lièvre au croisement de deux sentiers, au *Pas de la lièvre*, sans parvenir à le tuer. » (Jean Aicard, *Maurin des Maures*).

« C'est ici, dans notre église de Notre-Dame-des-Anges, que fut dite par M. Pignerol, curé de Pignans, chasseur et cavalier, la fameuse messe restée célèbre sous le nom de *Messe de la Lièvre...* » (Id., *ibid.*).

LIGNE, s. f., ancienne mesure de longueur en général, qui était le 1/144 du pied, comprenait 12 points et valait 0 m. 002.

LIGNE CARRÉE, s. f., ancienne mesure de surface en général, valant 5 millimètres carrés 085.

LIGNE CUBE, s. f., ancienne mesure de volume en général, qui valait 0 mètre cube 000000011466, c'est-à-dire près de 11 millimètres cubes 1/2.

(LIGNEUX, s. m., ligneul (de cordonnier).

LIMAÇURE, LIMASSURE, s. f., limace, limasse, maladie des bovidés qui les fait boiter et même les empêche de marcher; lenteur, mollesse, chez les personnes.

LIMOGE, s. f., coton à marquer.

LINCEUL, s. m., drap de lit.

LIQUOTER, v. a. et n., loqueter, secouer, tâtonner, agir avec hésitation ou par des voies indirectes.

Auras-tu bientôt fini de liquoter cette serrure? — Il est toujours à liquoter après les femmes des autres.

LIQUOTTE, s. f., vx fr. *loquette*, loquet, verrou.

LIRE DE..., loc., lire quelque chose qui a été communiqué par... Il avait une belle bibliothèque; tenez, c'est de lui que j'ai lu la *Vie de Jésus*.

LISOIR, s. m., pièce de bois qui, dans un char, est superposée au *massout*.

LISOUX, -OUSE, adj., liseur, -euse. A rapprocher de cette déclaration de principe, entendue dans un salon de Mâcon : « Mon mari n'est pas lecturier, et, moi, j' suis pas lisarde. »

LISSIEU, s. m., xv fr. *lessif*, syn. de *lessis*.

LITRON, s. m., ancienne mesure de capacité pour le sel, formant le 1/8 de l'octave, c'est-à-dire le 1/64 du *minot*, et contenant 0 litre 814.

LIVRE, s. f., ancienne mesure de poids, comprenant 16 onces et valant 489 grammes 505, c'est-à-dire presque un demi-kilogramme.

LIVRET, s. m., transparent d'écolier, au dos duquel est imprimée la table de multiplication appelée couramment « livret ».

LIZARD, LIZARDE, s. m. et f., lézard.

LOMBARDE, s. f., syn. d'*alogne* dans certaines communes (Saint-Point, etc.).

LÔNE, s. f., bras mort d'une rivière; creux d'eau voisin d'une rivière.

« M. J..., fervent pêcheur, a capturé hier dans une lône à proximité de la Saône, une carpe pesant 15 livres 400... » (*Nouvelliste*, 13 août 1913. Correspondance de Pontanevaux).

LONGTEMPS (IL Y A), IL Y A GRAND TEMPS, loc., il est certain. Y a longtemps qu'on est mieux à la campagne qu'à la ville.

LORGNAT, LOURGNAT, s. m., vx fr. *lorgnart*, lourdaud.

LOUÉE, LOUE, syn. d'*affermage*.

Place de loue, place où se réunissent les gens qui veulent s'affermer.

LOUP, s. m.

Innocent comme un loup de sept ans, se dit ironiquement d'une personne, plus généralement d'un enfant, qui se défend d'être coupable.

Passer la revue du loup, procéder à la cérémonie des accordailles. La famille du jeune homme se rend avec lui chez la jeune fille, et, pendant que les parents discutent l'affaire, les invités examinent le futur et le « passent en revue », en vidant force *pois*.

Voir peter le loup sur la pierre de bois, ou plus simplement *voir peter le loup*, acquérir de l'expérience, connaître « pratiquement » les choses, spécialement en matière d'amour. D'un individu qui s'étonne de quelque chose, on dira qu'il n'a pas encore vu peter le loup. Le *Littré de la Grand'Côte* ne connaît pas plus que nous, l'origine de cette expression, dont l'absurdité est certainement voulue.

LOUP. Voir *Pressoir*.

LOURDE, s. f., LOURDAIN, s. m., lourdeur, pesanteur de tête.

LUCETTE, s. f., LUCOT, s. m., petite lampe.

LUNE, s. f.

Lune tendre, lune croissante.

Lune dure, lune décroissante.

On croit devoir tailler les bois tendres en lune tendre et les bois durs en lune dure.

Bois de lune, bois coupé la nuit, c'est-à-dire volé.

Voir *Cul de la lune*.

LUNE, s. f., lunure, altération affectant tout ou partie d'un végétal et qu'on attribue à l'influence de la lune.

« Père Sylvestre, pourquoi donc qu' vous n' fauchez pas l'herbe de vot' verger?

« Oh! y est pac' que les poules y sont tout le temps; elles y grattent; elles y abîment tout; elles y foutent une lune... Y est pus bon qu'à mett' les bêtes en champ. »

LUNÉ, -ÉE, adj., altéré par la *lune*. Voir *Lune* (lunure).

LUNER, v. n., faire des lunes, avoir des caprices.

M

MABRE (mâbre), s. m., marbre.

MABRE (mâbre), MARBRE, s. f., bille de marbre.

MACHER (mâcher), v. a.

Mâcher le vin, le goûter, apprécier ses qualités de corps.

On dit dans le même sens qu'un vin a *de la mâche*.

MACHON (mâchon), bouchée de viande, de pain, etc., qui a été mâchée; « gueuleton ».

« Le dîner annuel des négociants en vins de Mâcon et de la région constitue le principal mâchon de notre ville. » (*Républicain Mâconnais*, 25 av. 1909).

MACHOUILLER (mâchouiller), v. a., mâchonner, mangeotter. Qué qu' t'as donc dans la bouche? T'es toujours après mâchouiller.

MADÉRISER, v. n. Se dit du vin blanc lorsqu'en vieillissant il prend un goût analogue à celui du madère.

MAGAIN, s. f., guenon. Se dit des poupées laides et des femmes idem.

MAGNAT, s. m., garçon, luron, amoureux, fiancé.

« ... I tuiron dans la contréye
Tieû lé mainia de dou-z-annéye...
(... Ils tuèrent dans la contrée
Tous les enfants de deux ans...) »
(Fertiault, *Noëls*, p. 250.)

MAGNIEN, s. m., étameur ambulant; escargot.

« Il avait honte de ressembler à un magnien, c'est-à-dire à un de ces étameurs ambulants, dont la malpropreté est si souvent prise pour terme de comparaison dans tout le Mâconnais. » (Blandy, *D'une Rive à l'autre*).

« Il y a le rémouleur qui aiguise les couteaux,... et le magnin qui raccommode la faïence. » (H. Bordeaux, *Le Roulant*, dans *Le Carnet d'un Stagiaire*).

Sous le titre de : *la Bavarde*, Emile Richebourg a rapporté assez exactement une histoire de *magnien* bien connue autrefois à Cluny et qu'il tenait d'un « ancien » de cette ville. Mais c'est à tort qu'il a fait du *magnien* un colporteur et non un étameur. La nouvelle de Richebourg a été rééditée par les *Lectures pour tous*, oct. 1899.

MAIE. Voir *Pressoir*.

MAILLE, MAILLA, MAILLETTE, s. f., câble de halage. *Tire à la maillette!* est un commandement que l'on entend souvent sur les bords de la Saône.

Le 25 ventôse an VII (15 mars 1799) l'Administration centrale du département est informée que « les mailles des montées de bateaux ont abattu plusieurs pierres de hauteur d'appui du pont de Mâcon. ». (Archives dép. Registre de correspondance du commissaire près l'Administration centrale du 11 floréal an III au 5 ventôse an VIII).

MAILLOCHE, s. f., petit maillet à main.

MAILLOLET, s. m., vx fr., pièce de calicot qui sert à emmailloter l'enfant nouveau-né.

MAIRE DE CHAROLLES, loc., neuf de pique. Presque partout cette carte est dite *le maire* d'une commune voisine.

On sait que dans la cartomancie un présage défavorable s'attache au neuf de pique.

MAIS, adv., vx fr., plus.

MAISHUI, adv., vx fr., aujourd'hui, maintenant, désormais.

« Nô sain, mezui, ice venieû
Per adourai vetron Seignieû.
(Nous sommes, en un mot, ici venus
Pour adorer votre Seigneur.) »
« Se nô-s-ain sôvan pechi,
Nô n'i tôrnerain mézui.
(Si nous avons souvent péché,
Nous n'y retournerons plus jamais.) »
(Fertiault, *Noëls*, p. 233 et 242).

L'auteur aurait dû, dans le premier cas, traduire *mezui* par *aujourd'hui* ou *maintenant*, et non par *en un mot*.

MAITRE (maître) (A ou EN), loc., en service. Aller à maître.

Voir *Champ* (*Aller en*).

D'un domestique changeant constamment de maître et qui venait d'entrer dans une place nouvelle, nous avons entendu dire : « Ah! il n'y veut pas manger un quintal de sel! »

MAL, s. m. *Tomber du haut mal*, expression employée par certaines personnes pour signifier « se trouver mal, perdre connaissance ».

MAL, adv. *Très bien mal*, excessivement mal.

MALADE, adj., se dit du temps quand il devient lourd et qu'il fait prévoir de la pluie et des orages.

Ce temps veut pleuvoir; il est malade...

MAL CHAUSSÉ, -ÉE, s. m. et f., mal gôné quant aux chaussures.

MAL COMMODE, s. m. et f., incommode.

MAL DE FAIT, loc., s'emploie en réponse à des affirmations qui ne peuvent pas comporter de doute. « Vous êtes donc ben gnan-gnan que vous pouvez pas tenir quatre assiettes sans les flanquer par terre. — J'y ai pos fait *exprès!* — Mal de fait que vous y auriez fait exprès! »

Dans le Nord : « Je ne peux mal de faire cela », signifie : « Je me garderai bien de faire cela », sens opposé à notre : « Mal de fait. » (Voir l'*Intermédiaire des Chercheurs et Curieux*, 30 mars 1914, t. LXIX, col. 414.)

MAL GÔNÉ, -ÉE, s. m. et f., syn. de mandrilloux, -ouse.

MALHUREUX (malhûreux), adj., malheureux. On dit de même *malhûreusement*.

MALICE, s. f.

Faire malice, être désagréable. Si j' suis obligée d'aller à ce mariage, y m' f'ra malice.

A la malice, au mal, du mauvais côté. « Va-t-il pleuvoir, père Dupont? — Pens' pas, M'sieu; le temps n'est pas à la malice. »

MALIN, s. m., mal. Elle a le malin de faire son p'tiot (elle est en mal d'enfant).

MAL POLI, -IE, s. m. et f., impoli, incivil, mal élevé.

« *Les malpolis.* — Le jeune X..., âgé de 12 ans, a été surpris hier en train de lacérer une affiche. Un agent de police étant allé faire des observations aux parents de cet enfant, fut très grossièrement reçu. Procès-verbal leur sera dressé. » (*Union Rép.*, 9 déc. 1904).

MAL TOURNÉ, -ÉE, s. m. et f., personne ou chose de travers, au prop. et au fig. Tout le monde, à Mâcon, a connu « Mal assis » et connaît « la Mal tournée ».

MAL (VOULOIR), loc., vx fr. *malvoloir*, vouloir du mal à quelqu'un. Il lui veut mal. Il lui veut gros mal.

Vouloir mal quelqu'un, même sens, et aussi avoir de l'antipathie pour quelqu'un, de sorte qu'on peut *vouloir mal quelqu'un* sans *lui vouloir du mal*.

MANDEMENT, s. m., demande, prière. Je suis venu à son mandement.

MANDRILLE, s. f., guenille; vêtement misérable. Voir *Démandriller*.

MANDRILLOUX, s. m., individu en *mandrilles*.

MANDRINEAU, s. m., jeune mandrin.

Devant le Théâtre. (Sur le mur se voit une affiche portant en énormes caractères : Très prochainement, Mme Agar) :

« *Premier Mandrineau :* Tiens! M'ame Agar! Qué qu'y est que c'te pièce?

Second Mandrineau : Y est pas un' pièce... y est un' femme.

Premier Mandrineau : J' te dis qu'y est un' pièce. J'y sais ben, j' l'ai vu jouer.

Second Mandrineau : J' te dis qu'y est un' femme. J'y sais ben aussi, j' l'ai vue jouer.

Premier Mandrineau : Veux-tu parier qu'y est un' pièce?

Second Mandrineau : Veux-tu parier qu'y est un' femme?

(Ils se prennent aux cheveux et roulent par terre. Au bout d'un instant ils se relèvent et ramassent leurs casquettes).

Premier Mandrineau (traversant l'Hôtel de Ville) : T' vois ben qu'y est un' pièce.

Second Mandrineau (allant *au bord de Saône*) : J' t'avais ben dit qu'y était un' femme. »

MANETTE, s. f., poignée; partie d'un objet par laquelle on le saisit.

MANGEOUILLER, v. a., mangeotter.

MANGER (SE), v. r., se ruiner, manger son avoir.

MANGONNER, v. a., emmancher, ajuster, monter les pièces composant un objet. Voir *Démangonner*.

MANICLON, s. m., cordonnier, ouvrier qui se sert de la manicle.

MANQUABLEMENT, adv., immanquablement.

MANSAIRE, s. m., valet de ferme, et, par extensions successives, drôle, vaurien. A la campagne, le père donnait quelquefois ce nom aux fils qui remplissaient chez lui le rôle de valets de ferme.

La « louée aux domestiques » s'appelle encore dans certains villages la « foire aux mansaires ».

MARAN, s. m., marais, prairie basse et humide.

A Mâcon, nous avons un pré des Marans; nous en connaissons un *au bord de Saône*, sur les confins du Mâconnais et du Beaujolais (Voir Archives dép., C. 542, n° 3).

MARANDE, s. f., vx fr., goûter. *Casser la marande*, casser une croûte.

« ... Denise venait m'apporter ma *mérende*... » (Lamartine, *Le Tailleur de pierre de Saint-Point*).

MARANDER, v. n., vx fr., goûter, casser la croûte.

MARC, s. m., ancienne mesure de poids, comprenant 8 onces et valant 244 grammes 752, c'est-à-dire presque une demi-livre.

Poids de marc, poids compté sur la base de la livre de Paris qui contenait 16 onces et que le duché de Bourgogne adopta en 1388.

MARCELOT, s. m., vx fr. *mercerot* et *mercelot*, mercier ambulant, nomade.

« De tout temps cet endroit a été abandonné aux nomades : bohémiens, saltimbanques, « marcelots », qui foisonnent dans le pays. » (Fr. Parn, *Si-coutrou pêcheur*).

MARCHANDÉ, part. pass., qui n'admet pas la discussion. « Viens apprendre tes leçons. Allons, as-tu compris? Je ne plaisante pas, moi; je suis tout marchandé. »

MARCHE, s. f., syn. de *corne*.

MARCHON, s. m., vx fr., chantier de cave.

MARCHONNER, v. a., poser des *marchons*.

Du 19 décembre 1779. Mandat de 195 livres au proﬁt du sieur Meunier, entrepreneur, pour avoir marchonné une cave. (Comptes de l'Hôtel-Dieu de Mâcon. Archives mun., GG. 293).

Maréchal, s. m., se dit du forgeron et du serrurier aussi bien que du maréchal ferrant.

Maréchau, s. m., maréchal.

Margouillat, s. m., margouillis. A rapprocher du vx fr. *margouillier* (v.).

Marguillier, s. m., sonneur de cloches, vx fr. *marreglier; jeu de la marelle assise, vx fr. *merelier*.

Marion, s. m., rame de bateau.

Marlasse, s. f., vx fr. *merlesse*, merlette, femelle du merle.

Marle, s. m., merle.

Marmuser, v. n., vx fr. *marmouser*, marmotter.

Marnière, s. f., culotte.

> « Live-ti don, Deni,
>   Men ami...
> Pran té marnire ó ten abi,
>   Avu ton devanti...
> (Lève-toi donc, Denis,
>   Mon ami...
> Prends tes culottes et ton habit,
>   Avec ton tablier...). »
>   (Fertiault, *Noëls*, p. 219).

« I z'aviont quosi tieu essambré lou marnires. (Ils avaient presque tous déchirés [sic] leurs culottes. » (*Le P'teu*, p. 393).

A rapprocher du vx fr. *marnee*, fourche.

Marqué, -ée, part. pass., imprimé; qui a un casier judiciaire.

D'abord qu'y est marqué dans le journal, c'est qu'y est vrai.

Marron, s. m. *Marron de cheval*, crottin de cheval.

Marron, s. m., tête. Voir *Châtagne* et *Crouler*.

Martinet. Voir *Pressoir*.

Martinet, s. m., petit traîneau que les enfants font marcher à l'aide de deux bâtons armés de pointes de fer.

Masouille, s. f., vx fr. *masel* (s. m.), fourmi.

Massout, **Massot**, s. m., pièce de bois qui, dans un char, se trouve entre le lisoir et l'essieu.

Vente, à Igé, d' « un tombereau sans roues, avec le massou. » 25 avril 1778. (Minute de Mᵉ Jean Morin, notaire à Mâcon. Archives dép. Série E.)

Mate, **Matte**, **Matole**, **Mattole**, s. f., vx fr. *mote*, tas, amas. Voir *Cuchon*.

Matefaim, s. m., vx fr., crêpe épaisse.

Matene (maten'), s. m., matines, angelus du matin. Je m' suis levé en entendant sonner le matene. Voir *Midi* et *Seruu*.

Matériau, s. m., matériel.

Matinal, **Matinau** (mat'nau), **Matenot** (?), s. m., vx fr. *matinot*, vent d'est (matin).

« La lune monte, le « matenot » souﬂe, les écrevisses ne bougeront point ce soir. » (Fr. Parn, *Sicoutrou pêcheur*).

Matinier, -ière, adj., vx fr., matinal, matineux.

Matoler, **Mattoler**, v. n., matonner, se prendre en *mates*. La neige matole sous mes sabots.

Maton, **Matton**, s. m., vx fr. *maton*, tourteau provenant de la fabrication des huiles.

Mau, s. m., mal. *Avoir mau*, avoir mal.

> « Te déró à Jousai,
>   S'i te pliai,
> E à sa brova fenna,
> Que je n'ai pó pù t'i menai
> Tant j'ai mau ó jarrai.
> (Tu diras à Joseph,
>   S'il te plaît,
> Et à sa bonne femme,
> Que je n'ai pas pu t'y mener
> Tant j'ai mal aux jarrets). »
>   (Fertiault, *Noëls*, p. 224).

Maudire, v. a., vx fr. *maldit* (adj.), médire.

Que les maudisants soient maudits! (c'est-à-dire que l'on médise également d'eux).

Maugouvert, **Malgouvert** (Abbaye de), société plaisante qui, à Mâcon, au XVIᵉ et au XVIIᵉ siècles, prélevait, pour ses plaisirs et pour des œuvres de bienfaisance, sur les veufs ou veuves qui se remariaient, un droit dit de *folvieille*, grâce auquel les vieux époux se rachetaient du charivari ou *tracassin*. Ces gais religieux avaient à leur tête un abbé, assisté d'officiers ou *suppôts*, savoir deux lieutenants, un bailli, un procureur général ou procureur d'office, plusieurs conseillers ou superintendants des finances ou premiers conseillers, ou conseillers et suffragants, un receveur des deniers ou trésorier général, ou trésorier de l'épargne, un greffier et plusieurs huissiers.

Voir L. Lex, *L'Abbaye de Maugouvert de Mâcon* (1581-1625), 1897, in-8°.

Méchant, adj., intelligent, éveillé, rusé.

Mècle, **Méclée**, s. f., vx fr. *mescle*, *mesclée*, mélange de foin et de paille qu'on donne à manger au bétail. Voir *brèle mècle*.

Mècler, v. a., vx fr. *mescler*, mêler.

Médisance, s. f., erreur.

S'il n'y a pas de médisance, la récolte sera belle.

Mégard, s. m., vx fr. *mesgard*, mégarde.

Meitérée, **meiturée**, s. f., bas-lat. *mayteriata*, vx fr. *meitere*, ancienne mesure de surface pour les terres, correspondant à ce que l'on peut ensemencer avec une « *metearia* » (v. Du Cange) de grain. La meitérée contenait 6 coupées mâconnaises, c'est-à-dire 22.500 pieds carrés, et valait 23 ares 742.

De là on peut inférer que la « metearia » de grain contenait 6 coupes, « ... *Exceptis quatuor metcariis avenæ ad reterem mensuram in manso de Bo* (Boz)... » (Charte de 1149 rapportée par Saint-Julien de Balleure, *Antiquitez de Mascon*, p. 251).

« Trois pièce[s] de terre, seize[s] au finage de Sainct-Clément[-lès-Mâcon], l'une contenant quatre empaux de terre, l'autre deux meiturées, et la dernière trois ampaux... » (Archives d.ip. Pièce de procédure du 31 juill. 1478, analysée dans H. 22, f° 260 v°.)

Mèlerette, s. f., femme qui se mêle de ce qui ne la regarde pas.

Melinchon (m'linchon), s. m., commis de nouveautés, calicot, et, par extension, gommeux.

Ménageon, s. m., ménage d'enfant ou de poupée.

Menaier, **menayer**, v. a., vx fr. *manier*, caresser de la main, peloter.

Mener, v. a., vx fr., jouer d'un instrument de musique. Il mène l'orgue à l'église.

Menot, -ote, adj., mignon, -onne.

Poésie locale :

« Pauvre amour, quand t'étais p'tiot,
T'étais si m'not !
Maint'nant qu' t'es g and,
Te n' vaux pus ran ! »

Dicton exprimant la même idée :

« Elle est comme la peau de l'agneau :
Plus elle vit, moins elle vaut. »

Mensonge, s. m., carré de carton ou de papier plié, autour duquel on enroule du fil, de la soie, etc., comme sur une bobine.

Mente, s. f., vx fr., menterie.

Mentir (Faire), loc., prouver à quelqu'un qu'il est dans l'erreur.

A Saint-Antoine : « Dis donc, 'spèce de mandrin, y est toi qu'as dit qu' la gueule d' mon père était un bèc. — Moi! j'ai dit qu' la gueule d' ton père était un bèc! Quand donc qu' c'est que j'y ai dit, qu' la gueule d' ton père était un bèc? — Oui, t'y as dit l'aut' jour aux Bèches? — Moi! j'y ait dit l'aut' jour aux Bèches? — Oui, y est l' patron qu' m'y a dit. — Y est l' patron qu' t'y a dit?... Eh ben, viens y donc aux Bèches, et pis j' vas t' faire mentir, moi... »

Mentonnière, Voir *Pressoir*.

Mentoux, -ouse, s. m. et f., menteur, -euse. « Le Toine est un mentou lorsqu'il traite les cultivateurs de chers confrères... » (*Courrier de Saône-et-Loire*, 19 fév. 1921).

Menue Pensée, Voir *Pensée*.

Menuserie, s. f., menuiserie.

Menusier, s. m., menuisier.

Mèple, s. f., lat. *mespilum*, nèfle.

Mèplier, s. m., lat. *mespilus*, néflier.

Le Méplier, Les Mépliers, écarts des communes de Blanzy et de Saint-Eusèbe.

Merdasson, s. m., vx fr. *merdas*, excrément.

Merdasson est le nom d'un ruisseau qui traverse Cluny et que Chavot (*op. cit.*), appelle *Médasson*.

A Saint-Clément, faubourg de Mâcon, il y a un chemin dit *des Merdassons*.

Mère, s. f., tubercule mère de pomme de terre, etc., qu'on plante pour la reproduction.

Mère-sage, s. f., sage-femme.

Mérotte, s. f., fillette qui se donne de l'importance vis-à-vis d'autres enfants et veut jouer le rôle de petite mère.

Mesure. Voir *Coupe*.

Mesures anciennes. Voici la valeur des mesures anciennes rapportée au système métrique. Chacune de ces mesures a d'ailleurs un article à son rang alphabétique.

1. Mesures de longueur en général.

	Pieds.	Mètres.
Toise	7 1/2	2,436
Aune	2 1/2	0,812
Pied	1	0,324839432
Pouce	1/2	0,027
Ligne	1/144	0,002
Point	1/1728	0,000187

2. Mesures de longueur pour les chemins.

	Pieds.	Kilomètres.
Lieue	15.000	4.872585

	Pieds.	Mètres.
Portée	300	97,452
Corde	25	8,121
Perche	7 1/2	2,436
Embrassée	6	1,949
Pas, démarche	2 1/2	0,812
Coudée	1/2	0,487

3. Mesures de surface en général.

	Kilomètres carrés.
Lieue carrée	23,741783

	Mètres carrés.
Toise carrée, perche carrée	5,9355
Pas carré	0,6595
Pied carré	0,105520
Pouce carré	0,000732

	Millimètres carrés.
Ligne carrée	5,085025
Point carré	0,031969

4. Mesures de surface pour les terres.

	Ares.
Arpent	51,071
Bichetée, bicherée, bichonnée	45,584
Journal, soiture	34,284
Meitérée	23,742
Quarteronnée	(?) 15,828
Boisselée	15,195
Tranche	9,576
Quarteranchée	4,346
Ouvrée	4,285
Coupée, coupe, coupetée	3,957

5. Mesures de volume en général.

	Mètres cubes.
Toise cube	14,460
Pied cube	0,034277
Pouce cube	0,0000198814

	Millimètres cubes.
Ligne cube	11,466
Point cube	0,006539

6. Mesures de volume pour le bois.

	Mètres cubes.
Corde	4,386
Moule	2,193
Solive	0,102827

7. Mesures de capacité pour les solides.

	Décalitres.
Bâche	200,197
Tonneau	28,027
Benne	6,306 et 7,006

8. Mesures de capacité pour les grains.

	Litres.
Anée, bichet	273,693
Quarteron	(?) 52,132
Quarteranche	14,314
Coupe, boisseau, mesure	13,033

9. Mesures de capacité pour le sel.

	Litres.
Muid	2502,336
Setier	208,528
Minot	52,132
Coupe	13,033
Octave	6,516
Pinte	1,514
Pot	0,875
Litron	0,814
Chopine	0,379
Mesurette	0,050

10. Mesures de capacité pour les liquides.

	Litres.
Botte	418,332
Tonneau, poinçon	209,166
Feuillette	104,583
Quartaut	52,2915
Quarte	7,000
Pinte	1,514
Pot	0,875
Chopine	0,757
Chauveau	0,3795
Canon	0,18925

11. Mesures de poids.

	Kilogrammes.
Quintal	48,951
Livre	0,489505
Marc	0,244752

	Grammes.
Once	30,594
Treizeau, gros	3,824
Denier, scrupule	1,274
Grain	0,053

Mesurette, s. f., ancienne mesure de capacité pour le sel, formant le 1/16 du litron, c'est-à-dire le 1/1024 du minot, et contenant 0 litre 050.

Métailler, v. a., vx fr. *mestaillier*, rompre la poche des eaux (en parlant des animaux).

Mettre ses dents, loc., faire ses dents.

Mettu, part. pass., mis.

Meurot. Voir *Murat*.

Miche, adj., se dit des raves, radis et autres légumes semblables, quand ils deviennent creux. Marie vous n'achèterez plus de *petites raves;* elles sont toutes miches maintenant.

Midi, s. m., angelus de midi. V'là l' midi qu' sonne.

Mi-genne. Voir *Pressoir*.

Migué, -ée, adj., moisi, pipé. A rapprocher du lat. *mucidus* et *mucosus*.

Millasser, v. n., se dit du raisin lorsqu'il reste à l'état de *millasson*.

Millasson, s. m., raisin millerand, c'est-à-dire dont le grain est resté très petit.

Milleret, s. m., syn. de *millasson*.

Millet, s. m., flan.

Milloche, s. f., oseille des prés (*rumex acetosa*).

Minage, s. m., action de miner, défonçage du sol.

Minon, s. m., chaton des noisetiers, peupliers, etc.; boa de plumes ou de fourrure que les femmes portent autour du cou; flocon poussiéreux qui se forme sous les meubles et dans les angles des appartements.

Minot, s. m., ancienne mesure de ca-

pacité pour le sel, faisant le 1/4 du se-
lier et comprenant 4 coupes. Sa contenance était donc de 52 litres 132.

A la fin du XVII* siècle, au grenier
de Mâcon, le minot était « reconnu »
contenir 33 pintes, ce qui correspondait
à 50 litres 062.

Voir *Pinte*.

Miôт, s. m., mi-août.

Misère (DE), loc. adv. *Venir de misère*, croître ou pousser chétivement.

Mistifrisé, adj., vx fr. *miste*, tiré à
quatre épingles.

Mitance, mitanche, s. f., vx fr. *tence*,
querelle, contrariété. Faire mitance à
quelqu'un (quereller quelqu'un). Y m'
fait mitance (ça m'embête).

Mitancier, mitanchier, s. m., vx fr.
tenceor, querelleur.

Mitant, s. m., vx fr., milieu.

Banquet de village. Un des convives,
attablé le dos au mur, se lève à tout
instant pour aller satisfaire un besoin
et, bien entendu, dérange chaque fois
tous ses voisins. A la fin, l'un de ces
derniers de s'écrier en colère : « Quand
on a une v'ssie que n' tint pos la « ra-
pacité » (sic), on n' se met pas au mitant de la trauble. »

Mitant, adj., moyen. *Vin mitant*, vraisemblablement vin de seconde cuvée,
par opposition à « vin pur » ou vin de
première cuvée. « ... Qu'elle (Nicolle
Arcelin) se contente de recepvoir annuellement deux esnées vin pur, une
asnée vin mytan... » (Codicille du testament d'Etienne Arcelin, bourgeois de
Cluny, et de Claudine Vény, sa femme,
le 20 mars 1633. Archives dép., B. 1350,
f° 189.) On trouve ordinairement, dans
les actes anciens, le vin pur qualifié de
« pur, loyal et marchand ».

Mite, s. f., vx fr., mitaine.

Mitonnade, mitronnade, s. f, soupe
mitonnée, panade.

Mode, moude, meude, mude, s. m.,
sortie, voyage, trajet, étape. Terme en
usage surtout chez les bateliers du
Rhône et de la Saône. Le provençal
mudo signifierait « traite de naviga-
tion », proprement « mue », c'est-à-dire
l'intervalle pendant lequel on prend un
pilote de rechange, appelé *mudaire*. Le
Rhône, pour les bateliers, est divisé en
mudos. Voir les notes du chant I du
Poème du Rhône, p. Mistral, éd. Le-
merre, p. 340.

« C'est pas d'aujourd'hui qu'on est
sur l'eau. La première fois que j'ai fait
la « descize » jusqu'à Arles, c'était en
1844. J'avais onze ans. Après, ça a
continué... Dans les premiers temps, on

faisait encore une cérémonie pour le
départ. Le propriétaire du bateau, au
moment où tout était prêt, se plaçait sur
la route et saluant du bonnet, s'écriait :
« Bonne mud' z' enfants! » (bon voyage!)
Alors le patron d'équipage comman-
dait : « Fais tirer, au nom de Dieu, de
la sainte Vierge, à l'eau! » L'équipage
découvert faisait le signe de croix, et,
les cordes amenées, on partait... » (*Progrès* de Lyon, 19 déc. 1909).

Moder, v. n., vx fr., sortir, partir,
voyager, aller se promener.

Moindre, s. m. et f., cadet, cadette.

Moine, s. m., sabot, toupie qu'on fait
tourner avec un fouet.

Gargantua jouait au *moine*. Voir Rabelais, liv. I, chap. XXII.

Moins cinq..., moins deux..., moins
une (sous-entendu minute) (Etre), loc.
s'employant au sens impersonnel, être
sur le point de. « J' l'ai pas engueulé,
mais c'était... — Moins cinq, n'est-ce
pas? — Non, moins une... »

Moins (Au), loc. adv. Au moins il fait,
au moins il veut faire. Au moins on a,
au plus on dépense. Voir *Plus*.

Moire, s. m., vx fr. *moie* (fém.), foule,
multitude.

« I n'y ave ran de se brave à vai que
cu grand moire de chasseux. (Il n'y
avait rien de si beau à voir que ce
grand nombre de chasseurs). » (*Le
P'teu*, p. 389).

Moise. Voir *Pressoir*.

Moisse, s. f., paquet. Une moisse de
tillons.

Molette, s. f., pain (petite meule) de
beurre.

Monde, s. m. S'emploie comme nom
collectif au singulier et au pluriel, sans
accord forcé avec le verbe. Du ch'tit
monde. — Des grands mondes (de grandes personnes).— Au jour d'aujourd'hui
le monde ne valent rien. — Tout ton
monde vont bien? — C'est des mondes
qui est ou qui sont bien *opulents*.

« Le Président du Conseil [débar-
quant à Marseille, est] porté pour ainsi
dire par les manifestants... Des bouquets
devaient lui être offerts; il y a tant de
mondes qu'il faut y renoncer... » (*Union
Rép.*, 10 août 1903).

Monder, v. a., vx fr., émonder.

Mondon, s. m., sarment stérile qu'on
coupe ou *monde* pour renforcer les
branches fructifères.

Monsieur, mossieu, s. m., cochon.
Nol' Mossieu se dit à la fois du cochon
et du... propriétaire

« Pendant huit jours, c'était chez
nol' Monsieur un défilé sans fin des

paysans... » (Maurice Talmeyr, *La Cure*, dans *Nouvelles littéraires* de Lyon, 15 oct. 1905).

MONTAGNARD, s. m., vairon.

MOQUE, s. f., vx fr., moquerie. Faire la moque à quelqu'un.

« I n'é pô de moque...
(Ce n'est pas un mensonge...) »
(Fertiault, *Noëls*, p. 231).

MORAIN, -AINE, adj., blanc et noir. Se dit de la robe des animaux de l'espèce bovine.

Un laboureur n'ayant qu'une vache s'attelle avec elle à la charrue, dont les manches sont tenus par sa femme. La vache, tirant plus fort que l'homme, fait dévier la charrue.

« *Le Laboureur* (tournant la tête vers sa femme) : Catherine, pique me donc le cul... Te vois ben que la moraine me gagne. »

MORCEAILLON. Voir *Morsaillon*.

MORGEOILLON, -ONNE, s. m. et f., dim. de *morgeon*, -eonne.

MORGEON, -EONNE, s. m. et f., enfant. Ch'tit morgeon.

MORNANT, s. m., raisin blanc de treille. Dans le Rhône, *mornier*, dit Littré (*Supplément*).

MORNICHER, MORNIFLER, v. n., renifler.

MORSAILLON, MORCEAILLON, s. m., vx fr. *morsillon* et *morcillon*, petit morceau.

MORSILLER, v. a., vx fr., mordiller.

MORT-A-PÊCHE (mortapêche), s. f., crin de Florence.

« Le crin de Florence utilisé dans la technique chirurgicale et emprunté par elle au matériel de la pêche à la ligne sous le nom de crin ou de cheveux de Florence, de poils de Messine, de crins d'Espagne, de fil de Valence, de boyaux de ver-à-soie, de racine chinoise ou anglaise, ou simplement de racine, de crin à pêcher, de crin marin, de pitre, de mort-à-pêche, de licon, etc. » (*Revue scientifique*, 1909, II, p. 79).

MORT-A-VERS (moraver), s. f., syn. de *contre-vers* (voir ce mot).

MORTS (LES), s. m. pl.
Les Grands Morts, la fête de Tous les Saints (1er novembre).
Les Petits Morts, la Fête des Morts (2 novembre).

MORTUAIRE, s. m., acte mortuaire.

MORTUELLE, s. f., vx fr. (Littré, v° *Mortuaire*), syn. de *mortuaire*.

MORU, -UE, adj., morveux, -euse, qui a de la morve au nez.

MORVALOUX, -OUSE, adj., morveux, -euse.

En sortant de l'école :
« *Un Grand* : Qué donc que t' fous là, boug' d' morvaloux? On n'a pas b'soin d' toi.
Un Petit : L' trottoir est ben à tout l' monde, j' crois...
Le Grand : L' trottoir est à tout l' monde?... (Il envoie rouler le petit au milieu de la chaussée.) Va donc voir là-bas si l' trottoir est à tout l' monde, toi qu'as pas seul'ment un père...
Le Petit (se relevant) : J'ai pas d' père, moi!... J'en ai p't-êtr' puss que toi... »

Ce dialogue peut être rapproché d'une scène semblable rapportée par Foudras dans *Les Hommes des Bois*.

MORVANDIAU, s. m., vent du nord-ouest.

MOU, adj. m. (inusité au féminin en ce sens), mouillé. J' suis sûre que t'as les pieds tout mous.

MOUCHE, s. f.
Mouche à bœufs, taon des bœufs.
Mouche honteuse, type de mouche domestique qui recherche les endroits obscurs.

MOUCHEUR, MOUCHEU, s. m., mouchoir. Un moucheu d' caffe.

MOUCHON, s. m., vx fr., moucheron, fumeron d'une chandelle, d'une bougie, d'une lampe.

MOUFLER, v. a., vx fr. *mofler*, gonfler, boursoufler. De la pâte qui moufle. Une omelette bien mouflée. Un édredon mouflé.

MOUILLÉ, adj. *Mouillé de chaud*, en transpiration. *Mouillé de pluie*, mouillé par la pluie.
Voir *Trempe*.

MOULE, s. m., ancienne mesure de volume pour le bois de chauffage. Il avait 4 pieds de côté, soit 64 pieds cubes, et valait 2 stères métriques 193 décimètres cubes.

Le stère métrique vaut donc 0 moule 455, c'est-à-dire près d'un demi-moule.

Mais le stère en usage chez les marchands de bois a 1 mètre de haut, 1 mètre de large et 1 m. 30 (4 pieds) de long; il excède le stère métrique de 7 pieds cubes 792, c'est-à-dire d'un peu plus d'un quart. Le moule, rapporté à ce stère non métrique, vaut 1 stère 686 millièmes.

MOULER, v. a., mollir, laisser aller, lâcher doucement, et, d'une manière générale, diminuer de *quantité* ou d'*intensité*.

Quand le vin ne coule plus que lentement du robinet, parce que le niveau a beaucoup baissé dans la pièce, on dit que *ça moule* ou encore que *ça pisse en rache*.

La Saône *moule* quand son niveau baisse après une crue.

Les ouvriers du bâtiment disent : *Moulez!* pour : lâchez doucement, laissez aller. Mais ils ne disent pas : *Bourrez!* pour : élevez, poussez. Voir *Bourrer*.

« Son camarade lui criait de mouler un peu le câble du treuil servant à remonter les matériaux... » (*Nouvelliste*, 8 août 1912).

Elle m'a moulé. Se dit au jeu de billes d'une bille qui a échappé au joueur au lieu d'être franchement projetée par la détente du pouce.

MOULIN, MOULIN A VAN, s. m., tarare.

MOURON, s. m., vx fr. *meuron*, mûre, fruit de la ronce.

MOURRE, s. m., vx fr., museau, visage.

MOURU, part. pass., mort. On dit : « Il *a mouru* », comme on imprime : « L'Almanach Vermot *est paru.* »

MOUTARDELLE, s. f., mortadelle.

MOUTON. Voir *Pressoir*.

MOUVANT, s. m., amorceur, personne qui, dans une vente, est chargée de pousser les enchères pour stimuler les amateurs.

MOYAU, MOAU, MUAU, s. m., vx fr. *mole* et *molel*, meule de foin.

MUCER, MUSSER, v. a., vx fr. *mucier*, cacher.

« Combien d' temps faudra-t-y que j' reste mussé comme ça? » (Fr. Parn, *Sicoutrou pêcheur*).

MUID, s. m., ancienne mesure de capacité pour le sel, comprenant 12 seliers, c'est-à-dire 48 *minots*. Sa contenance était de 2502 litres 336.

MURAILLAT, s. m., moineau franc (*passer domesticus*).

MURAISON, s. f., maturation.

« Une semaine pour la muraison [du raisin], c'est énorme, et ceux qui ont attendu s'en sont bien trouvés. » (*Nouvelliste*, 14 sept. 1912).

MURAT, MUROT, MEUROT, s. m., vx fr. *mural* et *muraul*, tumulus, funéraire ou non, de pierres ou de terre.

MUR (mûr), -URE (ûre), adj. *Bois mûr*, pousse de l'année qui a atteint son plein degré d'évolution.

MUROLE, MEUROLE, MOROULE, s. f., vx fr. *meurole*, cachette pratiquée dans un mur.

MURURE, adj. f., mureuse. *Pierre murure*, pierre de construction, par opposition à la « pierraille ».

MUSE, s. f., vx fr., moue. « Oh! c'te muse que t' fais! Y a d' quoi faire ch... un poulet. »

MUSETTE, s. f., vielle; pressoir à vis horizontale. Voir *Fouloir*.

MUSICOUX, s. m., musicien.

MUSIQUE, s. f., instrument de musique. I m' tourmente pour avoir une musique; j'i ai dit d'êt' ben sage, que l' Père Janvier li en apporterait une pour son jour de l'an.

N

NAGE, s. f., espace parcouru à la nage. « L'épreuve du C. P. S. M. comporte une nage d'au moins 100 mètres sans reprendre pied. » (*Union du Dimanche*, 14 juil. 1918).

Le français *nagée* est seulement synonyme de *brassée*.

NAGERAT, s. m., nagerel, barque à fond plat dont l'arrière est carré et l'avant en arête. Voir *Burquot* et *Farquelle*.

NAISER, v. a., rouir.

NAISOIR, s. m., endroit destiné au rouissage.

« Un crot ou naisoir. » (Minute Achaintre, notaire à Mâcon, du 8 mars 1669. Archives dép. Supplément à la série E. Fonds Morangiès. Seigneurie de Salornay).

NAISURE, s. f., paquet de chanvre naisé.

NAQUIR, v. n., naître. Il vient de me naquir un petit-fils... mâle.

« No sain tretô naqui
Ben maudi.
(Nous sommes tous nés
Bien maudits.) »
(Fertiault, *Noëls*, p. 222).

NERF, s. m. *Avoir un nerf entresauté, avoir les nerfs noués sur l'estomac*, loc. désignant deux maladies indéfinissables, très communes et bien connues du public, quoique absolument ignorées des médecins.

NEVEUR, s. m., neveu.

« Hier est mort M. Arthur de Rothschild. Il était le neveur des barons Alphonse, Gustave et Edouard de Rothschild. » (*Union Rép.*, 12 déc. 1903).

NIAU, NION, vx fr. *nieu*, s. m., nichet.

NIELLE, s. f., coulure (des fruits).

NIELLER, v. a., abîmer, gâter. *Fruit niellé*, fruit qui a coulé, ou qui est mal venu par suite de coulure.

NINE, s. et adj. f., naine.

NION, NEDION, s. abstrait m., vx fr. *negun*, personne.

« ... San que nion le pusse défandre!...
(... Sans que personne le pût défen-
           [dre!...) »
      (Pertiault, *Noëls*, p. 252).

« Nedion ne dessit ran. (Personne ne répondit). » (*Le P'teu*, p. 393).

NIQUE, s. f., nigaude.

NOEL (Noël) (PETIT), s. m., enfant Jésus, qui est censé apporter des papillotes et autres cadeaux aux enfants dans la nuit du 24 au 25 décembre.

NOELS (Noëls) (FAIRE SES), loc., communier à Noël, comme on dit *faire ses Pâques*.

NOIX, s. m. *Un noix*, parce qu'on dit *un cala* (voir ce mot).

NOM DU PÈRE, loc., signe de la croix. *Faire le nom du Père*, faire le signe de la croix. *Dire le nom du Père*, dire les paroles qui accompagnent le signe de la croix.

A la maison commune :
Un *Bressan*, accompagné de deux témoins, vient déclarer la naissance de son héritier. L'instituteur, tout récemment nommé, qui fait l'office de secrétaire de mairie, s'apprête à recevoir la déclaration.

« *L'Instituteur :* Quels prénoms donnez-vous à l'enfant?
Le Père : Jean, Claude, Antoine, Michel, Philibert.
L'Instituteur (commençant à écrire) : Le nom du père?
(Les trois indigènes se regardent ébahis, puis font le signe de la croix sans mot dire.)
L'Instituteur (continuant à écrire) : Le nom du père?
(Les trois indigènes se regardent ahuris, puis font une seconde fois le signe de la croix, toujours sans mot dire.)
L'Instituteur (levant la tête, impatienté) : Je vous demande le nom du père... Vous ne comprenez donc pas?
Le Père (timidement) : Mais, M'sieu, nous l'ons fait tous les trois... »

(N'ayant pas été les deux témoins, nous ne garantissons pas l'authenticité de la scène.)

NON PAS DE..., loc. exclamative, plutôt que de... « Il est allé manger à Paris tout ce qu'il avait... Oh! Et pis il aurait ben mangé la cape à Dieu... — Non pas de rester tranquille chez soi! »

NORMAU, s. m., élève de l'école normale primaire des garçons.

NOTAIRE, s. m., type de l'homme instruit. Il est savant comme un notaire.
En Bresse, l'an de grâce 1890, centenaire de la naissance de Lamartine :
« *La Femme :* Qui qu'y était donc que c' Lamartine, que tout le monde ils en parlent comme ça à Mâcon? Y était-i pas un notaire?
Le Savant du Village : C'était un homme qui faisait des vers. Et puis il a sauvé la France en 48. Voilà pourquoi on célèbre son centenaire.
Le Mari : Ma fol, j' savons pas s'il a sauvé la France; mais j' savons ben qu'i nous a foutu l' doub' décime en 48. Aussi ceusses de par ici veulent pas seul'ment s'en déranger. »
Poincaré, hélas! nous l'a « re-foutu » en 1924.
ET VOICI QUE, AU MOMENT OÙ NOUS IMPRIMONS, DÉCEMBRE 1925, LE PARLEMENT EST EN TRAIN DE NOUS EN « SURFOUTRE » UN SEXTUPLE!

NOTAIRERIE, s. f., étude de notaire. « Il fut nommé notaire honoraire lorsqu'il céda sa notairerie. » (*Progrès* de Lyon, 5 nov. 1925).

NOURRIN, s. m., vx fr. *norrin*, cochon de lait.
« Vaut mieux élever des nourrins qu' des enfants; ça rapporte davantage. »
« ... Nous avons tué notre *nourrin*... » (Lamartine, *Le Tailleur de pierre de Saint-Point*).

NOUVEAU, s. m., nouvelle. Quels nouveaux rapportes-tu de ville?
« Hier soir, Mme [X...] passait rue du Pont, lorsqu'elle tomba accidentellement sur un trottoir, se blessant ainsi à la tête... C'est le seul nouveau de la journée. » (*Républicain Mâconnais*, 11 avril 1909).
« Une bonne vieille madame, très corpulente, qui se tenait en permanence à sa fenêtre, à l'affût du « nouveau. » (Jules Pravieux, *Le Nouveau Docteur*).

NOYER, v. a., vx fr. *nayer*, étouper, boucher hermétiquement. Noyer une fuite d'eau.

O

OCCASIONNER, v. a.

Occasionner à, attribuer à. Pourquoi donc que c'te femme battait son mari dans la rue? — J' vas vous dire... J' n'en sais rien... Mais j' l'ai occasionné à ce qu'i rev'nait pus soûl qu' d'habitude...

Occasionner de, donner l'occasion de. S'il avait quelqu'un avec lui, ça l'occasionnerait peut-être de faire le voyage.

OCTAVE, s. f., ancienne mesure de capacité pour le sel, formant le 1/2 de la coupe, c'est-à-dire le 1/8 du minot, et contenant 6 litres 516.

ŒUVRE, s. f., filasse de chanvre ou de lin. *Avoir de l'œuvre à sa quenouille*, avoir beaucoup d'ouvrage.

OFFRI, part. pass., offert.

« Qué pliaisi n'a-t-i pô pri
Quan de l'or il y an ôfri!
(Quel plaisir n'a-t-il pas pris
Quand de l'or ils lui ont offert! »)
    (Fertiault, *Noëls*, p. 242).

OGNES, s. m. plur., jeu de billes dans lequel le ou les gagnants s'efforcent de faire tomber avec leurs billes celle que le perdant doit tenir entre le médius et l'annulaire de sa main placée verticalement sur le sol. On devine que les coups portent plutôt sur les doigts du perdant que sur sa bille : c'est ce qu'on appelle *recevoir les ognes*.

OMBRAGER, v. a., porter ombrage à quelqu'un.

OMELETTE, s. f. Terme du jeu de *quinet*, qui s'emploie lorsque le bâtonnet est tombé dans un trou. Le joueur dont c'est le tour, dit : *Pas d'omelette!* pour avoir le droit de sortir le bâtonnet avec la main. L'autre joueur prive le premier de ce droit s'il dit avant lui : *Omelette!*

ONCE, s. f., ancienne mesure de poids, correspondant au 1/16 de la livre et valant 30 grammes 594.

ONCE DE BEURRE, s. f. servant à indiquer un poids minime. Il ne pèse pas une once de beurre.

Voir *Liard de beurre*.

ONGUENT DE SAINT FIACRE, s. m., bouse de vache.

ONZE HEURES (SUR), loc., de côté.

Mettre un fût sur onze heures, le placer de telle façon que la bonde soit à gauche de la verticale, comme la petite aiguille d'un cadran qui marque onze heures. Cette position donnée au fût a pour but d'en assurer l'étanchéité.

On dit aussi : *mettre la broche sur onze heures*.

OPPRIMÉ, part. passé, oppressé, au point de vue respiratoire.

OPULENT, adj., arrogant, se dit de quelqu'un qui a de la morgue comme un « nouveau riche ». C'est des mondes qu'est ben opulent.

ORAGE, s. m., grand vent. Il fait de l'orage.

« *La Dame* : Eh bien! est-ce que c'était joli cette messe?

La Paysanne : Oh! Y était ben brove, seulement i z'y fesait trop chaud. Y avait là une dame, j' sais pas c' qu'elle avait à la main. Y était une affaire en papier et pis all' se faisait des orages avec. »

ORCEAU, s. m., cytise.

OREILLÉE, **OREILLIE**, s. f., vx fr. *oreillée*, gifle sur l'oreille.

ORLION, s. m., bord d'une *rase*, bande de terre comprise entre la dernière rangée de ceps et la *raie* suivante. A rapprocher des mots fr. *orle*, *ourlet*, *orne*.

ORMETEAU, s. m., vx fr. *ormetel*, ormeau. Un hameau de Tournus porte ce nom.

ORNE, s. m. et f., vx fr., rang, rangée, sillon.

« ... A peine mon *orne* commencé, il fallait m'appuyer sur le manche de mon râteau... » (Lamartine, *Le Tailleur de pierre de Saint-Point*).

ORVAL, **ORVALE**, s. m. et f., vx fr. *orval* et *orvale*, désastre, accident. *Orvale de temps*, tempête, ouragan. Voir *Ourre*.

ORVAU, s. m., orvale, sauge des prés (*salvia pratensis*) et autres espèces de sauge.

OS, **OS A RONGER**, s. m., insolence, injure. Il me jette tout le temps des os. Il m'envoie des os à ronger.

OUBLIER, v. a. *Oublié*, se dit, comme *guéri*, d'un défaut qu'on n'a jamais eu. Il a ben oublié d'êt' bête.

OUCHE. Voir *Houche*.

OULLE, **OLLE**, **EULLE**, s. f., lat. *olla*, marmite.

OUN. Voir *l'our*.

OU-CE-QUE, loc., où est-ce que? Cette définition condamne à nos yeux la graphie « oùsque ».

OUTIL, s. m., instrument; individu.

D'un piano : Ah! si t'avais vu c'te ferraille qu'y a là-dedans; y est ben un autre outil qu' la musique à not' gamin.

D'un garnement : Ah! sale outil!

OUVERT, part. pass. pris pour infinitif, ouvrir.

C'est lui qu'est venu m'ouvert la porte.

OUVRE, s. m., orage. Voir *Orval*.

OUVRÉE, s. f., ancienne mesure de surface pour les terres (vignes), correspondant à ce qu'un homme peut piocher en un jour.

L'ouvrée, huitième du journal, conte-

nait 45 perches carrées de 9 pieds 1/2, et valait 4 ares 285.

OUVRI, part. pass., ouvert.

« A cest effect ayant ouvris la porte... » (Récit de la prise du château de St-Léger en 1591, rapporté dans la *Notice historique sur Charnay-lès-Mâcon*, p. L. Lex).

OYASSE (oïasse), s. f., pie.

OYON (oïon), s. m., oison.

P

PACHE, s. m. et f., vx fr., pacte, contrat, traité.

PAILLE DE MAÏS, s. f., enveloppe de l'épi du maïs.

PAILLIER, s. m., syn. de *paillis*.

PAILLIS, s. m., vx fr., meule de paille.

PAILLON, s. m., paillot, paillasse de berceau.

PAIS, s. m. *Etre à son pais*, vx fr., être à son compte. Voir *Croûte*.

PAIN DE CHATILLON (Châtillon), s. m., macaron au safran, originaire, dit-on, de Châtillon-les-Dombes.

PAINTREAU. Voir *Pressoir*.

PAIR, PAIRE, s. m., vx fr. *pair*, paire, couple. Mes bottes sont tout *usés*; je viens de m'en commander un *paire* de neufs.

« Un *pair* de pistolets damasquinés. » (Archives dép., F. 1305, 8 oct. 1680).

Ordre donné par le juge du comté de Demigny et dépendances, aux habitants, d'avoir à se défaire des moutons qu'ils ont, « à la réserve d'un *paire* par journal de terre et par solture de prey », 4 mai 1785. (Archives dép., B. 296, 6).

PAISIBLE, s. f., justice de paix. A rapprocher de *Corrigeante*.

PALANCHE, s. f., pelle de terrassier.

PALEGAUD, s. m. *Lever le palegaud*, tomber à la renverse. A rapprocher du surnom d'une Tournusienne en 1478 : *La Paligaude* (Archives dép. de la Côte-d'Or, B. 11592, f° 37).

PALERON, s. m., petit pal, pieu, spécialement le levier de bois à l'aide duquel on serre les cordes d'un char enroulées autour du treuil situé à l'arrière.

PALETON, s. m., paleron, partie de l'épaule des animaux qui entoure l'omoplate.

PALETOT SANS MANCHES, s. m., cercueil. Voir *Complet*.

PALETTE, s. f., vx fr., battoir de laveuse.

PALIÈRE, s. f., vx fr. *palier*, pal, pieu.

Pièce de bois qui sert à la manœuvre du pressoir. Voir *Pressoir à grand point* et *Gosanche*.

Pièce de bois qui entre dans la composition du char. Voir *Char*.

Arrachoir pour ceps de vigne et autres arbustes. C'est un levier du second genre, dont une extrémité prend son point d'appui sur le sol, tandis que l'autre est soulevée par l'opérateur. Entre les deux extrémités, près du point d'appui, il y a une chaîne ou un crochet qui saisit le pied à arracher. Voir *Pèse*.

PALISSADIER, s. m., pieu de soutien entrant dans la construction d'une palissade.

PALPOUILLE, s. f., palpation, pelotage.

PALPOUILLER, v. a., vx fr. *palpoier*, fréq. de palper, peloter.

PANAIS, s. m., millet (*panicum italicum*).

PANCHER, v. a., vx fr., épancher. Pancher de l'eau (pisser).

PANEAU, s. m., bas-lat. *panellus*, ancienne mesure de capacité pour les grains, en usage à Cluny. D'après un procès-verbal de 1568, le paneau contenait quatre quarterons, et le quarteron, appelé aussi boisseau, contenait trois coupes (Archives dép., H. 4, 3). M. J. Virey (*L'Abbaye de Cluny*) dit que d'après Philibert Bouché le paneau contenait « 25 livres de froment » : dans ces conditions, la coupe de Cluny n'aurait contenu qu'environ deux livres de froment. Voir *Coupe*.

L'église paroissiale de Cluny s'appelait *Notre-Dame-des-Paneaux*, parce qu'on y conservait les étalons de la mesure de ce nom.

PANETIER, s. m., huche à pain.

PANIÈRE, s. f., vx fr., panier ou corbeille d'osier munie d'anses à ses deux extrémités ou même dépourvue d'anses.

PANNEMAIN, s. m., vx fr. *panemain*, essuie-main.

PANNER, v. a., vx fr. *paner*, torcher, essuyer avec un linge.

PANOSSE, s. f., vx fr., torchon; au fig., individu mou et paresseux.

PANOSSER, v. a., torcher, essuyer avec une *panosse*.

PANOUILLE, s. f., épi de maïs; pied de maïs; par analogie, grappe de raisin à grains très serrés.

PANOUILLON, s, m., syn. de *touillon*, bâton portant à son extrémité un chiffon de *panosse* ou des cordelettes de chanvre, et qui sert à laver la vaisselle ou autre chose. Balayette :

« ... Un panôllon...
(... Un balai à foyer...) »
(Ferliault, *Noëls*, p 245).

Axe de l'épi du maïs. On sait que, le jour de la Toussaint, les morts qui sont au Paradis processionnent, tenant chacun dans la main un cierge allumé, mais ce qu'on ne dit pas toujours, c'est que les *cretoux*, qui ont refusé d'être parrains et marraines pour n'avoir pas à faire de cadeaux, ont un *panouillon* planté dans le derrière.

PANTET, s, m., pan de chemise.

PANURE, s. f., chapelure.

PAPIER A POCHON, s. m., papier buvard.

PAPON, -ONNE, s. m. et f., nom qui s'applique aux statues de saints ou de saintes, grossières ou grotesques, vieilles ou détériorées, et qu'on appelle dans d'autres pays « babouins ».

PAQUER, v. a., attraper, « écoper ». Paques-y donc. C'est moi qui vas paquer pour toi. Voir *Rapaquer*.

PAQUES (pàques), s. f. pl.
Faire ses Pâques, se dit du vin nouveau au premier soutirage, qui a lieu généralement après six mois, c'est-à-dire vers Pâques. On peut alors mieux juger de ses qualités et de ses défauts.
« Attendez voir qu'il ait fait ses Pâques, çul-là, et vous m'en direz des nouvelles. »

PAQUETS. Voir *Bagages*.

PARADIS, s. m., petite quantité de vin de *broute* rouge qu'on met dans un *seillet* pour déguster.

PARAIE, s. f., aviron, *épaillette*.

PARAISON, s. f., syn. de *billet*, chargeon.

PARASOL, s. m., se dit par synecdoche (la partie prise pour le tout) d'une voilure munie de *tendue* en forme de parasol.

PARASOLERIE, s. f., industrie ou commerce du parasol. Enseigne d'un magasin : « Parasolerie Mâconnaise ».

PARÇU, part. pass., aperçu. « Sans qu'on s'en soit perçu. » (Lettre relative à l'Hôtel-Dieu de Mâcon, rapportée par le *Nouvelliste*, 4 juil. 1906).

PARDEDANS, s. m., vx fr., for intérieur. Je me demande, dans mon pardedans, s'i n' se fout pas d' moi.
« Je l'ai raisonné à seule fin de savoir ce qu'il avait dans son pardedans. » (S. Blandy, *D'une Rive à l'autre*).

PARDESSUS, s. m., vx fr., objet donné ou travail exécuté *par-dessus* le marché.
J'ai été son premier client; aussi j'ai toujours mon petit pardessus quand je me sers chez lui.

PARDONNER, v. a., être content de quelqu'un, se contenter de quelque chose. « Dites-donc, le patron vous a donné au moins cent francs d'étrennes cette année? — Ah! S'i m'avait donné seulement ce qui s'en manque, j' le pardonnerais. » — « Oh! la belle carpe que je viens de voir passer! Elle pèse bien huit livres, j' suis sûr. — Ah! si seul'ment elle en p'sait moitié, j' la pardonnerais ben encore. »

PAREI, POIREI, s. f., parol; ruelle du lit. D'un ménage qui commence à être en désaccord, on dit : Ca tourne du côté de la poirei. Voir *L'Hôtel du Cul tourné* (v° *Cul*).

PAREPLUIE, s. m., parapluie.

PAREVENT, s. m., paravent.

PARLANT, part. prés. *Bien parlant*, d'un abord facile. C'est un homme bien parlant.

PARLEMENT, s. m., parole, conversation, discours. J' vois ben q' vous avez un bon parlement.
« Est-ce que tu comprends ce parlement que [les enfants] ont entre eux, au lieu de se hâter quand je les appelle? » (S. Blandy, *D'une Rive à l'autre*).
Après le carême : « Comm' donc, M'sieu l' Curé, qu'i s' fait que vous nous avez fait prêcher par c' barbouillon, vous qu'avez un si bon parlement? — Qu' voulez-vous, ma bonne dame, j' croyais qu'il en avait un meilleur. »

PARLER (FAIRE), loc., attribuer à quelqu'un des propos qu'il n'a pas tenus.

PARLER QUE, loc., dire que. « On parle que le pape guérirait. » (*Union Rép.*, 19 juil. 1903).

PAROCHE, s. m., vx fr., curé.

« Le Maire é lieû lés Echevain,
    E pi dé Parroche...
(Le Maire et tous les Echevins,
    Et puis des Curés...) »
        (Ferliault, *Noëls*, p. 236).

PARQUET, s. m., plancher volant pour les bals et, par extension, la salle de danse elle-même.

Entrepreneur de parquet, individu qui va de commune en commune, les jours de fête ou de foire, avec tout l'attirail nécessaire pour dresser une salle de bal. Voir *Baliste*.

Quand il doit y avoir « parquet ciré » (le grand luxe!), le garde champêtre l'annonce au moins dès la veille.

« A une heure, sous [sic] un parquet, a eu lieu le banquet. » (*Union Rép.*, 18 avril 1910).

PARRAIN, s. m., père (homme d'un certain âge).

« Yé le Parrain Bliaise...
(C'est le Père Blaise...) »
        (Ferliault, *Noëls*, p. 213 [bis]).

PARTICIPER, v. n., accepter l'invitation de gens que l'on trouve sur le point ou en train de boire ou de manger. Voulez-vous participer?

PARTIE, s. f.

Faire sa partie, travailler de son métier.

PAS, s. m., ancienne mesure de longueur pour les chemins.

A Mâcon, il valait comme l'aune, et comme la démarche, 2 pieds 1/2, soit 0 m. 812.

A Dijon, il valait 3 pieds, soit 0 m. 972.

Il y avait, en outre, un pas géométrique de 5 pieds, soit 1 m. 620.

PAS CARRÉ, s. m., ancienne mesure de surface en général valant, à Mâcon, 659 millièmes de mètre carré, et, à Dijon, 944 millièmes de mètre carré.

PASSAGER, s. m., sarcelle.

PASSÉ, s. m., fromage passé. Voir *Fromage*.

PASSE-CUL, s. m., cabriole.

Rapprocher de *Bosse-cul* et *Plat-cul*.

PASSÉE, s. f., vx fr., passage, espace compris entre deux rangées de ceps ou d'arbustes.

PASSOIR, s. m., vx fr., passage couvert entre la voie publique et la cour d'une habitation.

PASTONADE, s. f., pastenade, carotte (*daucus carota*).

PATALER, v. n., vx fr. *pesteler*, aller et venir avec agitation.

PATASSE, s. f., personne peu active, molle; personne qui bavarde sans réflexion, qui *patasse* en paroles.

PATASSER, v. n., flâner, paresser; parler à tort et à travers.

PATIÈRE (pâtière), s. f., maie, pétrin.

PATIN, s. m., vx fr., demi-semelle doublant une semelle.

PATOILLON (patoïon), s. m., flan.

PATON, s. m., pied. Chauffe donc tes patons.

PATOUILLER, v. n., vx fr. *patoier*, patauger, Ça patouille.

PATOUILLIE, s. f., varicelle.

PATOUILLON, s. m., mauvais mouchoir attaché d'habitude à la ceinture des enfants; personne molle et bonasse.

PATRI, s. m.

Dire son *patri*, dire le *pater noster*. Faire son *patri*, faire le signe de la croix (*In nomine patris...*).

PATRIGON, s. m., embarras, difficulté. *Être dans le patrigon*, être dans le pétrin.

PATRIGOTER, v. a., tripoter (au prop. et au fig.).

PATTE, s. f., empan. Voir *Arpan*.

PATTE, s. f., chiffon.

Ordonnance de police des échevins de Mâcon au sujet des marchands qui « acheptent et retirent en leurs maisons et magasins quantité de pattes qui peuvent causer des maladies et inconvéniant au publicq », leur enjoignant « de sortir dans trois jours les pastes qu'ilz ont, à peyne de confiscation d'icelles et de cent livres d'amende », 4 avril 1625. (Archives mun., FF. 29, f° 98).

Patte mouillée, linge mouillé dont on menace de fouetter les enfants pour les corriger. Au fig., personne molle et sans énergie.

PATTE-A-CUL, s. m., qualificatif donné à celui dont le pan de chemise passe à travers son pantalon.

Dicton mâconnais :

« Bressan patte-à-cul
    Qu' a la rave au cul. »

PATTERAUD, -AUDE, s. m. et f., nomade.

PATTET, s. m., vx fr. *palet*, drapeau, lange; personne molle, sans énergie, peu débrouillarde. A Tournus, on dit un *Saint-Pattet*.

PATTI, -IRE, s. m. et f., pattier, -ière (chiffonnier, -ière).

Cris de pattis de Mâcon et des environs :

Arrr'chand d' patt'!
Arrr'saud d' patt'!
Cherchéez vos patt'!
Arrr'!
Oh! l' patt!

Qui est-ce qui a des patt' à vend'?
Patt' à vend' par là haut?

PATTIFLÉE, s. f., gifle.

PATTOIRE, adj., minutieux, tâtillon.

PATURAL, PATURAIL, s. m., vx fr. *pasturel*, pâtis. « Une espèce de *pâturail* [sic] formant taillis comme on en rencontre assez fréquemment dans la partie du Charolais qui joint l'Autunois. » (Foudras, *Les Hommes des Bois*).

PAU, PAUL, s. m., vx fr. *paul*, pal, pieu.

« Panurge print un gros pau : « Tenez, dist-il à Eusthenes, frappez de ce pau tant que pourrez... » (Rabelais).

« T'appourteros on pau de benne. (Tu apporteras un pal à bennes). » (*Le P'teu*, p. 395).

PAUVRE, s. f., pauvresse.

PAVÉ, s. m., route. A Mâcon, au XVIIIᵉ siècle, on ne disait que *le pavé de la Barre*, pour la rue Rambuteau actuelle, et *le pavé de Bourgneuf*, pour la rue de Lyon actuelle. Ces deux rues sont des portions de route nationale.

« Deffenses sont faites à tous revendeurs... d'aller attendre sur le passage au-delà la dernière maison du hameau de La Magdelaine, connu sous le nom du Pavé de la Barre, les fermiers, vignerons, grangers ou leurs domestiques portant à la vente les danrées comestibles... » (Ordonnance de police du juge de la terre et seigneurie de Charnay-lès-Mâcon, Levigny et dépendances, 28 juil. 1779, pub. p. L. Lex dans *Notice historique sur Charnay-lès-Mâcon*).

PEAU DE DIABLE, s. f., peau de taupe, nom d'une étoffe très résistante.

PEAU DE POULET, s. m. *Avoir la peau de poulet*, avoir la chair de poule.

PÊCHE, s. f., endroit d'une rivière bon pour la pêche naturellement ou par suite d'amorçage.

Quand un confrère vous a « pris votre pêche », voici, d'après *l'Eclaireur du Mâconnais*, du 26 juin 1920, comment il faut vous la faire rendre : « Un habile coup de tête dans l'estomac de l'intrus suffit pour l'engager à vider les lieux. Cette opération se nomme « rentrer dans sa pêche... »

PEGE, s. f., vx fr., poix, glu, et toute matière gluante.

« Un cordonnier de Maché, au tablier de cuir tout maculé de pege... » (Charles Buet, *Hauteluce et Blanchelaine*).

PEGER, v. n., poisser. Voir *Apeger*.

PEGEUX, PEGEOUX, adj., poisseux.

PEIGNARD, s. m., peigneur. *Peignard à cane*, peigneur de chanvre. (Archives mun., GG. 41, 16 oct. 1625).

PEINDU, part. pass., peint.

PEINE, s. f. *Prendre peine de quelqu'un ou de quelque chose*, s'en préoccuper, en avoir du souci, s'en inquiéter.

PELLE, s. f., vanne. « Le centre de cette digue est occupé par une grande vanne, — une « pelle », comme on dit dans le pays. » (Fr. Parn, *Sicoutrou pêcheur*).

PELOCE (p'losse), s. f., vx fr. *beloce*, prunelle.

Envoyer quelqu'un aux peloces, l'envoyer promener, l'envoyer au diable.

PELOCIER (p'lossier), s. m., vx fr. *belocier*, prunellier épineux (*prunus spinosa*).

Vigne en pelociers, jeune vigne dont les ceps sont taillés à des hauteurs différentes.

PENDAINE, PENDOUILLE, s. f., PENDANT, s. m., vx fr. *pendance*, terrain en pente. Syn. de *dépendaine*.

PENDRE, s. m., pendaison,
« ... Que méritian tretô le pandre...
(... Qui méritaient tous la potence...) »
(Fertiault, *Noëls*, p. 253).

PENDRE, v. a. *Pendre quelqu'un*, afficher sa publication de mariage à la porte de la mairie. « Eh ben! Quand donc qu' c'est que te t' maries? — Ma foi, j' suis *penduse* depuis dimanche. »

PENDUSE, part. pass. f., pendue.

PÉNIBLE, adj., désagréable, exigeant, capricieux. Oh! quel enfant pénible; il veut toujours se faire porter.
Oh! qu' t'es donc pénible! Ta mère aurait ben mieux fait d' faire un lièvre pour amuser les chiens.

PENOU, s. m., vx fr. *penne*, plantoir.

PENSE-BÊTE, s. m., moyen vulgaire employé pour se rappeler quelque chose :
« ... Le pauvre ver, en faisant sa cour,
Pour ne pas oublier son rendez-vous
[d'amour.
Avait fait un nœud à sa queue... »
(Ernest Depré, *Le Ver de terre amoureux*, dans *Recueil de Monologues*).

PENSÉE, s. f. *Menue pensée*, pensée sauvage. En Mâconnais, elle passe pour un spécifique infaillible contre le catarrhe.

PENSER DE. Voir *De*.

PENSER (SE), v. r., penser.
Je m' suis pensé qu'i valait mieux que j'y alle.

PERCE-OREILLE, s. f. Une perce-oreille.

A la Barre (place de la Barre) :
« Tiens! c'est vous, mère Toinon!

Comment ça va-t-il? — Ah! pas encore trop bien... J'ai une perce-oreille dans la tête, alle ne fait que crier. — Bah! — Oui... Et pis alle a fait deux petits. Le médecin voulait pas y croire; alors mon vieux m'a dit comme ça : Va donc chez la... Te sais ben qu'alle y connaît pour les maïs d'oreilles. Alors j'y suis été, et pis alle y a ben vu. Alle a *dôté* tes deux petits, mais elle a pas pu *arenter* la mère. — Alors, ça va mieux? — Ah! pas guère. Je crois pourtant qu'alle va crever, parce que maintenant alle chante triste. »

PERCERETTE, s. f., vrille.

PERCHE, s. f., ancienne mesure de longueur pour les chemins.

La perche de Paris, de 22 pieds, valait 7 m. 146.

La perche de 19 pieds, en usage dans certaines régions, valait 6 m. 171.

La perche de Mâcon, de 7 pieds 1/2, comme la toise, valait 2 m. 436.

La perche de Dijon, de 9 pieds 1/2, valait 3 m. 085.

« Le sleu n'aviet po encour ine parche de hiaut... (Le soleil n'avait pas encore une perche de haut...) » (*Le P'leu*, p. 393).

PERCHE CARRÉE, s. f., ancienne mesure de surface en général.

La perche carrée de Paris valait 51 mètres carrés 065.

La perche carrée de 19 pieds valait 38 mètres carrés 081.

La perche carrée de Mâcon valait 5 mètres carrés 9355.

La perche carrée de Dijon valait 9 mètres carrés 523.

PÉRIR, v. a., abîmer, détruire. T'as péri les culottes. Regardez-moi c' garnement; i périt tout son butin. « Enjoignons à toutes personnes qui tiennent en leur maison des chiens, mâtins et cochons, de lés garder à l'attache ou leur mettre au col des bâtons,... afin qu'ils ne périssent pas les fruits... » (Ordonnance · de police du juge de la terre et seigneurie de Charnay-lès-Mâcon, Levigny et dépendances, du 28 juill. 1779, pub. p. L. Lex, dans *Notice historique sur Charnay-lès-Mâcon*).

Au fig., vicier, corrompre. Sale gosse, va-t'en vers ceux qui t'ont péri.

Etre péri, être mort ou en danger certain de mort. « Le col est loin encore; si nous y voulons passer, nous sommes *péris* avant d'y arriver. » (R. Töpffer, *Nouvelles Genevoises*).

« Sur la levée de Saint-Laurent, nombre de jeunes plants d'arbres ont été déracinés... Ils vont périr s'ils ne le sont déjà. » (*Union Rép.*, 27 janvier 1919).

Se périr, périr par accident ou suicide. Il s'a péri en Saône.

PÉROLLIER, PÉROULLIER, s. m., vx fr. *peirolier*, chaudronnier.

PERRAILLON, s. m., vx fr. *perrayeur*, carrier, tireur de grève.

Le nom de famille *Perrayon* est bien connu.

PERRIER, PIERRIER, s. m., vx fr. *perrier*, gésier.

PERRIÈRE, s. f., vx fr., carrière de pierre.

PERTE, s. f. *Porter perte*, porter préjudice, causer du dommage.

PERTUS (pr'tu), s. m., pertuis, trou. « Al aret fa beter lu daî dans on pretu à tous cés qu'al aret voulu. (Il aurait fait mettre le doigt dans un trou à tous ceux qu'il aurait voulu). » (*Le P'leu*, p. 389).

Chez un « mort » :

« *Le Curé* (entrant) : Eh bien! ma pauvre femme, comment votre homme a-t-il passé la nuit?

La Femme : Ah! M'sieu l' curé, je n' sais pôs troup c'ment y va. A' n' buze pôs, a' n' det ran, al est tout enterni.

Le Curé (s'étant approché du malade, ayant constaté qu'il était mort, puis se tournant vers la femme) : Allons, ma pauvre femme, du courage... Son âme est remontée vers le bon Dieu!

La Femme : Qué qu' vous m' deïez? S'n âme est partie... Mais c'ment donc qu' l'a pu faire sans qu' j'y voye? Je n' l'ai pôs quitté d'ine minute... All' a donc possa pre l' pr'tus d' cul?... »

PERTUSER (pr'tuser), v. a., vx fr. *pertuiser*, trouer. « N'tés culoutes sont tieu pretusis. (Nos culottes sont toutes trouées). » (*Le P'leu*, p. 397).

PÈSE, s. f., arrachoir pour ceps de vigne et arbustes. C'est une *pallère* agissant comme levier du premier genre : une de ses extrémités est engagée sous le pied à arracher, ensuite de quoi l'opérateur « pèse » sur l'autre extrémité.

PETAS (p'tà), s. m., lat. *pittacium*, lange, couche; hardes, défroque; pièce de raccommodage.

PETASSE (p'tasse), s. f., guenille; traînée, et, par extension, femme quelconque.

PETASSER (p'lasser), v. n., rapetasser.

PETASSON (p'lasson), s. m., celui qui *petasse*.

PETASSOUX (p'tassou), -OUSE, s. m. et f., rapetasseur, -euse. Voir *Rapetassoux*.

PETAT, s. m., besoin de péter. Avoir le petat.

« Le gargousson, pi encoure le peta et le vezon... » (*Mâcon-Publicité*, 22 nov. 1903).

PETAUGER, PETOUGER (p'tauger, p'touger), v. n., patauger.

PÉTELER, v. n., vx fr. *pesteler*, jouer des jambes, courir.

PETER (p'ter), v. n., péter.

Se faire peter le bec de... : au prop., savourer quelque chose; au fig., avoir « plein la bouche » de quelqu'un ou quelque chose.

Voir peter le loup. Voir *Loup*.

PETEU (p'teu), s. m., roitelet, ou mieux troglodyte (*troglodytes parvulus*). « Le P'teu ou l'Èsiau de Vregesson. (Le Peteu ou l'Oiseau de Vergisson). » (*Le P'teu*, p. 385).

« En Mâconnais, le roitelet se nomme *réplerel* ou *repleu...*, ou simplement *pleu...* » (*Ibid.*, p. 384, n. 1).

En vieux français, *ret pelaret*. Voir Godefroy, v° *Pelaret*.

PETEUX, -EUSE (p'teu), adj., péteur, -euse, qui fait du bruit, des embarras.

PETIOULER (p'tiouler), v. n., faire beaucoup de petits, avoir beaucoup d'enfants.

En 1917.

« *Une vieille célibataire* entre dans un bureau de tabac, à la devanture duquel on lit sur une pancarte : « Pas de tabac ni à fumer ni à priser », et d'où s'apprête à sortir, les mains vides, un client à moustache blanche, le père C... Elle pose sur la *banque* un billet de cinquante centimes et une tabatière à queue de rat : « Dix sous à priser, s'il vous plaît. »

La Buraliste (grinchant) : Vous n' savez donc pas lire?... Y a pas d' tabac pour personne...

La Vieille : Pas de tabac?... Pourquoi ça?...

Le Client (qui avait déjà essuyé le même accueil, à la vieille fille, galamment) : Madame, c'est absolument comme si vous vouliez obtenir du Pape, sans vous confesser, l'absolution d'avoir p'tioulé. (Il salue et sort).

La Vieille le suit en maugréant.

La Buraliste passe dans son arrière-boutique, où un jeune « embusqué » est en train de bourrer ses poches de caporal, scaferlati, maryland, etc... »

PETOU (p'tou), s. m., putois.

Au marché (avant 1911) :

« *L'Acheteuse* : Combien donc ce poulet?

La Marchande : Cinquante sous.

L'Acheteuse : Cinquante sous!... Allons donc!... Un poulet saigné par le p'tou!... »

PETOUGE (p'touge), s. f., boue, bourbier (au prop. et au fig.). Oh! là là! Dans quelle p'touge que j'suis!

PETOUGER (p'touger), v. n., patauger (au prop. et au fig.). Voir *Empetouger*.

PETOUX (p'tou), -OUSE, adj., péteux, honteux.

PÉTRELLE, s. f., paysanne. A rapprocher de « Pétras ».

PÉTRILLE, PÉTRILLARDE, PÉDRILLE, PÉDRILLARDE, s. f., personne, et surtout fillette, embarrassante, empêtrante, harcelante, tournant au *point-de-côté*.

PETROGNER. Voir *Pitrogner*.

PEUBLE, PEUPLE, s. m., vx fr. *peuple*, peuplier.

PEUR (DE), loc. adv., presque. *I gèle de peur*, cela frise la gelée.

PEUT, -E adj., vx fr. *put*, -e, laid, -e. *A peute chatte beaux minons*, à vilaine femme jolis enfants. « Peute bête! fit Jean-Marie en lui tirant la langue. » (Fr. Parn, *Sicoulrou pêcheur*).

« J' dis pas qu'alles sont *peutes!...* mais pour des belles femmes, c'est pas des belles femmes!... pour ça non!... » (Gyp. *Pervenche*).

A Tournus, il y avait en 1478 un habitant appelé *Henry Peut Villain* (Archives dép. de la Côte-d'Or, B 11592, f° XXXVI).

PEUTE, PUTE, s. f., **PEUTS**, s. m. pl., gaude ou toute autre bouillie (à cause des bruits produits par l'éclatement superficiel de petites masses gazeuses pendant l'ébullition).

Souffler des peuts, souffler des pois (faire avec la bouche, en dormant, des bruits analogues à ceux de l'ébullition des peuts, et non « ronfler d'une manière très bruyante », comme dit Littré, v° *Souffler*).

PEUTEFENER (peut'fener), TEFINER, v. a., faner, flétrir, friper.

« Nous aimons à peutéfiner les choses... » (*Courrier de Saône-et-Loire*, 22 mai 1921).

PEUTEMENT, adv., laidement, vilainement.

PIAPIA, s. m., papotage. Faire des piapias.

PIAPOT, s. m., renoncule rampante (*ranunculus repens*). « Les feuilles de la renoncule rampante sont connues des ménagères sous le nom de *piport* ou *pied de poule* ». (Cariot. *Étude des fleurs, Botanique*, t. III, 1865. p. 315).

PIAUTEUR, s. m., marchand de peaux (*piaux*) de lapin, *patti*.

PICAUD, -E, s. m. et f., personne grande et maigre, « grande perche ».

PICOT, s. m., vx fr. *pecol*, pédicule

(au prop. et au fig.). Des picots de cerises.

Elle a des jambes comme des picots
de banc. « Comment donc qu'il est
venu? en chemin de fer, ou en voiture?
— Oh! penses-tu? Il est venu su' les
picots d' son cul! »

Voir *Dépicoter* et *Repicoter*.

PIDANCE, s. f., pitance.

Faire pidance, manger copieusement,
manger un aliment en l'accompagnant
de beaucoup de pain. Ce fromage est
bon; i fait faire pidance.

PIDANCER, APIDANCER, v. a., faire manger abondamment, satisfaire largement
l'appétit.

*Le trappistine n'apidance guère; au-
tant manger du pain sec, ou encore de
la pomme de terre.*

PIDER, PEDER, v. a. *Lyonnais*, bider.
Mesurer (à l'aide du pied) une distance,
spécialement au jeu de boules.

Guetter. Je l'ai pidé venir.

« *Un joueur de boules* (de sa place) :
Qu'est-ce qui tient?

Premier Gamin (montrant une boule) :
Y est celle-là, M'sieu.

Second Gamin (montrant une autre
boule) : Pas vrai, y est celle-là là.

Premier Gamin : J' te dis qu' non.

Second Gamin : J' te dis qu' si.

Premier Gamin : Eh ben, on va pider.
(Il pide). Tiens! t' vois ben qu'y est
celle-là.

Second Gamin : I s'en faut toujours
pas de l'épaisseur d'une vache. »

PIE, s .f., vx fr., espace de terre compris entre deux *traversières* et renfer-
mant les portions de *roses* sectionnées
par ces *traversières*; portion de pré divisé pour la vente du foin sur pied. Voir
Rase.

PIÈCE, s. f., s'applique à toute espèce
de somme d'argent, même ne correspondant pas à une pièce de monnaie
proprement dite. Ça va chercher une
pièce de sept à huit francs.

« Le paysan avait une pièce de cin-
quante-quatre cinquante-cinq ans, pour
parler comme chez nous [en Franche-
Comté]. » (P. Bourget, *Humble exemple*
dans *Recommencements*).

PIED, s. m.

A son pied, de son pied, loc. adv.,
sans se presser, sans se gêner. Marcher
à son pied.

« Il s'en retournait paisiblement de
son pied... » (E. Pouvillon, *Chantepleure*).

En pieds de chaussons, loc., à pas de
loup, sans bruit.

Le pied de la cave, le fond de la
cave. « On a perquisitionné du pied de
la cave jusqu'au grenier. »

Le pied de la rue X..., la partie inférieure d'une rue en pente.

Le pied d'un pont, l'une ou l'autre
extrémité d'un pont.

« *Saint-Laurent-lez-Mâcon* doit son
origine à l'ancienne abbaye *Laurent*,
située au pied du pont de Mâcon » [du
côté de Saint-Laurent]. (Puthod, *Géographie de nos Villages, ou Dictionnaire
Mâconnais*).

« La Saône, en séparant le Mâconnais de la Bresse, formait autrefois
notre frontière nationale. Tout le canal
de la rivière cependant nous apparte-
nait, et nous avions même un pied en
Bresse, car Mâcon gardait une tête de
pont sur la gauche. » (*Magasin Pittoresque*, 1856, p. 204). Comme quoi, selon
le point de vue qu'on adopte, ou la rive
d'un cours d'eau sur laquelle on habite,
le pied d'un pont peut en être la tête
et réciproquement. Par extension, on
appelle le Pied du Pont, à Mâcon, le
quartier, d'ailleurs très restreint, repré-
senté par la rue du Pont et l'amorce
des quais Nord et Sud (1). Cette habitude remonte au moins au moyen âge,
puisque nous trouvons mention, en
1387, d'une « maison vers le pié du
pont ». (Imposition du fouage sur les
habitants de Mâcon. Archives mun.,
CC. 3, n° 2, f° 16 v°). Cependant le plan
de Rancurel qui accompagne les *Antiquitez de Mâcon* de Saint-Julien de
Balleure (1580) appelle « bout du
pont » l'extrémité de Saint-Laurent.

Le café Neptune (ceci n'est pas une
réclame) est actuellement tout ce qu'il
y a de plus au pied du pont. Les jours
de foire ou marché, les marchands de
fromage fort et les marchands d'*ambres*
se tiennent au pied du pont, ces derniers du côté de *bise*.

Joyeuseté mâconnaise (air de chasse) :

« *Le Chasseur* :
Dis-moi donc, gentille bergère,
As-tu vu passer Becasson?
La Bergère :
Becasson passe la rivière;
Bressillon est au pied du pont. »

PIED, s. m., ancienne mesure de longueur en général, qui comprenait 12
pouces et valait 0 m. 324839132. Donc
le mètre vaut 3 p. 078. Le pied doit
être regardé comme l'unité fondamentale
de longueur; sa valeur et celle de ses
sous-multiples (pouce, ligne, point)
étaient partout les mêmes, tandis que
celle de ses multiples (toise, aune) va-
riait suivant les régions.

PIED CARRÉ, s. m., ancienne mesure

---

(1) Voir L. Lex, *A Travers Mâcon*.

de surface en général, valant 10 décimètres carrés 552.

PIED CUBE, s. m., ancienne mesure de volume en général, qui valait 0 mètre cube 034277, c'est-à-dire un peu plus de 34 décimètres cubes.

PIED-DE-BEU, s. m., pied-de-bœuf, pied bot.

PIERRETTE, PIERROTTE, s. f., nom que certaines paroissiennes de Saint-Vincent de Mâcon donnent aux paroissiennes de Saint-Pierre. Celles-ci ont la charité de ne pas traiter celles-là de « vieilles cathédrales », mais simplement de *Vincentines.*

Entre Pierrettes :

« Première Pierrette : Il paraît que les dames de Saint-Vincent ont fait une très belle quête pour la Fête-Dieu.

Deuxième Pierrette : C'est bien malin! Toutes les grosses fortunes sont sur Saint-Vincent.

Première Pierrette : Ce n'est pas une raison. Tenez, Mmes X..., Y..., Z... ont de quoi faire, n'est-ce pas? Eh bien! croyez qu'on ne voit pas souvent la couleur de leur argent; elles y vont de leurs deux sous, pas davantage.

Une jeune Pierrette : Laissez donc; tout ça c'est des vieilles cathédrales. C'est comme leur église, ça branle de partout.

Les Pierrettes (scandalisées) : Oh!...

Une Pierrette (légèrement *blosse*, et qui n'a encore rien dit) : Soyons charitables. Mesdames; nous non plus, nous ne serons pas toujours jeunes... »

Voir *Clémentine* et *Vincentine.*

PIGEAGE, s. m., action de *piger.*

PIGER, v. a., piétiner, fouler aux pieds.

PIGNIER, s. m., vx fr., peigneur de chanvre.

PILLANDRE, PILLANDROUX, s. m., pillard, voleur. Oh! sacré pillandre, va!

PILLANDRER, v. a., piller.

PILLE, s. f., *pillon* femelle.

PILLER, v. a., éplucher, trier, choisir avec soin.

PILLOCHER, v. a., syn. de *piller;* pignocher, manger du bout des dents.

PILLOCHEUR, -EUSE, s. m. et f., celui ou celle qui *pilloche.*

PILLON, PILLOT, s. m., poussin. « [Un] char [de cavalcade] entouré de gentils poussins, de petits pillots adorables... » (*Républicain Mâconnais*, 6 juin 1909).

PILLON, s. m., envie; pellicule qui se détache de la peau autour des ongles.

PILLON (?), PION (?), s. m. On dit qu'il y a du *pillon* dans un pré, surtout d'embouche, quand, à l'automne, l'état de l'herbe annonce un fourrage abondant pour le moment où l'on mettra le bétail au pâturage.

PINER, v. a., piper. Il n'a pas piné mot.

PINETTE, s. f., petite trompette que les enfants font avec l'écorce du saule au moment de la montée de la sève.

PINGEON, s. m., pigeon.

PINOCHER, v. n., pépier.

PINTE, s. f., ancienne mesure de capacité pour les liquides. Celle de Mâcon valait 1 litre 514; celle de Chalon 1 litre 742; celle de Charolles 1 litre 198; celle de Tournus 0 litre 916; celle de Châteauneuf 1 litre 016; celle de Tramayes 1 litre 323; celle de Mont-Saint-Vincent 1 litre 520; celle de Romenay 1 litre 760.

A la fin du XVII° siècle, au grenier de Mâcon, elle servait aussi à mesurer le sel et avait la contenance de deux pots, soit 1 litre 750. « Prix de la pinte reconnue pour la 33° partie du minot, 1 livre, 4 sols, 8 deniers. » (Archives dép., C. 798. 2).

Voir *Minot.*

PIOCHAILLE, s. f., action de piocher; temps du piochage.

PIOCHAISON, s. f., piochage. « Les piochaisons terminées, ils auront le temps nécessaire... » (*Nouvelliste*, 18 mars 1911).

PIOCHAT, s. m., pivert.

PIOCHOUX, -OUSE, s. m. et f., piocheur, -euse. « Le citoyen X... fait appel aux cultivateurs, vignerons, etc., pour grossir le groupe des Piochous de Saint-Gengoux... » (*Union Rép.*, 8 mars 1922. Correspondance de Saint-Gengoux-le-National).

PIÔLE, s. f., tache de rousseur.

PIÔLER, v. n., vx fr., tacheter. *Piôlé*, tacheté de rousseur.

PIONNIÈRE, PIORNIÈRE, s. f., pioche à deux bouts, dont l'un a le tranchant perpendiculaire au manche, et l'autre parallèle ou encore pointu.

PIOT, s. m., vx fr., vin. « Il boit son vin sans eau, le petit piot, âpre et rude, des plaines sérignanaises, qu'il préfère encore aux meilleurs crus. » (D° Legros, *La Vie de J.-H. Fabre*).

PIOTER, v. a., vx fr., boire, « humer le piot ».

PIOTEUR, s. m., amateur de *piot.*

PIOUTIS, s. m., nid à poux. S'applique aux personnes et aux choses.

PIPER (SE), v. r., se piquer, se détériorer par suite d'humidité ou de quelque autre cause. Du papier pipé. Des gants pipés.

Voir *Chanceler* (*Se*) et *Pipoler*.

PIPERETTE, s. f., vx fr. *piperon*, pointe.

« Le jeudi 5 août, à la piperette du jour... » (*Bulletin de la Société amicale des anciens élèves de l'École normale de Mâcon*, 1897).

PIPOLAGE, s. m., **PIPOLURE**, s. f., moucheture.

PIPOLER, v. a., vx fr., moucheter, tacheter.

PIPOUX, s. m., fumeur de pipe. Nous n'oserions affirmer que la « pipouse » n'existe pas à Mâcon.

PIQUAGE, **PIQURE** (piqûre), s. m. et f., état du vin piqué.

PIQUANT, s. m., terme du jeu de bouchon, se dit du sou dont on a rendu les bords saillants sur chaque face en martelant le pourtour, pour en empêcher le glissement sur le sol. Voir *Galinant*.

PIQUE-CHOUX, s. m., jardinier maraîcher.

PIQUE-CUL, **PIQUE-A-CUL**, **PIQUE-FESSE**, s. m., objet pointu, ordinairement un bec de vieille plume, fixé dans plusieurs épaisseurs de papier, et qu'un écolier place à l'endroit où son camarade va s'asseoir.

PIQUE-FEU, s. m., tisonnier.

PIQUE, **PIQUE AUX FRUITS**, s. f., maraude. Allons à la pique aux raisins.

PIQUE, **PIQUETTE**, s. f. *A la pique* (ou *à la piquette*) *du jour*, à la pointe du jour.

PIQUÉE, s. f., plongée du flotteur d'une ligne à pêcher.

« L'œil fixé sur le bouchon ou la plume, ils sont là dans l'attente de la piquée... » (*Éclaireur du Mâconnais*, 26 juin 1920).

PIQUER, v. a., vx fr. *piquier*, tinter. *Piquer les émeudes*, tinter le glas. Voir *Émeudes*.

PIQUER, v. a., picoter. *Piquer des fruits*, marauder.

PIQUE-VIN, s. m., foret de marchand de vin; coup-de-poing (*Nouveau Larousse ill.*, v° *Coup*).

PIRATE, s. m., braconnier.

« Pirates de terre et d'eau. » (*G. Gerin, Mariniers du Rhône*).

Pirate de l'eau, *pirate sur l'eau*, braconnier de pêche. « Le nommé X.., pirate de la Saône, a été arrêté et écroué. » (*Union Rép.*, 12 fév. 1915).

PIRE. Voir *Empi*.

PISSE-CHIEN, s. m., ellébore fétide (*helleborus fœtidus*).

PISSER, v. n. *Pisser en vache*. Voir *Mouler*.

PISSOUX, -OUSE, s. m. et f., pisseur, -euse.

PISSOUX, -OUSE, adj., pisseux, -euse; coulant, -ante.

Des yeux pissoux, des yeux chassieux.

PITE, s. f., poulette.

PITROGNER, **PETROGNER**, **PITROUGNER**, **PETROUGNER**, v. a., syn. de *bouliguer*.

« Vous me « pitrognez » trop fort. » (*G. Gerin, Au Pays des Étangs*).

A rapprocher du vx fr. *pestrer*.

PLAIDER, v. n., discourir. Ah! il a bien plaidé!

PLAINDU, -UE et -USE, part. pass., plaint, -e.

PLAINT, s. m., vx fr., plainte. Elle ne fait qu'un plaint toute la journée.

PLANCHE, s. f., terme de tonnellerie, colombe, sorte de grande varlope renversée. *Planche à bâtir*, colombe légèrement concave dans le sens de la longueur, et sur laquelle on rabote les douelles. *Planche à foncer*, colombe légèrement convexe dans le même sens et sur laquelle on rabote les fonds. Aujourd'hui, les tonneliers préfèrent un type de planche unique et plane.

PLANCHE. Voir *Pressoir*.

PLANCHE, s. f. Panneau mobile qui, dans un char, ferme soit l'avant, soit l'arrière.

PLANÇON, s. m., plant de semis destiné à être repiqué.

PLANEAU, **PLAINEAU**, s. m., plateau, passerelle de bateau.

« S'étant saisis tous deux à bras-le-corps, ils tombèrent à l'eau près du « plaineau » du bateau-lavoir. » (*Nouvelliste*, 8 fév. 1924. Correspondance de Chalon).

PLAN-PLAN, adv., doucement, lentement. Il va tout plan-plan.

PLANTE, s. f., vx fr., plantation. Noms de lieuxdits : *A la Plante, Ez Plantes, les Plantes Vieilles*, etc.

PLATANE, s. f. « L'auto vint se jeter contre une platane bordant la route. » (*Nouvelliste*, 24 juin 1913).

Sur la promenade Lamartine. Un flâneur contemple des cantonniers occupés à tailler les platanes à la mode mâconnaise. c'est-à-dire à enlever soigneusement tout ce qui peut donner du feuillage et de l'ombre, pour ne laisser que trois ou quatre branches énormes, transformant ainsi la promenade favorite des Mâconnais en un véritable gibet de Montfaucon, auquel il ne manque que des pendus.

Passe un conseiller municipal.

« *Le Flâneur* : Bonjour, monsieur le conseiller. Dites-moi donc, je vous prie, pourquoi votre administration fait ou laisse mutiler ainsi ces magnifiques platanes.

Le Cons. mun. : J' vas vous dire... c'est que la platane, elle demande à être taillée.

Le Flâneur (souriant) : Comme le lapin a être écorché vif... Mais on pourrait bien *la* tailler sans *la* massacrer.

Le Cons. mun. : J' vas encore vous dire... C'est qu'à la mairie, on fait du feu avec le gros bois, et les cantonniers gardent la *frache*.

Le Flâneur : Tiens! Je croyais que ces arbres avaient été plantés pour donner de la fraîcheur en été.

Le Cons. mun. (avec un gros rire) : C'est ce qui vous trompe... c'est pour donner de la chaleur en hiver.

Le Flâneur : Faites excuse, je ne savais pas... Allons, au revoir, monsieur le conseiller municipal. »

Il reprend sa contemplation.

PLAT-CUL, s. m., chute qu'on fait sur le siège aux bains de rivière, et, par extension, le bain lui-même. Viens-tu faire un plat-cul en Saône?

Rapprocher de *Bosse-cul* et *Passe-cul*.

PLAT DE BANDE, s. m., plate-bande.

PLATEAU. Voir *Pressoir*.

PLATEAU (LE), s. m., place de la Baille à Mâcon. Au mois de mars 1918, on pouvait lire sur les murs de la rue des Ursulines, voisine de cette place, une inscription à la craie ainsi libellée : « M... pour toutes les filles du Plateau. »

Les candidats de la liste de concentration républicaine aux élections municipales de Mâcon, du 30 novembre 1919, ont fait figurer dans leur programme la question de la « *transformation du plateau de la Baille exigée par l'hygiène* ».

On pouvait lire à ce sujet, dans un article de M. Games, conseiller municipal, publié par *l'Eclaireur du Mâconnais*, du 29 nov. 1919, les lignes suivantes : « ... Sur le plateau on est plus tolérant qu'à l'hôtel de la rue Sigorgne [hôtel Senecé, siège de l'Académie de Mâcon], c'est un peu le plateau de toutes les tolérances... »

Le *Plateau*, à Lyon, c'est la Croix-Rousse.

PLATELÉE, s. f., vx fr., platée.

PLAT (FAIRE UN), loc., vanter. Il m'en a fait un plat...

PLATISE, s. f., vx fr., taque de cheminée.

« Le grillon chantait doucement derrière la platine. » (André Theuriet, *Le Sang des Finhoël*).

PLATRE (plâtre), s. m., emplacement. Noms de lieux : Le Plâtre (communes de Pierreclos et de Pruzilly); Le Plâtre-Durand (commune de Saint-Amour); Les Plâtres (commune de Pierreclos).

— J'ai là un petit plâtre de terre; je sais pas ce que je veux y mettre.

PLATTE, s. f., vx fr. *plate*, bateau lavoir. *Platte chaude, platte froide*, c'est-à-dire à eau chaude, sans eau chaude. *Sardine de platte*, ablette.

« Les « plattes », dont la tradition se perd dans la nuit des temps..., se perdent elles-mêmes de temps à autre dans la nuit... des crues. Il semble bien que ces installations, soumises à toutes les intempéries et à toutes les ruées du fleuve, aient fait leur temps. Il appartient à nos édiles d'organiser des lavoirs à la fois plus commodes pour les blanchisseuses et les ménagères et plus décoratifs. » (*Progrès* de Lyon, 28 avril 1919).

PLATTIER, -IÈRE, s. m. et f., propriétaire ou tenancier de *platte*.

PLEU, PLUI, part. pass. (de pleuvoir), plu.

PLEUE, PLEUVE, s. f., pluie. Entendu au mois de décembre 1923 : « La pleue..., j'en suis plus soûl que d' pain moisi. »

PLEURER, v. n. *Pleurer de courage*, pleurer à chaudes larmes.

Pleurer du ventre, avoir des gargouillements intestinaux.

PLEUVRE, v. n., pleuvoir. I va pleuvre. I faudrait bien qu'il plussisse... I faudrait trop qu'i pluvisse...

PLOT, s. m., vx fr., billot de bois, borne de pierre.

PLOTET, s. m., brique épaisse et étroite.

PLUCHER, v. a., éplucher.

PLUS (AU), loc. adv. Au plus on l'appelle, au plus il se sauve. Au plus on a, au moins on dépense. Voir *Moins*.

PLUVINER, v. n., vx fr. *ploviner*, bruiner.

POCHE, POCE, s. f., mamelle.

POCHONNIER, s. m., individu qui tient le pochon, autrement dit qui se mêle de cuisine.

POÇON, s. m., tetin.

POGNE, s. f., **POGNON, POUGNON**, s. m., petit pain fait avec le reste et les râclures de la pâte d'une fournée.

POILOUX, -OUSE, adj., poileux, -euse; poilu, -use.

Poiluse, adj. f., poilue.

Poinçon. Voir *Tonneau*.

Poing, s. m. *Faire le poing dans sa poche*, maîtriser sa colère parce qu'on y est forcé.

Point, s. m., ancienne mesure de longueur en général, qui était le 1/1728 du pied, le 1/12 de la ligne, et valait 0 m. 000187.

Point carré, s. m., ancienne mesure de surface en général, valant 0 millimètre carré 0349, c'est-à-dire presque 3 centièmes 1/2 de millimètre carré.

Point cube, s. m., ancienne mesure de volume en général qui, en réalité, n'existait pas, mais aurait valu 0 mètre cube 000000000006539, c'est-à-dire un peu plus de 6 millièmes 1/2 de millimètre cube.

Point de, loc., pas de, marque l'indétermination soit dans l'espace, soit dans le temps.

Où donc qu' te vas? — Moi, à point d'endroit.

« Voilà nos amis partis... [Suit le récit de maints arrêts et maintes libations]... Enfin, à point d'heure, on arriva à Cluny... » (*Union Rép.*, 1er oct. 1924).

Point-de-côté, s. m., personne lancinante, tenace, dont on ne peut se débarrasser.

Pointe (De), loc. adv., debout, sur son séant.

Viens donc m'aider à mett' c't' échelle de pointe. J'ai été toute la nuit de pointe dans mon lit.

Pointer, v. a., au jeu de boules, tâcher d'arriver le plus près possible du cochonnet.

Pointer, v. n., poindre. J'ai vu pointer le jour.

Pointreau, pointrail, paintreau, vx fr. *poitrail*. Voir *Pressoir*.

Pointuse, adj. f., pointue.

Poirette (vx fr.), poirotte, s. f., petite poire.

Poiron, s. m., poire sauvage.

Poironnier, s. m., poirier sauvage. *Monter sur son poironnier*, monter sur ses grands chevaux, s'emporter.

Poison, s. f. De la poison. Au fig., femme méchante.

Poisonner, v. a., empoisonner.

Polochon, s. m., traversin. « A l'Exposition des arts décoratifs, des sculpteurs modernes montrent, devant les femmes modernes dont l'ambition est de ressembler à des lignes droites, des statues féminines qui semblent s'être fait des jambes avec des polochons et des hanches avec des oreillers. » (*Progrès* de Lyon, 17 oct. 1925).

Pompiste, s. m., ouvrier en pompes.

Ponçon, s. m., poinçon, tonneau.

Lu dans un inventaire après décès : « Item un ponçon défoncé des deux bouts et ne contenant aucun liquide... » *Se non e vero*.

« Allons baire on ponçon de vin, ran ne me coute ajourd'hi. (Allons boire un tonneau de vin, rien ne me coûte aujourd'hui). » (*Le P'teu*, p. 397).

Poner, v. a., poser.

Ponger, v. a., éponger.

Pont (Mettre en), loc., attacher deux à deux les sommets des ceps qui ont été préalablement accolés.

Pont de l'Egalité, nom qu'on donne à Mâcon au pont de la rue Lacretelle, où les enterrements sont obligés de passer pour se rendre au cimetière.

Poplexie, s. f., apoplexie.

Poque, s. f., jeu qui consiste à lancer une poignée de billes dans un trou ou *gueuteu* pratiqué contre un mur ou un arbre.

Poquelin, pouquelin, s. m., bouquet de fruits.

Poquelin, pouquelin, s. m., alouette lulu (*alauda arborea*).

Poquer, v. a., choquer une bille à l'aide d'une autre.

Porfil, s. m., vx fr., pôfile, s. f. (?), profil, bordure, ruban.

« Le mâconnais appelle *pofile* l'attache qui soutient la quenouille sous le bras. » (F. Fertiault, *Dictionnaire*, p. 346).

« ... Tray conelie,
Je ne say comben de fusiau,
Tray pôfile, quatre dayau.
(... Trois quenouilles,
Je ne sais combien de fuseaux,
Trois attaches, quatre dés.) »
(Fertiault, *Noëls*, p. 244).

A rapprocher des vx fr. *Paufis* et *Poufile*.

Porge, s. f., chûte naturelle des fruits à *chaille*, et, par extension, leur ramassage. Aller à la porge des noix, des marrons, etc.

Porger, v. a., vx fr. *porgeler*, projeter, jeter à terre, faire tomber, laisser tomber.

Port (En bon), loc. adv., à bon port.

Portail, s. m., vx fr. *portal*, porte cochère ou charretière.

« La violence de l'eau a fait céder le portail à charrettes donnant accès sur la rue. — Dans un immeuble, l'eau a

brisé un portail et a sorti de la remise
tout ce qui s'y trouvait. » (*Nouvelliste*,
1er sept. 1904. Correspondance de Châ-
teaurenard).

« ... De hautes portes qui ferment les
chambres, de hauts portails plutôt, dans
lesquels sont découpées des entrées plus
réduites en forme d'arcs surbaissés... »
(J. et J. Tharaud, *Rabat ou les Heures
Marocaines*).

PORTÉE, s. f., ancienne mesure de
longueur pour les chemins valant le
1/50 de la lieue de Mâcon, 300 pieds,
c'est-à-dire 97 m. 452.

PORTEMENT, s. m., vx fr., santé. Depuis que j' vous ai vu, vous m'avez l'air
d'avoir conservé un bon portement.

PORTE-POT (A), PORTE-PÔT, loc. *Vin à
porte-pot*, vin à pot, dit aussi, suivant
les régions, « vin à emporter », ou
« vin au dehors ».

On disait aussi au XVIIIe siècle, « vin
à pot renversé », ce qui nous paraît
avoir le même sens que « vin à porte-
pot ».

D'autre part, on lit dans les *Nouvelles
littéraires* [de Lyon] du 3 nov. 1907 :
« ... Le mari et la femme vendaient du
vin à verse-pot... » (L. de Combes, *Jacques Aymar, le Dauphinois à la baguette
de coudrier*).

Porte-pot, s. m., boutique où l'on
vend du vin à porte-pot. « Il entra en
relations avec un client qui tient un
porte-pot au voisinage de l'avenue de
Saxe. » (*Nouvelliste*, 13 sept. 1911).

Voir *Assiette*.

PORTER EN JOUE, loc., mettre en joue.

POSE, POSÉE, s. f., vx fr. *pose*, ancienne mesure agraire.

POSITION, s. f.
Fausse position, position anormale ou
forcée ayant déterminé une sensation
douloureuse, et, par extension, cette
sensation elle-même.
Thé d' « oies blanches ».
« *Première oie* (à une entrante) :
Tiens, la sœur ne vient donc pas?
Deuxième oie : Eh non! elle a une
fausse couche...
Chœur des oies : !!!???
Deuxième oie : Eh oui! elle a dormi
toute la nuit sur son bras, et pis elle
ne peut plus le remuer. »

POSSESSE, s. f., vx fr., possession, patience.

POT, s. m., ancienne mesure de capacité pour les liquides, contenant les 7/8
du litre ou 0 litre 875, et dont 8 font la
quarte et 240 le tonneau à environ
1 litre près. A la fin du XVIIe siècle,
au grenier de Mâcon, il servait aussi à
mesurer le sel mais avait la contenance
d'une demi-pinte. (Archives dép., C.
798, 2), c'est-à-dire la même contenance que la chopine, mesure de capacité pour les liquides, ou 0 litre 757.

Bouteille. « Viens-tu? Je paie un pot
de vin vieux. — Paie donc le litre; ça
mouillera plus large. »

POT, s. m., trou creusé en terre pour
jouer aux billes. Syn. de *guculeu*.

POT-DE-CHAMBRE, s. m., qualificatif
qu'on donne, dans certains jeux, à la
personne à qui échoit un rôle plus ou
moins ridicule.

POTE, s. m., serve; s. f., creux, trou,
silo à pommes de terre. Voir *Ravier*.

Il y a lieu de rapprocher *Pote* de *Potière* (voir ce mot).

POTÉE, s. f., soupe au lard et aux
choux à laquelle on peut ajouter d'autres légumes.
« Sois tranquille, il en reste encor de la
[potée. »
(J. Richepin, *Le Chemineau*, a. I, sc. 3).

POTÉE, s. f., jarre. Une potée d'huile.

POTET, POTAILLON, POTELION, POTI-
GNON, POTRILLON, s. m., vx fr. *potet* et
potelet, petit pot.

POTIÈRE, POTIRE, POUTIRE, s. f., pot.

Par extension, cache, trou servant de
cachette pour certains objets (argent,
clef, etc.) ou de logis pour certains animaux (rat, grillon, etc.). Voir la citation de l'article *Grille*.

POTIN, s. m., grains de fonte, et, par
extension, grains de plomb pour la
chasse.

POUCE, s. m., ancienne mesure de
longueur en général. Le pouce était le
1/12 du pied, comprenait 12 lignes et
valait 0 m. 027.

POUCE CARRÉ, s. m., ancienne mesure
de surface en général valant 7 centimètres carrés 327.

POUCE CUBE, s. m., ancienne mesure
de volume en général, qui valait 0 mètre cube 000019814, c'est-à-dire près de
20 centimètres cubes.

POUDRER, v. a.
Poudrer un contrat, se dit de la coutume propre à certaines communes, qui
consiste, lorsqu'un contrat de mariage
est signé, à le couvrir de pièces de
monnaie au bénéfice des futurs époux.
Le notaire donne l'exemple et les assistants le suivent. On dit aussi *arroser
le contrat*.

POUDRON, s. m., poudre à sécher
l'encre.

POUFFER (SE), v. r., pouffer. « C'est à
se pouffer de rire. » (*Union Rép.*, 26
nov. 1902).

« Le vieux se pouffait d'un rire iro-
nique en regardant son fils qui lui montrait pourtant beaucoup de respect. »
(Alphonse Daudet, *Jack*).
Voir *Rigoler (Se)*.

POUILLASSER, v. a., pouiller.

POUILLOUX, -OUSE, adj., pouilleux,
-euse.

POULACHE, s. f., *peloce*, prunelle.

POULAILLE, s. f., volaille; os *dépené*.
« Je soufflais comme les *poulailles*
qui ont trop chaud... » (Ch. Durier, *Le
Mont-Blanc*).
Aux Halles (prononcer *Aux Hâles*),
avant la vie chère :
« *La Marchande* : Qué donc que j'
vas vous vendre aujourd'hui? T'nez,
voulez-vous un joli poulet? et pis pas
cher? 4 fr. 50 tout au juste. Et pis, vous
savez, c'est d' la jolie marchandise.
L'Acheteuse : 4 fr. 50! Bonsoir... Ça
sera pour une autre fois.
La Marchande : Mais comben donc
qu' ça vaut pour vous?
L'Acheteuse : Cinquante-cinq sous.
La Marchande : Cinquante-cinq
sous!... Oh ben! vous n'êtes pas raisonnable. Mettez 3 francs. Allons, c'est dit?
L'Acheteuse : Non, cinquante-cinq
sous.
La Marchande : Allons, prenez-y donc
tout' même, mais c'est bien pour vous
fair' plaisir. (*En plaçant le poulet dans
le panier de l'acheteuse*) : Et pis, vous
pouvez dire que vous êtes bien servie;
c'est tout à fait en belle qualité d' poulaille. »

POULET, s. m., coq. Voir *Chanter*.

POULET SANS OS, s. m., pomme de
terre. Pour mon déjeuner, j'ai mangé
des poulets sans os.

POUPÉE, s. f., mâche. Voir *Levrette*.

POUPOUTE, s. f., popote, soupe, bouillie.

POUQUELIN. Voir *Poquelin*.

POUR AMOUR QUE, PR' AMOU' QUE, VX
fr. *Por amor que* (v° *Amor*), loc., parce
que.
« ... Le bon Di, à ce que je m'apanse,
L'a mis dans son saint paradis :
Pr' amou' quié la récompense
De tous cé qu'ont ben travaillé... »
(*La Chanson du Vin*, en patois de
Fuissé, dans *Annales de l'Académie
de Mâcon*, 2ᵉ série, t. I., 1878, p.
350).

POUR-CHAPLURE, s. m., planche à ha-
cher.
« La pou-chapleure...
(... La planche à hacher...) »
(Perliault, *Noëls*, p. 245).
A rapprocher du vx fr. *pouer*, v. a.,
couper.

POURE RIEN, loc., pour rien.

POUREAU, s. m., poireau.
De la soupe aux poureaux.

POUR (EN). Voir *Empour*.

POURETTE, s. f., vx fr. *porette*, cibou-
lette (*allium schœnoprasum*).

POUSSE-MOU, s. m., syn. de *cogne-
doux*.

POUSSER (SE), v. r., se reculer. Pouss'
te donc un peu.

POUTRE, s. m. Un poutre.

POUTRINGUE, s. f., femme vieille et
laide; poupée idem.

POUTRINGUER, v. a., abîmer, défoncer,
enlaidir.
Se poutringuer, se droguer, compro-
mettre sa santé par l'abus des médi-
caments.
« Heureusement... Tournatoire... au
lieu de poutringuer ses malades, leur
ordonnait une bonne petite soupe à
l'ail. » (Alph. Daudet, *Port-Tarascon*).

PRANIÈRE, PRANIRE, s. f., vx fr. *pran-
nière*, sieste, méridienne. *Faire pranire*,
vx fr. *se pranger*, faire la sieste. Voir
Dormie.

PRÉ, s. m.
Pré d'or, pré d'argent, prés dans lesquels ou bien les fleurs jaunes ou bien
les fleurs blanches sont prédominantes.
Le premier est réputé donner un fourrage meilleur en qualité et en quantité.

PRÉCEPTEUR, s. m., percepteur.
Place de la Barre, en décembre 1922 :
« *Premier flâneur* : Qu'est-ce qui
font encore sur cette place?
Second flâneur : Ils font un socle
pour le groupe des Vendangeurs...
Premier flâneur : Qué donc qu' c'est
qu' ces Vendangeurs?
Second flâneur : Vous savez bien, le
groupe de Morlon, en bronze. Des porteurs de bennes...
Premier flâneur : Oh! ben! sont-ils
pas fous? Faut-il pas êt' imbécile pour
dépenser aussi bêtement not' argent?
Second flâneur : Votre argent?...
Premier flâneur : Oui. Faut qu'
j'aille demain chez le précepteur pour
payer mes impôts. Quand j' pense qu'on
leur donne tant de sous et pis qu'i n'
savent pas quoi en faire... Regardez...
On y voit ben! »

PRÊCHE, s. f., PRÊCHOIR, s. m., chaire à
prêcher.

PREIOND, adj., profond.

PREMIER, adj., excellent, prééminent.
C'est tout-à-fait un premier sur le
piston.
« ... Tout le monde vous estime
comme un premier ouvrier... » (Lamar-

tine, *Le Tailleur de pierre de Saint-Point*).

« Ces deux hommes, coupés par le milieu du corps, et ressoudés, le torse de l'un aux jambes de l'autre, devaient former un Hercule complet : un premier Hercule. » (Paul Féval, *Cœur d'acier*).

PREMIER, adv., vx fr. *premiers*, premièrement, auparavant. « ... Craignant décedder sans premier avoir testé... » (Extrait du testament de Philibert Berruyer, marchand, de Mâcon, du 28 juill. 1602. Archives dép., B. 1627, f° 689).

PREMIÈRE (EN), loc. adv., hors ligne. Il te lui a foutu une tatouille, mais là, vous savez, en première.

PRESSOIR A GRAND POINT, PRESSOIR A GRAND POIDS, PRESSOIR A LA GRAND FORME, PRESSOIR A BASCULE, PRESSOIR A « TAISSONS » (*Nouv. Larousse illustré*, v° *Pressoir*) ou « TESSON » (*Grand Dict. universel*, v° *Pressoir*). s. m.

Les noms de « point » et « poids » peuvent être une déformation des vx fr. *poant* (puissant) et *poier* (pouvoir). « A grant poier, très fort », dit Godefroy. Dans ce cas, « pressoir à grand point » ou « à grand poids » signifierait « pressoir à grande puissance ».

Ce pressoir, qui a été le seul employé pendant très longtemps dans le Mâconnais, devient de plus en plus rare. Il aura complètement disparu dans quelques années. Aussi avons-nous jugé utile d'en donner la description et de conserver ainsi les noms des différentes pièces qui entrent dans sa structure.

Le pressoir à grand point se compose essentiellement de deux planchers superposés entre lesquels on met la vendange, et d'un appareil à pression constitué par deux pièces de bois très puissantes appelées *arbres*, qui sont d'une longueur double environ de celle des planchers, et qui, rapprochées l'une de l'autre au moyen d'une vis, agissent à la manière d'un casse-noix gigantesque.

Deux poutres parallèles et éloignées l'une de l'autre d'une distance égale au diamètre du plancher inférieur sont installées bien horizontalement sur le sol. Ce sont les *semelles*.

L'arbre *inférieur* ou *arbre de dessous* est ensuite assujetti sur le milieu des semelles dans une direction perpendiculaire à leur axe. L'extrémité postérieure de cet arbre répond à la semelle postérieure. L'extrémité antérieure est fixée au sol au moyen d'un crochet de fer appelé *loup*. Elle est forée verticalement pour livrer passage à la partie inférieure de la vis de serrage. Deux joues logées dans l'épaisseur de la même extrémité pénètrent dans une mortaise de la vis, et s'opposent à tout déplacement de celle-ci dans le sens vertical.

Deux poutres, *bancs*, sont placées l'une à droite l'autre à gauche de l'arbre inférieur. Leurs extrémités s'appuient sur les semelles au moyen de *plots* qui les élèvent à la hauteur de cet arbre. Les deux bancs et l'arbre inférieur constituent ainsi une assise solide sur laquelle on installe le plancher inférieur, *couche* ou *maie*. La couche, de forme carrée, se compose de plusieurs pièces de bois d'une épaisseur de 20 à 25 centimètres, juxtaposées, et dont les joints sont lutés avec de la bouse de vache. La pièce du milieu présente à une de ses extrémités un prolongement en forme de gargouille, *brochon*, pour l'écoulement du vin. Une rigole creusée dans le pourtour de la couche amène le vin au brochon, d'où il tombe dans la *baignoire* ou *recevou*.

Un cadre formé de quatre pièces du nom de *mi-genne* est placé sur la couche en dedans de la rigole. Tantôt ces quatre pièces sont fixes, tantôt elles sont mobiles et peuvent être rapprochées plus ou moins du centre de la couche. Dans ce cas on les soutient avec des étançons.

Le plancher supérieur, un peu moins épais que la couche, se compose de plusieurs *planches* ou *plateaux*, placés entre les mi-genne, perpendiculairement aux arbres.

Des deux côtés de l'arbre inférieur, entre celui-ci et chacun des bancs, s'applique une poutre verticale appelée *colonne*. Il y a donc deux *colonnes antérieures* et deux *colonnes postérieures*. Ces colonnes sont fixées dans les semelles par des clavettes, et leurs extrémités supérieures sont reliées entre elles au moyen de traverses ou *moises* qui assurent leur rigidité. En outre, un arc-boutant appelé *mentonnière* étendu obliquement de l'extrémité de la semelle à un point variable de la hauteur de la colonne, mais toujours inférieur aux chambres, consolide celle-ci et présente une saillie qui sert à mettre le pied pour monter sur la couche.

Chacune des colonnes postérieures présente une ouverture qui a la forme d'un rectangle allongé verticalement et qui est exactement en regard de l'ouverture de la colonne opposée. L'ensemble de ces deux ouvertures forme la *chambre postérieure* ou simplement la *chambre*, qui a environ 0 m. 80 de hauteur et dont l'extrémité inférieure est située un peu plus haut que les mi-genne. La chambre postérieure sert à loger des solives ou *aiguilles* superposées dont la plus mince porte le nom de *cale*, qui indique son rôle.

Les deux colonnes antérieures sont également évidées au même niveau que les postérieures, c'est-à-dire un peu au-dessus des mi-genne; mais l'ouverture, au lieu d'avoir 0 m. 80 de haut, en a seulement 0 m. 15 à 0 m. 18, ne devant recevoir qu'une solive, le *pointrail*, *pointreau* ou *paintreau*. Cette ouverture n'a pas de nom particulier, mais pour la commodité de la description, nous l'appellerons la *chambre antérieure*, par analogie avec la chambre postérieure, ou chambre proprement dite.

Au-dessus de la couche et des mi-genne, entre les colonnes de droite et celles de gauche, se trouve l'*arbre supérieur* ou *arbre de dessus*. Il est de la même longueur que l'arbre inférieur, et, comme lui, foré à son extrémité antérieure pour le passage de la vis, à moins que cette extrémité ne présente naturellement une large fourche formée par les deux maîtresses branches de l'arbre.

Un écrou situé au-dessus de l'arbre supérieur est relié à celui-ci avec des cordes (*martinets*) ou des crampons de fer, de façon à l'entraîner avec lui dans le mouvement d'ascension ou de descente. Il est traversé par une vis en bois d'un diamètre de 0 m. 30 environ, et d'une hauteur moyenne de 5 mètres.

Le mouvement de rotation est imprimé à la vis par un levier appelé *gosanche* ou *palière* suivant sa forme.

La *gosanche* est une fourche en bois dont les deux branches présentent un écart suffisant pour embrasser la vis. Les extrémités de ces branches sont forées; la vis l'est également dans toute son épaisseur, à hauteur d'homme. Une forte barre de fer, la *cheville*, traverse à la fois la vis et les deux bras de la gosanche, assurant à celle-ci une prise solide.

La *palière* est une simple solive. Pour l'assujettir, la cheville est munie d'un anneau ovale, plus long que le rayon de la vis. On engage dans l'anneau l'extrémité de la palière qui fait levier contre la vis.

Les choses étant ainsi disposées, on tourne la vis de façon à élever l'extrémité antérieure de l'arbre jusqu'à ce que celui-ci ait dépassé le niveau de la chambre antérieure, dans laquelle on place le pointreau, et on abaisse l'arbre qui est aussitôt arrêté dans sa course. Il bascule alors sur le pointreau; son extrémité postérieure se relève, on glisse une aiguille au-dessous d'elle

dans la chambre postérieure, et l'arbre prend, un peu au-dessus des mi-genne, une direction horizontale bien assurée par l'aiguille et le pointreau. Si celui-ci, qui supporte la plus lourde charge, paraît fléchir, on le soutient à l'aide d'une poutrelle verticale appuyée sur l'arbre inférieur. Cette poutrelle prend le nom de *chandelle*.

Le pressoir est ainsi prêt à fonctionner.

On installe alors sur la couche une grille faite de lattes de bois entrecroisées, on met la vendange sur cette grille et on la recouvre avec le plancher supérieur. Si les mi-genne sont mobiles, on ne les met pas en place tout d'abord. On couche sur le raisin deux perches parallèles à l'arbre. Ces perches ou *quenouilles* servent à supporter les *planches* ou *plateaux*.

Une poutre parallèle aux quenouilles et aux arbres, perpendiculaire par conséquent aux plateaux, est posée au-dessous de l'arbre supérieur. C'est le *chien*. Quelquefois on met deux ou trois chiens. Alors on les recouvre d'autres poutres qui leur sont à leur tour perpendiculaires; ce sont les *moutons*. S'il faut encore un étage de poutres, ce sont des *agneaux*.

On retire l'aiguille placée dans la chambre postérieure; on élève l'extrémité antérieure de l'arbre aussi haut que possible, et l'extrémité postérieure s'abaisse par son propre poids. On remplit avec les aiguilles, et la cale s'il y a lieu, l'espace laissé libre dans la chambre postérieure au-dessus de l'arbre, dont on fait descendre l'extrémité antérieure après avoir retiré le pointreau. On a ainsi un levier du deuxième genre, dans lequel le point d'appui est à l'extrémité postérieure de l'arbre immobilisée par les aiguilles, la résistance au milieu, au niveau de la couche, et la puissance à l'extrémité antérieure sur laquelle appuie l'écrou.

Lorsque la vendange a été pressée suffisamment, on desserre pour *couper*. Si les mi-genne sont mobiles, on coupe à la bêche les bords du dé qu'on rejette sur le milieu. On replace ensuite les mi-genne qu'on soutient avec des étançons. A chaque coupe on les rapproche un peu plus.

Quand les mi-genne sont fixes, le coupage se fait plus complètement : on pioche le dé, et on le remue avec une fourche, comme les faucheurs font pour le foin. De plus, la vendange étant complètement étalée, les quenouilles deviennent inutiles.

Le 11 juin 1614, un procès-verbal de visite d'experts, mentionne qu'au châteaû d'Uchizy, appartenant à l'abbé de Tournus. « s'1 est treuvé ung pressoir auquel il manque et fault refaire à neufz une des colomnes dernier, et n'y a que trois aix pour la couverture dudict pressoir, qui est aussy sans chiens et esguilles, et y en fault faire de neufves... » (Archives dép., H. 193, 36, f° 12 v°).

Voir aussi les marchés passés :

1° Le 4 février 1648, pour la construction à Mâcon d' « ung treuil et *pressoir à vin à la grand forme*, les arbres de longueur de 16 piedz, de largeur à toutes faces soulz les melz de 2 pieds, et ainsy proportionnés sur le devant, les collommes sur le dernier et devant de bonne carreure et aussy proportionnées aux arbres, les melz (males) de 5 pièces, de longueur de 7 piedz et d'espesseur de 1/2 pied, avec la vifz (vis) et escrue (écrou), assorty de ses solles (solives), sangles, tellyères, ensemble des haix pour la couverture de la gehenne (genne), d'espesseur de 2 poulces 1/2, la gazanche et généralement tout le boys de bon boys chasne, excepté la vifz et escrue que seront de boys noyer », moyennant 160 livres tournois (Archives dép., série E. Minute de M° Bouchard, notaire à Mâcon).

2° Le 26 juillet 1661, pour la construction, à Davayé, d' « un treuil appellé *grand treuil* ou *pressoir à vin*, de longueur de 18 pieds, icelluy treuil garny de ses quatre collommes, tellières, bancz, arbres à vifz et autres pièces nécessaires », à l'effet de quoi le propriétaire fournira les bois et diverses parties utilisables d'un ancien pressoir, plus palera 30 livres tournois, une feuillette de vin clairet et huit coupes de froment. (Archives dép., série E. Minute de M° Perraudin, notaire à Mâcon).

Presson, s. m., vx fr., levier de fer.

Pressurée, s. f., pressée, quantité de vendange pressurée.

Prêter (Se), v. r., prêter, s'étendre, se distendre, en parlant des peaux, des étoffes, etc. Quand une personne s'étire, on dit : « Les souliers sont bon marché, le cuir se prête », par allusion aux « grosses bêtes » (vaches, veaux, etc.), dont les peaux s'emploient dans la cordonnerie.

Prié-Dieu, **Prier-Dieu**, s. m., vx fr., prie-Dieu. V. Littré, v° *Prie-Dieu*.

Prière, s. f.

Faire sa prière à Saint Nicolas, se dit dans le monde des mariniers pour « poser culotte [sauf respect] au bord de Saône ».

Prince (Le), nom que prit en 1625 le chef de la *Troupe joyeuse*. Voir ce mot.

Principau, adj., principal. Nous avons sous les yeux une lettre du 17 avril 1781, adressée par un sieur Garnier, de Dommange (Igé), « à Monsieur Casards, principeaud marchant ai abittant à Pérone ». (Archives dép., Supplément à la série E. Famille Garnier).

Printanier, -ière, adj., précoce.

En octobre 1919, le thermomètre étant descendu au-dessous de zéro : « Brr! L'hiver commence de bonne heure à c't' année. — Oui, alle est ben printanière! »

Prisoux, -ouse, s. m. et f., priseur et priseuse de tabac.

Privilégière, adj. f., privilégiée. Il a des appointements magnifiques... oh! c'est une situation tout-à-fait privilégière.

Procédé, s. m., craie avec laquelle on frotte les procédés de queues de billard.

Procureux, s. m., procureur. (Arch. mun., GG. 31, 17 mai 1643).

Promonique, adj., pulmonique.

Propre, adj., véritable. C'est de la prop' saleté. « Dis-donc, m'man, la Vincelette, y est ben not' prop' cousine germaine? — Not' prop' cousine germaine!... Oh! ben non. I s'en manque ben un moule de bois et pis un cent de fagots qu'on soye de la même branche. »

Provinage, s. m., provignage.

Prudent, -e, adj., personne bien élevée.

Prue, s. f., vx fr. pue, dent (de peigne, de rateau, etc.), pointe, proue.

Prunter, v. a., prêter.

Puits, s. m., ustensile de ménage indéterminé.

« On voyait sur des planches, contre la muraille, des seaux de sapin, des puits, des beurrières du même bois pour battre le beurre, et des rangées de vases en terre cuite vernissée... » (Lamartine, *Geneviève*).

Pulmonique, s. f., maladie des poumons.

Pur, adj. *Vin pur*. Voir *Milan*.

Purisie (purisî), s. m., pleurésie.

Pussin, s. m., poussin.

QUADRETTE, s. f., groupe de quatre joueurs associés. Voir *Doublette*.

QUAND, conj., vx fr. *quant*, avec, en même temps que. J'irai quand toi. Viens-tu quand moi? Sa femme est brouillée quand lui.

QUARRÉ, s. m., pal ou pieu transversal servant à fermer une bouchure.

QUART. Voir *Carre*.

QUART, s. m., quartier, résidence. De nombreux lieux habités, dans notre département, sont dits *le Quart, les Quarts*, ou sont formés du mot *Quart* suivi d'un nom patronymique, comme Le Quart Barrot, Le Quart Belin, Le Quart Bernard, etc.

QUARTAUT, QUARTEAU, s. m., quart de tonneau, ancienne mesure de capacité pour les liquides, valant 52 litres 2915 et contenant actuellement, en Mâconnais, environ 54 litres.

QUARTE, s. f., ancienne mesure de capacité pour les liquides, contenant 8 pots, c'est-à-dire 7 litres; seau tronconique en bois, de la contenance de la *quarte*, servant exclusivement à mesurer le vin.

QUARTERANCHE, s. f., mesure de capacité pour les grains, valant 14 litres 314. Voir *Coupe*.

QUARTERANCHÉE, s. f., ancienne mesure de surface pour les terres, correspondant à ce qu'on peut ensemencer avec une *quarteranche de grain*, et valant 4 ares 346.

QUARTERON, s. m., ancienne mesure de capacité pour les grains, correspondant étymologiquement au « quart » d'une mesure telle que le *seiler* ou le *poinçon*, et contenant probablement quatre coupes (si l'on s'en rapporte du moins au texte suivant), ce qui la ferait l'équivalent du *minot*, soit 52 litres 132.

« A Bergesserin,... une terre appelée *Au Quarteron*, contenant quatre couppes de semence ou environ..., une autre terre appelée *Le Champt*, contenant dix quarterons de semence ou environ... » (31 juillet 1735. — Archives dép., O. 331, 13).

A Cluny, le quarteron, appelé aussi boisseau, ne contenait que trois coupes, ainsi que le déclare un procès-verbal de 1568 (Archives dép., H. 4, 3). Voir *Coupe*.

QUARTERONNÉE, s. f., ancienne mesure de surface pour les terres correspondant à ce que l'on peut ensemencer avec le quart du bichet ou *quarteron*.

Si le quarteron valait quatre coupes, la quarteronnée correspondait à quatre coupées, c'est-à-dire à environ 15 ares 828.

QUATRE HEURES, loc. *Faire quatre heures*, faire le goûter de quatre heures.

QUATRE-Z-YEUX (A), loc., entre quatre yeux. *Attendre quelqu'un à quatre-z-yeux*, l'attendre en embuscade.

QUE, pron. rel., conj. et adv., dont; avec quoi; où. « Connaissez-vous c'te fille? — Y est la Gladie de Saint-Laurent, que son père i vend des biques (pron. biques). — Tiens, j' savais pas qu'y était un *beurin*. » « J' suis pas du bois qu'on fait les sifilets. » « Montmerle, c'est un pays qu' j'ai été bien souvent à la foire dans les temps. »

QUEL, s. m., personnage d'importance. *C'est un quel*, c'est quelqu'un.

QUENOUILLE. Voir *Pressoir*.

QUEUE, s. f., sarment qu'on recourbe après la taille et dont on lie l'extrémité au cep ou à la branche mère.

QUEUE-DE-CASSE, CUL-DE-CASSE, s. f. et s. m., têtard de la grenouille (à cause de sa forme qui rappelle celle d'une *casse*).

QUEUE D'ÉTANG, s. f., pilet (*anas acuta*).

QUEUE-DE-VACHE, s. f., cirrus, nuage en traînée filamenteuse.

« Le ciel, où couraient ces nuées légères, fouettées, effrangées, que les marins appellent ici des « queues de « cheval »... » (A. Daudet, *Une Visite à l'île de Houat*, dans *Souvenirs d'un Homme de lettres*).

QUILLE DE PAUVRE, s. f., petite saucisse.

A l'auberge, devant un plat de « belles » saucisses :

« *Le Client :* Oh! y n'est pôs des quilles de puvre!

L'Aubergiste (jovial) : Non, y est ben des quilles de riche! »

QUILLER, v. n., glisser.

QUILLET, s. m., esquille osseuse.

QUILLON, s. m., fausset.

Du temps qu'on tirait le vin au quillon :

« *La Mère :* Dis-donc, p'tiot, descends voir à la cave : te tireras une bouteille de vin, et pis t'auras ben soin de recogner le quillon.

....

Le P'tiot (remontant, effaré) : Maman!... Maman!... J'ai... J'ai...

La Mère : Qu'est-ce que t'as ?
Le P'tiot : J'ai... J'ai...
La Mère : Mais, enfin, qu'est-ce que
t'as ?... Si t' peux pas y dire, chantes-y
donc...
Le P'tiot (chantant à tue-tête) :
Air quelconque :
   J'ai perdu l' quillon.... »
« Il est si maladroit qu'il ne serait
pas foutu de mettre un quillon dans le
cul d'un chien. »
Avoir toujours un quillon pour bou-
cher un trou, avoir la repartie prompte.

QUINCHARD, -ARDE, adj., qui *quinche.*
Une voix quincharde.

QUINCHER, v. n., émettre un son aigu
et criard.

QUINET, s. m., jeu du guillet, de la
guiche, ou mieux du bâtonnet.

QUINSON, s. m., vx fr., pinson.
Quinson de mer, pie-grièche.

QUINTAL, s. m., ancienne mesure de
poids, comprenant 100 livres et valant
48 kilos 951. Depuis l'adoption du système métrique, le quintal métrique vaut
100 kilos, et l'ancien quintal (non métrique), encore en usage dans les campagnes, a passé de 48 kilos 951 à 50
kilos.

QUINTAU, s. m., quintal. Entendu en
1918 : « La Réquisition m'a pris un
quintau de blé et trois quintals de foin. »

QUINT-QUINT, s. m., petit doigt de la
main et du pied.

Formulette (qu'on dit sur les doigts,
en commençant par le pouce) :
   « La poule a fait l'œuf ;
   Celui-ci l'a mis au feu ;
   Celui-ci l'a retiré ;
   Celui-ci l'a mangé ;
   Oh ! le pauv' petit quint-quint,
   Qui n'avait jamais rien. »

QUITTE, adj. abs., libre de travail ou
d'occupation.
« *Le bourgeois* : Jean, qu'est-ce que
vous faites ?
Jean : Rien, M'sieu !
Le bourgeois : Et toi, Jacques ?
Jacques : J'aide à Jean.
Le bourgeois : Eh bien ! quand vous
serez quittes tous les deux, vous vien-
drez me parler. »

QUITTER, v. a., enlever à quelqu'un,
lui ôter ; rabattre (en matière de paiement).
« Sa veste, qu'il ou qu'on lui avait
quittée pour le panser... » (*Progrès* de
Lyon, 15 mai 1919).
Sur une note pareille, vous pourriez
bien me quitter au moins les centimes.

QUOI, adv., où, en quel lieu. A rapprocher du vx fr. Quoi (En).
« A c'tu matin je me sais levé à
quatre heures pre guéti qua [sic] l'ere.
(Ce matin, je me suis levé à la pointe
du jour [sic] pour regarder où elle
était.) » (*Le P'teu*, p. 391).
Pour l'emploi de *quoi*, voir aussi le
dialogue rapporté v° *Emouchailler.*

QUOIE (A LA). Voir *Cole (A la).*

R

RABATTES, s. f. pl., vieilleries, choses
mises au rebut. Syn. d'*arrigailles.*
Voir *Ravaderie.*

RABATTU, part. pass., rebattu.

RABAUDE, s. f., vx fr. *raballe*, pelle
composée d'une planchette rectangu-
laire et d'un long manche, servant à
ramasser le blé sur l'aire, à déblayer
la neige, etc.

RABAUDER, v. a., ramasser, mettre en
tas.

RACANETTE, s. f., sarcelle. « Si les ra-
canettes chantent après la bise, il fera
beau pendant sept jours. » (Fr. Parn,
Sicoutrou pêcheur).

RACHE, s. f., vx fr., teigne, croûte de
lait.

RACHEUX, RACHOUX, RACHAIS, RACHET,
s. m., vx fr. *racheus*, teigneux (au prop.
et surtout au fig.).

RACINE JAUNE, s. f., carotte (*daucus*
carota).

RACOIN, RAGOIN, s. m., vx fr. *racoi*,
recoin ; odeur composite *sui generis*
impossible à analyser, mais dans laquelle il y a du renfermé, de la saleté,
du rat crevé, de la mauvaise cuisine,
de la fumée, etc.

RACONTANCE, s. f., vx fr., racontage,
récit.
« Qu'est-ce que la mère Maraude et
ses nourrissons font à votre racontance ? » (Lamartine, *Geneviève*).

RACOTIER, RAGOTIER, -IÈRE, s. m. et
f., coquetier, -ière.

RACOUX, -OUSE, adj., qui vomit.

RADECHE, s. f., gâteau de farine de
maïs.

RADÉE, s. f., vx fr. *radel, rador*,
averse. Il en est tombé une, de radée !
« Le retour fut sinistre, à pas lents,
sous la folle radée. » (A. Daudet, *Tar-*
tarin sur les Alpes).
Voir *Brevée* et *Brusée.*

RADINER, v. n., vx fr. *radir* (v. a.), pleuvoir à verse.

« La pluie « radinait » dare-dare. » (*Eclaireur du Mâconnais*, 15 oct. 1921).

RAGASSE, s. f., averse.

« A cinq heures on a reçu une ragasse comme si l'eau ne coûtait rien. » (*Républicain Mâconnais*, 20 juin 1919).

A rapprocher de *Ravace*.

RAGASSER, v. n., pleuvoir à *ragasse*.

RAGOGNER, v. n., grogner, gronder.

RAGOT, s. m., grognon.

RAGOTER, v. n., grogner, grognonner.

RAIE, s. f., vx fr., sillon longitudinal d'une terre séparant les *rases* les unes des autres. Voir *Rase*.

RAINSIN, s. m., raisin.

« Alôgne, rainsin, é muscâ...
(Noisettes, raisins et muscats...) »
(Fertiault, *Noëls*, p. 232).

RAISONNABLE, adj., de taille, de grosseur, de valeur raisonnable. Un cochon raisonnable.

Lu (???) dans un inventaire après décès : « Item, dans un tect à porcs, un cochon... raisonnable..., non estimé au présent inventaire, étant destiné à sustenter le notaire opérant... » (!!!)

RAMAS, **RAMAIS**, s. m., vx fr. *ramasse*, balai. « Mêmement que le z'alliont le sai pissi deri la pourte su le rama. (Mêmement qu'elles allaient le soir pisser derrière la porte sur le balai). » (*Le Pleu*, p. 387).

RAMASSER, v. a., vx fr. *ramassier*, balayer. V'là que l' blé est temps d' battre; i faut ramasser le seuil.

RAMASSER, v. a., amasser, récolter.

RAME DE FOND, s. f., longue rame terminée par un double crochet de fer. Voir *Epaillette*.

RAMETTE, s. f., rainette verte (*hyla viridis*).

RAMOCHER, v. n., ronchonner.

RAMPINER, v. n., syn. de *rancaisser*.

RANCAISSER, v. n., bas-lat. *rancare*, faire entendre un bruit de *rancot*.

RANCHE, **RANCHÉE**, **RANGE**, s. f., rangée. Une ranche de peupliers.

« Nous vendangeons demain et j'ai acheté à Rosalie un panier et un couteau pour tenir sa range avec Reine. » (S. Blandy, *La Teppe aux Merles*).

De ranche, loc., d'affilée, de suite.

RANCOT, s. m., râle, enrouement. S'emploie aussi adjectivement. *J' suis rancot*, veut dire : *Je suis enroué*.

RANCOUX, -OUSE, ad., qui *rancaisse*.

RAPAQUER, v. a., attraper au vol. Voir *Paquer*.

RAPER, v. a., vx fr., enlever.
Raper un fromage, en ôter le dessus.

RAPETASSOUX (rap'tassou), -OUSE, s. m. et f., rapetasseur, -euse. Voir *Petassoux*.

RAPICOLER. Voir *Repicoler*.

RAPLAPLAT, s. m., aplati, déprimé, ramolli.

RAPOIRE (râpoire), s. f., râpe de cuisine.

RAPON, **RASON**, **ROSON**, s. m., vx fr. rasure, raclure; partie d'un mets qui a adhéré à la casserole dans laquelle il a cuit.

RAPPEAU, s. m., vx fr. *rapeau*, rappel. « A son de claud et de rapaux. » (Voir *Claus*).

RAPPELER, v. a., appeler. Rappeler d'un procès.

RAPPONDRE, **RAPONDRE**, v. a., vx fr. *rapondre*, ajouter, allonger. Voir *Appondre* et *Dépondre*.

RAPPONSE, **RAPONSE**, s. f., ajoutage, allonge. Mettre une raponse à un vêtement, à un meuble. Voir *Apponse*.

RAQUER, v. n., bas-lat. *rascare*, vomir.

RAQUETTES, s. f. pl., castagnettes enfantines faites de deux planchettes qu'on tient entre les doigts pour en jouer.

RAQUIGNON, -ONNE, adj., grincheux, -euse.

RARE, adj., douteux, invraisemblable. Viendrez-vous à la séance de l'Académie? — Y est ben rare.
Je crois vous avoir vu au bain hier? — Oh! y est ben rare, j'y vas jamais.

RAS, s. m., vx fr., mesure rase, et, dans une partie du vignoble, benne contenant la quantité de vendange nécessaire pour faire une feuillette de vin.

RASE, s. f., vx fr., bande de terre comprise entre deux raies longitudinales et allant généralement d'un bout à l'autre d'un champ. On dit *les rases de première pie, de deuxième pie*, etc., pour les portions de rases comprises dans la première *pie*, la deuxième *pie*, etc.

RASOUX, -OUSE, adj., raseur, -euse.

RASSIE, adj. f., rassise. Mie (de pain) rassise.

RAT-DE-CAVE, s. m., cloporte des murs ou des caves (*oniscus murarius*).

RATE, s. f. (terme enfantin), dent, spécialement dent de lait.

RATELLE, s. f., vx fr. (Littré), rate (viscère).

RATEVALER, v. n., syn. de *tracler* et

de *grollasser*, marcher en traînant les pieds.

RATE VOLERATE, RATE VOLEUSE, s. f., vx fr. *ratte volage*, chauve-souris.

RAUGMENTER, v. a. et n., augmenter.

RAVACE, RAVATE, s. f., vx fr. *rave*, débordement, inondation.

« Ravace d'aigue, ravate d'ague. » (Coutume de Mâcon, du commencement du XIII° siècle, dans M. Canat, *Documents inédits pour servir à l'histoire de Bourgogne*).

A rapprocher de *Ragasse*.

A Cluny, quatre des rues qui dévalaient de la hauteur du Fouéttin vers la ville portaient le nom de *les Ravattes*.

RAVADERIE, s. f., ravauderie, débris, détritus.

Entendu entre la Madeleine et Saint-Laurent : « Où donc qu'te vas avec ta voiture? — J' vas à Mâcon chercher la ravaderie? — Qué qu' c'est qu' ça? — Y est les b'soins des soldats..., leurs pisses. »

Voir *Rabattes*.

RAVAYER, v. n., ramasser les raves.

RAVE, s. f. *Petite rave*, radis rouge (*raphanus sativus*).

RAVEL (EN), loc., vx fr. *revel* (s. m.), en gaieté, en joie, en fête.

RAVETER, v. n., se dit d'un liquide qui sort en bavant du vase qui le contient ou qui tombe à côté de celui où on le verse. Y a pus guère de vin dans c'te pièce; ça commence à raveter.

RAVIER, RAVIÈRE, s. m. et f., silo à raves, betteraves, etc. Voir *Pote*.

RAVOU, RAVU, RAVENEAU, RAVENIAU, RAVENIOU, s. m., RAVIOLE, RAVENIALE, s. f., ravenelle, nom qui s'applique à la fois au radis sauvage (*raphanus raphanistrum*) et à la moutarde des champs (*sinapis arvensis*).

Mes raves ont tourné en raveniaux (c'est-à-dire n'ont pas grossi).

RAVU, part. pass. du v. ravoir.

REBOLER, v. n., vx fr., geindre.

« Il ne s'agit pas de réboler (sic), de chougnier (sic), de plailler, il faut prendre la chose comme elle est. » (*Courrier de Saône-et-Loire*, 24 avr. 1921).

REBOULU, part. pass., vx fr. *rebolé*, rassasié, dégoûté. Etre reboulu de nourriture, de misère, d'une personne, etc.

Voir *Regoulé*.

REBRATER, v. a. et n., retourner; au fig. rebuter, repousser. Voir *Braler*.

REBROCHER, v. n., vx fr. *rebrochier*, semer du blé ou une autre céréale deux années de suite dans la même terre.

REBUILLON (r'buyon), REBUILLONNAGE, s. m., ménage. Faire son rebuillon. Etre en rebuillonnage.

A rapprocher du lat. *rebullire* et du vx fr. *rebuyer*.

RECAQUILLER, v. a., rejeter un aliment en *crachouillant*. L'enfant qui mange sa bouillie en recaquille toujours un peu de chaque cuillerée. L'homme qui mange un escargot gâté n'*abonde* pas à le recaquiller. Voir *Caquiller*.

RECARRELOUX, s. m., carreleur de souliers.

Un ivrogne prend pour urinoir le kiosque du *recarreloux* de la place de la Barre. Celui-ci, bon enfant, se penchant sur son étalage : « Si ça n' vous f'sait rien, mon ami, d'entrer dedans et d' pisser *déhors!* »

RECEVEUR, s. m., ouvrier qui, à l'atelier, reçoit dans ses mains les pièces façonnées sortant des machines.

« T' sais, la Cladie s' marie avec un receveur. — Bah! de quels donc bureaux? — Oh! d' point d' bureaux; d' la fonderie... »

RECEVOU, s. m., vx fr. *recevoir*, réservoir. Voir *Baignoire*.

RECHAGNER, v. a., vx fr. *rechaner*, singer quelqu'un en sa présence, par moquerie ou impatience; lui faire des reproches.

Voir *Rechigner*.

Un curé de la campagne mâconnaise, sermonneur autant que charitable, bute par une nuit noire contre un obstacle couché en travers de la route. Il se baisse, reconnaît un de ses paroissiens ivrogne de profession, l'aide à se relever et se met en devoir de le ramener chez lui. Chemin faisant :

« *Le Curé* : Malheureux! Vous pouviez être écrasé par une voiture,... tué sur le coup... Comment auriez-vous osé paraître devant le bon Dieu dans un état pareil!... Remerciez-le de m'avoir conduit vers vous,... et promettez-moi de ne plus recommencer.

L'Ivrogne : C'est donc vous, M'sieu l' Curé?... Faut pas me rechagner ... pac' que j' suis un peu bu... Une aut' fois... Je m'appuserai dans le tarriau... (*Après un silence*) : Et pis, je risquais rien... Vous comprenez ben que l' bon Dieu... i n'demanderait pas à me voir... avant que je sai dessoulé. »

RÉCHANDRE, RÉCHAINDRE, RÉCHAINDRER, v. a., échauder, réchauffer.

Voir *Echandir*.

RÉCHAPPE, part. pass., réchappé. Il a été bien *fatigué*, mais le v'là réchappe.

RECUAUDE (A LA), loc., dans un lit non fait. Coucher à la rechaude.

RECHÉLER, v. n., vx fr. *chaeler*, touffer, repousser plus touffu.

RECHIGNER, v. a., vx fr. *reschignier*, singer (voir *Rechagner*), repousser.

I m'a r'chigné du coude.

« T'as-t'y biélôt fini d' me r'chigner? » (Gyp, *Perrenche*).

RECLOUS, s. m., vx fr., reclus, renfermé. Ça sent le reclous ici.

RECONDRE, v. a., vx fr., *rescondre*, cacher. *Soleil recondant*, soleil couchant. *Soleil recondu*, soleil couché.

C'est vraisemblablement sa situation topographique qui a fait appeler *Montagna-le-Reconduit* une commune limitrophe du département de Saône-et-Loire (cant. de Saint-Amour, Jura).

RECONNAITRE (reconnaitre), v. n., vérifier l'appoint d'un paiement. Voulez-vous reconnaitre?

RECONNAITRE (reconnaitre) (SE), v. r., s'acquitter d'une dette de reconnaissance.

RECONSOLER, v. a., consoler. Y a pas quinze jours qu'elle a perdu son homme; elle est d'jà toute r'consolée.

« Nos bons cléricafards ne peuvent se reconsoler du départ des sœurs. » (*Union Rép.*, 5 juin 1903. Correspondance de Montcenis).

« Je lui parlais, je l'embrassais, je la reconsolais comme je pouvais... » (Lamartine, *Geneviève*).

Visite de condoléance :

M. le curé est venu voir la Benotte, dont la fille est morte la semaine précédente après une longue maladie. Des poules picorent çà et là dans la cour.

« *Le Curé* (finissant sa harangue) :... Et ce qui doit vous reconsoler, c'est qu'elle ne souffre plus. Ç'a été une vraie délivrance.

La Benotte : Ah! M'sieu l' Curé. J' n'y peux pas croire, qu'ell' n'est pus là... Elle était si gentile! T'nez, c'te p'tiote poule blanche, y m' fait trop d' mal quand j' la vois... Y était la sienne, ell' mangeait dans sa main... (Éclatant en sanglots) : Aussi tout c' qui li sortira du cul, je vous y bailleraI pour que vous li disiez des messes. »

RECOQUILLER (SE), v. r., se rengorger, se redresser d'un air vaniteux.

RECOUCHÉE, s. f., marcotte.

RECOUCHER, v. a., coucher.

RECOUVRI, part. pass., recouvert. Voir *Couvri*.

RECRACHER AUX MAINS (SE), loc., se raccommoder (au fig.).

RECRÈCHE, s. f., débris de fourrage ou d'aliments laissés dans la crèche par le bétail.

REDEVANCE, s. f., vx fr. *devancie*. *Couper la redevance à quelqu'un*, passer transversalement devant quelqu'un de manière à le retarder ou à l'arrêter.

REDOS, s. m., plateau extrême d'un tronc d'arbre débité en longueur, par conséquent brut d'un côté et plan de l'autre.

REDOUX, s. m., dégel, retour du temps doux après le froid.

« Le temps » tourne au redoux. » (G. Gerin, *Au Pays des Étangs*).

RÉESTER, v. a., renter, rempiéter.

RÉENTURE, s. f., action de *réenter*. Voir *Rentage*.

REFAIRE, v. n., répéter, prendre une nouvelle consommation.

« C'était l'heure des apéritifs. Je lui ai dit : « Voulez-vous refaire? » Il a répondu négativement et s'est retiré aussitôt. » (*Nouvelliste*, 6 déc. 1908). Un vrai Mâconnais aurait répondu : « Ma foi, oui, faut s' dépêcher d' boire avant d'êt' soûl! »

REFICHER, REFÊCHER, v. a., vx fr. *refichier*, raffermir, redresser.

Un capitaine de pompiers fait, la veille de la revue, ses dernières recommandations à ses hommes : « Detez vai à v'tés fennes qu'alles fassont refêchi v'tés couls de chemise, qu' vous r'ssembliez des hommes, et qu' non pôs des mardes d' chin. (Dites voir à vos femmes qu'elles fassent raffermir — empeser — vos cols de chemise, que vous ressembliez à des hommes et non pas à des... de chien). »

REFIER (SE), v. r., vx fr., se fier. « Elle se refie du tout en luy. » (Codicille du 3 av. 1608. Archives dép., B. 1630, 2, f° 432 v°).

RÉFLEXION, s. f., réfection. Manger, boire à sa réflexion.

REGET, REGIPEAU, REGIPIAU, REGIPIACE, s. m., vx fr. *regipaux*, *regel* et *regetoere*, raquette, piège à prendre les petits oiseaux.

Dans la cour d'une ferme :

Un jeune berger est occupé à faire un regipiau. Entre un chemineau, qui, après avoir jeté un regard circulaire, va frapper à la porte de la ferme. Personne ne répond. Il cherche à ouvrir, la porte résiste.

« *Le chemineau :* Hé! p'tiot, les patrons n'y sont donc pas?

Le petit berger : ... (Il continue à faire son regipiau.)

Le chemineau (plus fort) : P'tiot... Hé! p'tiot... T' n'entends donc pas?... J' te demand' là voù-c'-que sont les patrons.

Le petit berger : ... (Il continue toujours à faire son regipiau.)

Le chemineau (criant) : Hé! p'tiot... t'es donc sourd?...

Le petit berger (il interrompt son regipiau, lève lentement la tête et considère le chemineau. Après un temps) : M...!

Le chemineau (s'en allant) : Ça n'a pas dix ans, et pis ça dit m... à un ancien!...

Le petit berger : (Il se remet à faire son regipiau). »

« ... Un oiseau pris à un *regiplace* par la patte... » (Lamartine, *Geneviève*).

Regingaut, s. m., vx fr. *rejault*, retour de fête, répétition de fête.

Reginguet, s. m., vx fr. *ginguet*, vin de petite qualité, vert, aigrelet.

Regiper, v. n., regimber, ruer, se débattre.

Réglisse en bois, s. m., bois de réglisse.

Regôgner, v. a., rhabiller, rebouter. Voir *Argôgner*.

Regôgneur, **regôgneux**, -euse, s. m. et f., rhabilleur, rebouteux, -euse. « Le médecin y a rien connu. I m'avait dit comm' ça qu' j'avais les nerfs noués sus l'estomac. J'ai été au regôgneux qui m'a dit qu' c'était pas vrai, que j'avais l'estomac décroché. I m'y a raccroché, et pis maintenant j' sens pus ren. » Voir *Argôgnier*.

Regonfler, v. n., refluer. « La Saône, se heurtant au Rhône en furie, reflue, se rebrousse, « regonfle », comme disent les mariniers. » (*Union Rép.*, 1er janv. 1920).

Regoulé (r'goûlé), adj., rassasié, dégoûté. J'en suis toute regoulée, soûle comme do pain moisi! Voir *Reboulu*.

Regret, s. m. *Faire regret*, exciter le déplaisir, la répugnance, la pitié. Ah! que t'es sale; ça fait regret. — *Dans le Monde* : « Mesdames et Messieurs, je vais avoir l'honneur de vous dire *le Premier Regret* de Lamartine. — *Coise le donc; t' nous fais r'gret toi-même.* »

Regretter (SE), v. r., regretter d'être dans une situation déterminée. Il se regrette à la campagne.

Regrigné, **regreni**, part. pass., vx fr. *se ragrigner*, ridé, ratatiné, recroquevillé; grincheux, maussade.

Regroller, v. a., réparer des *grolles*.

Regrolleur, s. m., savetier. Voir *Grolleur*.

Rejauler, v. n., syn. de *rechéler*.

Relaver, v. a., laver; délaver. On dit de quelque chose de délavé : « Y est r'lavé-r'laveras-tu. »

« ... J'allai me coucher avec la servante, après l'avoir aidée à approprier la maison et à relaver les assiettes... » (Lamartine, *Geneviève*).

Relier, v. a., lier. Relier des sarments, un fagot, etc.

Reloge, s. m., horloge. Madame X..., après la Grande Guerre, disait de son mari, ancien combattant de 1870 : « Il est remonté comme un rèloge (?!) »

Remboutonner, v. a., reboutonner. *Se remboutonner*, reboutonner sa culotte.

Remender, v. a., bas-lat. *remendare*, raccommoder. « N'tés fennes nous remanderont bian deman. (Nos femmes nous raccommoderont bien demain). » (*Le P'leu*, p. 397).

Remiage, **remuage**, s. m., vx fr. *romiage*, voyage à Rome, pèlerinage. Voir *l'iage*.

Remonte, s. f., montée d'une voie de communication quelconque, par analogie avec la remonte d'un cours d'eau. Le bateau de remonte. Le train de remonte. Voir *Descise*.

Remontée de sang, s. f., congestion à la tête.

Remonter, v. n., monter.

Remontoir, s. m., cavalier de la remonte. Avec qui donc qu'elle couche la Maltide (Mathilde)?... — Avec un remontoir qui lui fout des coups *tant que dure dure.*

Remoti, -ie, part. pass., vx fr. *remolis*, écarté, caché.

« E nô joyerain avù li
Tô netron sou û remati.
(Et nous jouerons avec lui
Tout notre saoul au *remati*) (?) ».
   (Ferliault, *Noëls*, p. 228).

Comme on le voit, l'auteur n'a pas su traduire le mot *remati*, qui désigne, dit-il (p. 256) un « jeu tout à fait inconnu, même parmi les vieillards ». Il s'agit en réalité du jeu de la cachette.

Remoucher (r'moucher), v. a., reluquer. Remouche-le donc!

Renouiller, v. a., mouiller.

Renalaille, **arenalaille**, s. f., vx fr. *renaissaille*, grenouille.

Renarder, v. n., se dit du vin lorsqu'il commence à perdre de son bouquet.

Renaud, s. m., renard. Il y a quelques années, celui qui avait pris un *renaud*, allait quêter chez les propriétaires des basses-cours, et il en recevait une volaille ou des œufs.

RENAUDER (r'nauder), v. n., être mécontent, grogner.

RENCONTRE, s. m., vx fr. (Littré).

« X... : J' vas au rencontre de la Fanfare...

Z... : Tiens! Et pis moi qu' vas à son devant! Eh ben! nous vons y aller ensemble. »

A Mâcon, il y a une rue Bon-Rencontre, dont le nom vient peut-être d'une enseigne d'auberge, car, d'après Jean Aicard (*Maurin des Maures*), il y a à Pignans (Var) un hôtel Bon-Rencontre. Deux localités, l'une dans le Lot-et-Garonne, l'autre dans le Var, s'appellent aussi Bonrencontre (sic).

RENCULOTTER (SE), v. r., se reculotter.

RENDEMENT, s. m. *Rendement de noces*, retour de noces. « La table était fort grande, et il s'agissait d'un rendement de noces. » (Nizier du Puitspelu, *La Mangeaille lyonnaise au temps jadis*, dans *Nouvelles littéraires* de Lyon, 11 janv. 1906).

RENFORT, s. m., partie saillante du talon de l'*ouche* : « L'ouche se compose de deux morceaux : l'un portant le renfort, et que pour cette raison on appelle le talon... » (Nizier du Puitspelu, *Vieilleries lyonnaises, l'Ouche, le verbe Oucher*, dans *Nouvelles littéraires* de Lyon, 4 mars 1906).

RENFORT, s. m, *Renfort de fête*, prolongation de fête.

« Pierre. — *Renfort de la fête*. — Le tir organisé par l'Amicale Pierroise s'est continué... Dimanche, continuation du tir... » (*Progrès de Lyon*, 18 sept. 1912).

RENOÇON, s. m., retour de fête, répétition de fête.

RENONCER, v. n., renâcler, refuser par satiété. Il renonce sur la pitance.

RENOYER, s. m., tilleul sauvage (*tilia parvifolia*).

RENTAGE, s. m., action de renter. Voir *Réenter*.

RENTOURNER (SE), v. r., s'en retourner.

RENTRÉE, s. f., entrée.

« ... De bonne heure les électeurs ont commencé à faire leur devoir de citoyens... [X...] surveille la rentrée du peuple souverain... » (*Eclaireur du Mâconnais*, 6 déc. 1919).

RENTRER, v. n., entrer.

« Un camion-auto est, par suite d'une fausse direction, rentré dans la devanture du magasin de chaussures. » (*Union Rép.*, 24 déc. 1918).

« ... Lorsque M. P. voulut entrer dans notre monumentale Salle des Postes... il se trouva en présence d'un écriteau péremptoire ainsi conçu : « *Les bicyclettes ne rentrent pas ici.* » (*Eclaireur du Mâconnais*, 17 juil. 1920).

A propos d'un suicide : « La balle rentrée par la tempe droite est ressortie par la gauche. » (*Union Rép.*, 16 janv. 1922).

« J'ai eu envie de rentrer dans un grand restaurant... » (Brieux, *Journal d'un Voleur*, dans *Les Nouvelles littéraires* du 25 avril 1909).

Faire rentrer une femme à l'église ne signifie pas l'y faire « entrer ». C'est l'y conduire pour les relevailles, — soin qui incombe généralement à la sage-femme.

Nous ne nous expliquons pas comment une femme « sort d'un mois de sa grossesse non écoulé pour y « rentrer ». Et cependant nous avons lu, dans un journal local, à une date dont malheureusement nous n'avons pas conservé le souvenir : « La reine d'Espagne vient de rentrer dans son cinquième mois de grossesse... »

Nous ne nous expliquons pas davantage comment une élévation ou un abaissement brusque et considérable de la température extérieure peut faire « rentrer » le froid ou le chaud dans les habitations, car on dit couramment à Mâcon : « La chaleur rentre dans les appartements. »

RENTRER, v. a., rentraire. Rentrer une couture.

RENVOLER (SE), v. r., s'en revoler.

REPAREILLER, v. a., vx fr., réparer, remettre à neuf.

RÉPARGNE, s. f., épargne. La caisse de répargne.

REPATRIER, v. a., vx fr., rapatrier, réconcilier.

REPELLÉ, -ÉE, part. pass., vx fr. *repeller* (verbe), courbaturé, fatigué, déprimé.

REPENTU, part. pass., repenti.

REPICOLER, **RAPICOLER**, v. a., consolider un fruit sur son pédoncule.

C'est un pouvoir attribué à saint Bar... puisque quand le temps est mauvais à la Saint-Georges (23 avril), on dit : « Saint Georges est en train de dépicoler les cerises, mais saint Barnabé (11 juin) y repicolera ben. »

Voir *Dépicoler* et *Picot*.

REPLAT, s. m., vx fr., lieu plat, plateau. Cinq ou six hameaux ou écarts du département de Saône-et-Loire s'appellent *Les Replats*.

REPOUS, s. m., vx fr., plâtras et débris de matériaux incombustibles, qu'on utilise généralement pour combler les vides compris entre plafonds et planchers.

REPOUSSER, v. a., reculer, ajourner, renvoyer, retarder. Il m'a promis des étrennes, mais il y repousse toujours.

« Nous avons reçu plusieurs articles; l'abondance des matières nous oblige à en repousser la publication. » (*Courrier de Saône-et-Loire*, 12 nov. 1902).

« La Cour d'assises vient de repousser sa dernière affaire à trois mois. » (*Union Rép.*, 30 janv. 1919).

REPRENDRE, v. a., prendre. « Ils ont voulu reprendre leur revanche. »

REPROCHER, v. a. Se dit d'un repas ou d'un mets que l'on digère mal. « Eh ben, vous ne mangez rien ce soir; qué que vous avez donc à renifler comme ça sur la denrée? — J'ai une fatigue d'estomac; mon déjeuner m'y a reproché. »

RÉPTERET, **REPTEREU**, **REPTEU**, s. m., roitelet. Voir *Peteu*.

REPUSE, part. pass. f., repue.

REQUÉRI, part. pass., requis, réquisitionné.

Entendu en 1918 : « Ces cochons de l'Intendance m'ont requéri les trois quarts de mon vin à 70 francs l'hecto. Ah! les salauds! »

REQUIGNOLER, **RIQUIGNOLER**, v. a., rafistoler. Voir *Déquignoler*.

REQUINQUILLER, v. a., requinquer.

RESCIER, v. a., scier.

RESOLTE, s. f., vx fr. *resoul* (m.), résolution, achèvement. « Pour fêter comme annuellement la résolte des vendanges, un grand bal aura lieu aujourd'hui dimanche dans la salle des Fêtes du bourg de Charnay. » (*Union Rép.*, 14 sept. 1924).

RESSAUTER, v. n., tressauter.

RESSEMBLER, v. a. Je vais voir c' que ça ressemble. — Ah! qu'i ressemb' son père! Le v'là tantôt aussi grand qu' lui!

RETINTON, s. m., répétition, retour, revenez-y.

Courir les retintons, les bredindons, les bretedons, se dit d'une ancienne coutume des villages du Mâconnais, en vertu de laquelle les jeunes gens, le lendemain d'un mariage, allaient de maison en maison quêter les restes des « tables » (voir ce mot).

RETIRAISON, s. f., action de retirer, retrait de marchandises.

« L'achat des caves disponibles et les retiraisons considérables qui se font en ce moment rendent la situation du marché plus favorable. » (*Républicain Mâconnais*, 11 juil. 1909).

RETORDU, -USE, part. pass., retors, -orse.

RETOURNEAU, s. m., étourneau.

RETTE, s. f., vx fr. *ruelle*, ruelle.

REUILLAS, **REUILLASSON**, s. m., lambin. « Ah! ce sapré reuillas... C'est souvent, quand il embarque, qu'i n' part pas! »

REUILLASSER, **REUILLER**, v. n., vx fr. *roeillier*, lambiner.

REVARPER (SE), **REVERPER (SE)**, v. r., se rebiffer.

« ... Le citoyen ou la citoyenne que vous avez dans le nez serait bien capable de se reverper... » (*Courrier de Saône-et-Loire*, 2 av. 1921).

REVAUGE, **REVAUCHE**, s. f., jauge. Mettre des rosiers en revauge.

REVAUGER, **REVAUCHER**, v. a., mettre en *revauge*.

REVECHER (SE), v. r., vx fr. *revecher*, se rebiffer.

REVENGER, v. a., revancher; prendre la défense de; rapporter, produire.

Sur la lisière d'un champ où l'on arrache les pommes de terre :

« *Le Passant :* Revenge-t-i?
Le Cultivateur : De quoi?
Le Passant (plus fort) : Revenge-t-i?
Le Cultivateur : Ah! I z'y faut ben tout.
Le Passant : Ben, chez nous, y trompe du bon côté. »

Se revenger, se revancher, se défendre. Entendu à la correctionnelle au mois d'avril 1910 : « Pendant que je serrais le cou de la vieille, elle se revengeait tant qu'elle pouvait. »

REVENIR (SE), v. r., se réduire, se rétracter. Se dit des aliments solides.

REVIRE-MARION, s. m., vx fr., tournemain, revers de main, soufflet.

REVOLE, s. f., révolution; achèvement d'un cycle; terminaison d'un travail, périodique (moisson, vendanges, etc.) ou non, et fête (repas, bal, etc.) donnée à cette occasion.

« A donné et légué la somme de dix excuz, qu'il veult et ordonne estre payé dans la revolle de son décès. » (Testament de M° Joseph Dormy, bourgeois et praticien de Mâcon, 25 août 1586. Archives dép., B. 1622, f° 126 v°).

REVOUGER, **REVOUILLER**, v. a., vx fr. *revoler* et *reverchier*, mettre en désordre. Qui est-ce qui a revouillé mon tiroir?

RHUME, s. m., douleur rhumatismale occasionnée par le froid. Rhume de

Jambe. Rhume de bras. Avoir un rhume dans le dos.

RIAUME, s. m., terre de Royaume, rive droite de la Saône. Termes de batellerie : aller de Riaume, virer de Riaume, etc. Voir *Empi*.

RIBLON, s. m., débris de métal, grains de plomb pour la chasse.
Au riblon, au rebut.
« Un manœuvre était monté sur un wagon de riblons. Soudain un autre wagon vint [le] tamponner. » (*Progrès de Lyon*, 2 mai 1919. Correspondance de Firminy).

RIBOULER, v. a., vx fr. *reboler*, rouler. I riboulait des yeux, qu'on aurait dit qu'i z'allaient sortir de sa tête!

RIGOLER, v. n., pleurer (en parlant de la vigne).

RIGOLER (SE), v. r., rigoler. Voir *Pouffer* (Se).

RIGOUREUX, adj., vigoureux. Un arbre rigoureux. Voir *Vigoureux*.

RIGUE, s. f., bande joyeuse.

RINCEAU, **RINCIAU**, s. m., rinçure; vinasse présentée comme cru authentique, par conséquent bien différente du « rancio ».

RINCE-BOUTEILLE, s. m., capitule de la cardère sauvage (*dipsacus silvestris*).

RIOTE, **RIOUTE**, **RIAUDE**, s. f., vx fr. *reorte*, lien formé d'une branche d'osier ou de bois vert.

RIPPE, s. f., vx fr. *riepe*, taillis. Une dizaine de hameaux et écarts du département de Saône-et-Loire, tous d'ailleurs sur la rive gauche de la Saône, portent le nom de *La Rippe* ou *Les Rippes*.

RIQUIQUI, s. m., liqueur faite de vin blanc doux additionné d'eau-de-vie.

RIVE, s. f., douelle mobile et courte, que, en faisant la lessive, on place entre le linge et la paroi du cuvier, quand le contenu de ce dernier menace d'en dépasser le bord; hausse.

RIVERDURE, s. f., petite flambée.

ROBER, v. a., vx fr., dérober.

ROBIÈRE, s. f., personne qui, dans une communauté, est chargée de l'entretien des robes.

ROBIN, s. m., vx fr., robinet.

ROCHON, s. m., roche, rocher.

ROGANISTE, s. m., savetier.

ROGATON, s. m., vieux garçon laissé pour compte.

ROIAS, adj. m. et f., enroué.

ROIASSE, **ROUIASSE**, s. f., enroue-

ment. Avoir la roiasse. A rapprocher du vx fr. *enroir*, enrouer.

ROMPIS, s. m., vx fr. *rompeis*, défriche. Il y a en Saône-et-Loire de nombreux hameaux ou écarts dénommés : *Le Rompay*, *Le Rompey*, *Le Rompois*, *Le Roupoix*.

ROMPU, s. m., **ROMPUE**, s. f., fraction d'unité de mesure.
Quand on vend un *quintau* de paille, on ne fait pas payer un rompu d'une demi-botte.
Ce champ m'a donné vingt sacs de blé et une rompue de deux *doubles*.
« L'impôt se calculera de franc en franc; les centimes de rompu compteront pour le franc entier. » (*Nouvelliste*, 6 av. 1918).

ROND, adj. *Avaler tout rond*, avaler sans mâcher.

RONDONNER, v. n., grogner, ronchonner.

RONFLE, s. f., toupie ronflante.

RONFLON, s. m., somme. J'ai fait un bon ronflon.

RONFLON, -ONNE, adj., dormeur, -euse. Ch'ti ronflon.

RONGEON, s. m., débris de pain ou de fruits qu'on a rongés. Veux-tu bien finir tes rongeons!
Voir *Curon*.

RONGER, v. a. et n., vx fr. *rongier*, ruminer, au prop. et au fig.

RONTÉ, s. m., vx fr. *routeis* et *ronteis*, friche. Il y a à Fuissé un écart dénommé *Les Rontets*.
Voir *Déronté*.

ROQUILLE, s. f., topette graduée pour eau-de-vie.

ROSETTE, s. f., gros intestin (chez les animaux).

RÔT, **REUT** (reût), s. m., épi de maïs (*panouille*) grillé.

ROUAIN, s. m., regain, seconde pousse des prés.

ROUAINTE, s. f., patience à feuille crépue (*rumex crispus*), et par assimilation toute autre plante résistant comme elle à la faux.

ROUCHE (A), loc., à verse, à torrents. Il pleut à rouche.

ROUCHER, v. a. et n., pleuvoir à *rouche*; rouer de coups.

ROUDOUDOU, s. m. *Gros roudoudou*, gros bonnet, « grosse légume ».

ROUGEON, s. m., touffe d'herbe qui, dans un pâturage, est dédaignée par le bétail.

ROUIL, s. m., vx fr., rouille. Du rouil.

ROULE, s. m., gros andain de foin que l'on forme à l'aide des rateaux au moment de charger le char. On *charge en roule* quand on est pressé; autrement on *charge en cuchons*.
Voir *Andain* et *Cuchon*.

ROULETTE, s. f., ruban métrique enroulé dans un étui.

ROULIÈRE, s. f., blouse non seulement du roulier mais encore du paysan.

RUETTE, s. f., vx fr., ruelle.

S

SACHE, s. f., sac en toile de moindre contenance que le grand sac de cent kilos. Une sache de farine.

SACHÉE, s. f., contenance d'une *sache*. Une sachée de noix.

SACQUER, v. a., vx fr. *sachier*, jeter, secouer, maltraiter.

« ... I lé saquian contre la tarre,
Pre lé brisi queman dé varre...
(... Ils les jetaient contre la terre,
Pour les briser comme des verres...) »
(Pertiault, *Noëls*, p. 253).

SACRISTAINE, s. f., sacristine.

SADE, adj., vx fr., savoureux, doux, agréable au goût.

SAGAIE, **SACAIE**, s. f., bas-lat. *saga*, historiette, babiole, brimborion.

« Yé pre te faire vay
'Na saquay
Que te ne pou comprandre.
(C'est pour te faire voir
Une chose
Que tu ne peux comprendre). »
(Pertiault, *Noëls*, p. 220).

SAGNAT, **SAGNET**, s. m., vx fr. *sagne*, verger, marais.

SAGROT, **SANGROT**, **SANGLOT**, s. m., secousse, cahot. Les sanglots d'une voiture.

SAGROTER, **SAGROUTER**, **SANGROTER**, **SANGROUTER**, v. a., secouer. Voir *Greuler*.

SAIGNE, **SEIGNE**, s. f., vx fr. *sagne*, creux, ravin.
La Saigne, Les Saignes, La Seigne, Les Seignes, noms de plusieurs hameaux ou écarts du département de Saône-et-Loire. *Dessaignes, Desseigne*, patronymes.

SAIGNETTE, s. f., crevasse, gerçure.

SAINT-BRICE, s. m., nom du cimetière de Mâcon, qui était d'ailleurs la désignation ancienne du quartier (aujourd'hui de la gare), provenant elle-même d'une chapelle dédiée à saint Brice et disparue depuis longtemps.

« Un magnifique mausolée de marbre blanc... s'élevait pompeusement audessus des humbles tertres voilés sous le gazon... J'étais à Saint-Brice... » (*Album de Saône-et-Loire*, t. I, 1840, p. 123).

« La dixième partie de ces calamités m'aurait mené droit à Saint-Brice... » (*Républicain Mâconnais*, 13 déc. 1908).

En revenant de Saint-Brice :
« 1" *Pleureur* (pensif) : I s'est laissé mourir bien *subtilement* (subitement).
2" *Pleureur* : Oui, j'ai appris sa mort avant sa maladie.
1" *Pleureur* (de plus en plus pensif) : Il a payé sa part, I nous reste à payer la nôtre. (On *encore :* Il a payé; nous, nous devons.)
3" *Pleureur* : Bast! Il était ben assez vieux pour faire un mort.
2" *Pleureur* : Quel âge donc qu'il avait?
3" *Pleureur* : 96 ans.
2" *Pleureur* : 96 ans!... Il a rien fait souffrir ses héritiers, cui-là!
3" *Pleureur* : Ça fait rien, I nous fra jamais tant pleurer qu'i nous a fait rire.
1" *Pleureur* (à un passant) : Tiens, vous n'êtes donc pas v'nu à l'enterrement, vous?
Le Passant (pressé) : Ma foi, j'ai pas besoin de faire une politesse à quelqu'un qui peut pas m' la rendre! »

SAINT-CLAIR, **SAINTE-CLAIRE**, **HERBE DE SAINT-CLAIR OU DE SAINTE-CLAIRE**, **CLAIR**, **CLAIRE**, s. m. et f., belladone (*atropa belladona*), plante à laquelle on attribuait la vertu de guérir les maux d'yeux.

SAINT-CLAUDE, s. f.
Partager à la Saint-Claude, garder tout pour soi. Syn. de *partager à bon belin* (voir *B.lin*).

SAINTE-ÉLIE, **SAINTE-ILIE**, s. f., la Sainte-Eulalie, fête de Flacé-lès-Mâcon. Autrefois les jeunes filles y allaient beaucoup « pour demander à cette sainte un époux selon leur cœur » (*Annuaire de Saône-et-Loire* pour 1859, p. 213).

SAINT-LACHE (lâche), s. f., nom de fête imaginaire à l'adresse des paresseux. T'as fait la Saint-Lâche, bougre de feignant!

SAINT-PATET. Voir *Patet*.

SAINT-TOURMENTIN, s. m., personne désagréable, qui vous tourmente.

La *Saint-Tourmentin*, syn. de la Saint-Martin, époque désagréable à cause du terme.

SALLE D'OMBRAGE, s. f., salle de verdure, lieu planté d'arbres formant couvert.

« Au centre de la terrasse s'élève en forme de dôme une de ces grandes tonnelles qu'on appelle encore en province des salles de verdure. » (O. Feuillet, *La Morte*).

SALMIRE, s. f., saumure.

SALPÊTRE (FAIRE), loc., verglacer.

SALURE, s. f., salaison, viande salée.

SAMEDI, s. m., jour du marché de Mâcon, et, par extension, ce marché lui-même. Un fort samedi. Un petit samedi.

Sur le quai, un samedi :

Un marchand forain, *huché* sur sa voiture, exhibe des montres avec chaînes.

« *Le Forain* : Voici, Mesdames et Messieurs, un article unique en son genre, une montre en or contrôlé au prix invraisemblable de... un franc!!! Voyez, vous faites comme ceci : vous la montez..., pendant vingt-quatre heures elle marche sans s'arrêter... Allons, à un franc! qui veut la montre et la chaîne? à un franc! (A un gamin) : Toi, mon petit?

Le Gamin : Oui, M'sieu. (Il donne son franc).

Le Forain : Je passe à un autre article, exceptionnel de bon marché. C'est une couverture...

Le Gamin : M'sieu, elle marche pas, vot' mont'.

Le Forain : Hein? Qu'est-ce que tu dis?... Elle ne marche pas?... J'ai dit : vous la montez pendant vingt-quatre heures..., elle marche sans s'arrêter. Allons, je n'ai pas le temps de m'occuper de toi; d'ailleurs je ne reprends pas la marchandise qui a perdu de sa valeur... (Continuant) : Mesdames et Messieurs, c'est une couverture, la dernière qui me reste...

Un Badaud (interrompant) : Et pis celle-la là? (Il montre le coin d'une couverture semblable qui sort du coffre de la voiture).

Le Forain : Bougre d'imbécile!... C'est l'avant-dernière... »

SAMEDI (METTRE DU), loc., travailler rapidement et, par conséquent, sans soin, comme on ferait le samedi d'une besogne qu'on voudrait à toute force terminer avec la semaine. « Ma robe est toute *bougrassée;* on voit ben que la couturière y a mis du samedi. »

SAMPILLE, s. f., guenille. — Adj. pris substantivement, arsouille, individu en guenilles. Oh! grand sampille que t'es! Regarde-moi donc c'te grande sampille! Voir *Dessampiller.*

SAMPILLERIE, s. f., collectivité de sampilles ou arsouilles. J' voudrais pas qu'on sache que j' garde mes sous à la maison, paç' que toute la sampillerie de Mâcon s' mettrait après moi

SANG, s. m. Il est si tellement gros... On voit bien que tout son sang se tourne en graisse... Et pis y est pas de la graisse de bon aloi...

Elle a eu les sangs gelés, ça li a tourné ou *retourné les sangs* (pron. *sangues*), *ça li a mêlé les sangs,* etc., désigne un trouble physiologique consécutif à une cause physique (refroidissement, etc.) ou morale (émotion, etc.).

SANGLER, v. a., cingler.

SANSOUILLE, s. f., SANSOUILLON, s. m., souillon.

SANTEUX, adj., qui a une bonne santé, qui est sain. Ah! n'est guère santeux; j' crois ben qu'il est venu au monde avec le mal de la mort.

« Au milieu des bois, dans un pays santeux [le Périgord]... » (Eug. Le Roy, *Jacquou le Croquant*).

SANT-FILERIE, SANT-FELERIE, s. f., fête collective au cours de laquelle, après la Saint-Vincent, on mange entre voisins et amis, la cagnotte faite pendant les veillées (fileries) d'hiver.

SANT-SAUVETTE, s. f., Saint-Sylvestre. *Courir la sant-sauvette, demander la sant-sauvette,* coutume des villages du Mâconnais, presque entièrement disparue aujourd'hui, qui consistait à aller quêter des étrennes en nature de porte en porte, le 31 décembre. Les quêteurs, des enfants ou jeunes gens, usaient d'une formulette du genre de celles-ci :
« Je vos sohait' bian la Sant-Sauvette. Que le bon Dieu conserv' v'lés bêtes. »

« Baillez-me la Sant-Sauvette,
Pre que Diu garde v'lés bêtes;
So vous slet's troup cretux,
Qu' la mouéson vous chey' dessus. »

« Le 31 décembre était anciennement le jour des souhaits pour la prospérité du bétail : « Bonjeu tous, je vos « souhaite la Saint-Sauvaillre (pr. Sau- « -vail-lre) : que le bon Dieu conserve « vos bailles (pr. bail-te). » (*Histoire de Mouthier-en-Bresse*, p. A. Rebouillat, dans *Mémoires de la Société d'Histoire et d'Archéologie de Chalon-sur-Saône*).

SAÔNE, s. f., cours d'eau quelconque; rigole artificielle.

On voit facilement des enfants *faire une Saône* au milieu de la rue.

SAPINE, s. f., chaland non ponté.

« La platte... partit à la dérive. Elle heurta une sapine qu'elle entraîna dans sa course. Le lourd bâtiment... entra en collision avec une autre sapine, qui le suivit. » (*Lyon Républicain*, 22 janv. 1910).

SARDINE DE PLATTE, s. f., ablette. Voir *Platte*.

SARMENT, s. m., serment.

SARRON, s. m., vx fr. *serrure*, sciure de bois.

SAUCÉ, s. m., trempette.

SAUGE, s. m., saule. Plusieurs hameaux ou écarts du département sont ainsi dénommés.

« ... J'ai vu que vous vous écartiez l'un et l'autre, elle pour aller au bord du puits, toi pour aller le long des *sauges*... » (Lamartine, *Le Tailleur de pierre de Saint-Point*).

SAUGERET, s. m., moineau friquet (*passer montanus*).

SAUTE-GOUILLAT, s. m., saute-ruisseau. Voir *Gouillat*.

SAUTERELLE, s. f., puce.
Chez le Pharmacien :
« *Le Pharmacien :* Qu'est-ce qu'il y a pour votre service, mon ami?
Le Bressan : J' voudrais pour deux sous d' poud' de capucin.
Le Pharmacien : C'est pour quoi faire, mon ami?
Le Bressan : Ma foi, y est pour tuer mes sauterelles. »
Dicton attribué à la puce :
« Qui m'écrase me saigne,
Me noie me baigne,
Me brûle me crève. »

SAUVE, adj., sauvé.

SAYER, **SEYER**, v. a., lat. *secare*, faucher.

SCRUPULE, s. m., ancienne mesure de poids, correspondant au 1/3 du gros, comme le denier, et valant 1 gramme 274.

SE, pron., remplace incorrectement le second *nous* ou *vous* dans la conjugaison des verbes réfléchis.
Nous se marierons la semaine prochaine. Où donc que vous avez été se promener?

SEC, s. m.
Goût de sec. Se dit du tonneau qui n'a pas été soigné après dépotage et qui, sans être moisi, n'a pas bon goût et ne prend pas la mèche.

SÉCHER, v. a. *Se faire sécher*, se pendre.

SEGUER, v. a., suivre; tirer au jeu pour savoir qui fera telle ou telle chose.

SEIGNE. Voir *Saigne*.

SEILLE, s. f., seau.

SEILLET, s. m., **SEILLETTE**, s. f., vx fr., seau; petit baquet de bois, dont deux douves opposées sont plus longues que les autres et percées d'un trou pour permettre le port de l'ustensile. Sert à la vendange, au lavage, etc.

SEILLETON, **SEILLATON**, s. m., petit *seillet* n'ayant qu'une douve plus longue et percée d'un trou. Sert à traire les vaches.

SEISÈRE, s. f., bavette de tablier.

SELLE, s. f., vx fr., petit banc de bois.

SELLE DU BON DIEU (A LA), loc., sur quatre mains entrecroisées. Porter un enfant à la selle du bon Dieu.

SELLETTE, s. f., trépied en bois sur lequel on pose le *ras* avant de le placer sur la *charte*.

SELLON, s. m., petite *selle* basse.

SEMAINE (SUR), loc., en semaine. J'irai un jour sur semaine.
A la porte du Vieux-Saint-Vincent on lit :
« Musée lapidaire
Ouvert le Dimanche.
Sur semaine, s'adresser à Mme X... »
« Où va-t-elle comme ça si vite, en robe du dimanche un jour sur semaine. » (P. Loti, *Pêcheur d'Islande*).

SEMARD (s'mar), s. m., vx fr. *somart*, vigne ou champ qui en est à la première façon.
Dans un certain village du Mâconnais, il n'y a pas très longtemps encore, quand on faisait les processions des Rogations, les trois jours qui précèdent l'Ascension, c'est-à-dire à l'époque des *semards*, on pouvait entendre des processionnaires « nés malins » répondre comme suit aux litanies des saints :
« *Le Prêtre : Sancte Michael.*
Ensemble :
Les Chantres : Ora pro nobis.
Les Processionnaires : A qui donc ce s'mard?
Le Prêtre : Sancte Gabriel.
Ensemble :
Les Chantres : Ora pro nobis.
Les Processionnaires : 'l est à Bataillard.
Le Prêtre : Sancte Jacobe.
Ensemble :
Les Chantres : Ora pro nobis.
Les Processionnaires (si le champ n'était pas labouré ou avait mauvaise façon) : Oh! l' sacré flemmard!
— (S'il était bien travaillé) : C'est un travaillard!
— (S'il promettait une belle récolte) : Oh! l' sacré veinard! »
Ou bien pendant que le prêtre psalmodiait : *Ut fructus terræ dare et con-*

servare digneris..., les processionnaires disaient : « A qui ce fond qui? » Quelqu'un répondait : « Il est à mi. » Le chantre poursuivait : *Te rogamus, audi nos.* Et les processionnaires : « Dieu l'entende, Perrachon (le chantre). »

Dans le Beaujolais court une autre version. Le curé d'une certaine paroisse, nommé Perrachon, égrenait ses oraisons :

« Que Dieu garde vos terres! » — Et les fidèles de répondre : « Dieu l'intinde, Perratson! (Dieu l'entende, Perrachon!) »

« Que Dieu garde vos bêtes! » — Dieu l'intinde, Perratson! »

« Que Dieu garde vos femmes! » — « Qu'il les garde de Perratson! »

Etc. (Mais l'histoire ne dit pas si le curé, après cette plaisanterie, continua).

SEMARDER (s'marder), v. n., vx fr. *somarer*, donner la première façon à un champ ou à une vigne. Voir *Biner* et *Tiercer*.

SEMBLER, v. a., vx fr., ressembler à. Il semble son père.

SEMELLE, s. f., se dit, au jeu de saute-mouton, de l'espace mesuré par la largeur d'une semelle de soulier.

SEMELLE, s. f., syn. de *barque*.

SEMELLE. Voir *Pressoir*.

SEMENT, s. m., semence. Voir *Essement*.

SEMONDER, v. a., vx fr. *semoner*, semondre.

« I vô fodray veni chi nô...
Ma gran vo-s-l semonde...
(Il vous faudrait venir chez nous...
Ma grand'mère vous y engage...) »
(Fertiault, *Noëls*, p. 227).

SENE, s. m., somme, sommeil.

« Je ne craysay pô qu'i fû jôr,
Tan j'al bien sene ancôr,
(Je ne croyais pas qu'il fût jour,
Tant j'al bien sommeil encore). »
(Fertiault, *Noëls*, p. 220).

SENS DEVANT DIMANCHE, loc., sens devant derrière.

SENT-BON, s. m., parfum, eau de toilette.

« ... Il était grisé par le sent-bon des armoires rangées... » (J. Richepin, *La Glu*).

SENTIER, s. m. *Sentier commun.* Voir *Chemin*.

SENTIMENT, s. m., senteur, parfum. Ces fleurs sont pas bien jolies, mais elles ont beaucoup de sentiment.

SENTIR, v. a. Ce terme, qui ne s'applique couramment qu'aux perceptions du toucher, de l'odorat et du goût, s'emploie aussi à Mâcon pour l'ouïe et peut-être pour la vue, ce qui est d'une correction involontaire mais absolue, puisque sentir signifle, dans son acception philosophique, « percevoir par un sens quelconque ». La petite dort; on la sent pas. Tiens, te v'là! j' t'ai pas *sentu* venir.

SENTU, part. pass., senti.

SEOIR (SE), v. r., s'asseoir. On ne craint pas de dire *siêtez-vous* pour seyez-vous, c'est-à-dire asseyez-vous.

SEPÉCIAL, SEPÉCIALEMENT, adj. et adv., spécial, spécialement.

SEPTEMBRIER, s. m., vigneron (qui fait sa récolte en septembre); vendangeur à la journée, et, par extension, ouvrier médiocre.

SEPT-EN-GUEULE, s. f., poire de petit muscat (*pirus fructu minimo, præcoci*). On l'appelle aussi *trente-en-gueule* et *poire à la livre*.

SERAU, s. m., vx fr., angelus du soir. Voir *Natene*.

SERCLER, v. a. et n., sarcler.

SERGENT, s. m., poisson blanc qui tient de l'ablette et du chevaine.

SERMENT, s. m., sarment.

SERPENT, s. f. Une serpent. C'est pa' une serpent, c'est un vipère. — Nous ne savons quel est le conte ou la légende qui a donné naissance au mot qu'on dit couramment à Mâcon à une personne qui retire ce qu'elle a accordé : « T'es comme la mère à la serpent qui donne et qui reprend. » Peut-être faut-il écrire « la Mère Alaserpent » : dans ce cas, il s'agirait du nom patronymique d'une « célébrité » locale.

SERRE-BANDE, s. m., perche fixée transversalement à une entrée de bouchure pour en barrer l'accès.

SERRÉE, s. f., serre, action de presser la vendange.

SERRETTE, s. f., serre-tête.

SERSIFIS, s. m., salsifis. Voir *Nouv. Larousse illustré*, v° *Cercifis*.

SERVANTE, s. f., syn. de *donzelle*.

SERVE, s. f., réservoir, creux d'eau.

SERVIÇANT, SERVISANT, adj., vx fr. *serviçable et servisant*, serviable.

SERVICE, s. m. *Etre d'un bon service*, être bien serviable.

SERVIR, v. n. *Sert* se dit *serve*. A quoi qu' ça serve?

SETIER, s. m., ancienne mesure de capacité pour le sel, faisant le 1/12 du muid et comprenant 4 *minots*. Sa contenance était de 208 litres 528.

Seton (s'ton), s. m. *Etre de seton, se mettre de seton*, être assis, s'asseoir.

Seuil, s. m., aire à battre le blé.

Sever. Voir *Sayer*.

Siétez-vous. Voir *Seoir (Se)*.

Signoule, s. f., vx fr. *soignolle*, manivelle; instrument de musique à manivelle, comme la vielle, l'orgue de Barbarie, etc.; par assimilation, tout objet agaçant comme ces instruments. C'te machine à coudre est une vraie signoule. — Au fig., personne ennuyeuse, radoteuse. « Vieille signoule, va! Elle m'a fait perdre tout mon temps. »
Voir Du Cange, vº *Ciconia*.

Signouler, v. a., ennuyer quelqu'un par des radotages, le fatiguer. Tu me signoules la tête. Bon Dieu, qu' t'es signoulant!

Sigogner. Voir *Cigogner*.

Sinécure, s. f., corvée, travail pénible, obligation fastidieuse.

Sis-sis. *Faire sis-sis*, s'asseoir. Tiens, m'ami, fais ton sis-sis.

Sitie (sicie), s. f., soif, sécheresse.

Sociau, adj. m., social; s. et adj. m., socialiste.
« Le parti sociau est l'adversaire des campagnards. » (*Eclaireur du Mâconnais*, 14 juin 1919).

Soi (Sur), loc.
Etre sur soi, être propriétaire de son habitation.
Travailler sur soi, cultiver ses propres terres.

Soigner, v. a., vx fr. *soignier*, surveiller, guetter. J' vas l' soigner venir.

Soiture, s. f., ancienne mesure de surface pour les terres (prés); correspondant à ce qu'un homme peut faucher (*sayer*) en un jour, et de même contenance que le journal, c'est-à-dire valant 34 ares 284.

Soler, Souler, v. n., avoir coutume.
Ce mot ne se trouve dans aucun des grands dictionnaires que nous avons consultés, bien qu'il appartienne à la langue littéraire du XVIIᵉ siècle :
« Jean s'en alla comme il était venu,
Mangeant le fonds avec le revenu,
Croyant trésor chose peu nécessaire.
Quant à son temps, bien sut le dépenser;
Deux parts en fit, dont il soulait passer
L'une à dormir et l'autre à ne rien faire. »
(Epitaphe de La Fontaine, composée par lui-même).

Solive, s. f., ancienne mesure de volume pour le bois de charpente.
Elle avait 6 pieds de longueur, 1 pied de largeur et 6 pouces d'épaisseur, soit 3 pieds cubes, et valait 0 mètre cube 102827 centimètres cubes.

Soliveau, s. m., baliveau.

Som, Son, s. m., vx fr., sommeil. Berceuse :
« Son, son,
Vene, vene, vene son,
Mais le son n' veut pas venir
Pour dormir le p'tit poupon...
Son, son,
Vene, vene, vene donc. »

Sombre, s. m., vx fr., terre qui n'a reçu que le premier labour. *Planter sombre*, planter peu profondément. *Etre sombre*, être planté peu profondément. Littré (vº *Sombrer*) cite l'expression *labourer sombre* comme étant poitevine.
Pioche sombre, pioche peu ouverte et qui, par suite, pénètre peu profondément dans le sol.

Sordat, s. m., soldat.

Sortir, v. a., enlever, rabattre (en matière de paiement).
« A une jardinière : En voilà pour plus de cent sous; vous allez bien m' sortir quelque chose. »

Sot, -otte, adj., désagréable, ridicule, en parlant des personnes. I fait celui qu' est sage, pac' que vous êtes là; mais, vous savez, c'est un vrai sot... Hou!... les *cornes*...

Sottisoux, s. m., sottisier, celui qui dit ou fait des sottises.

Soucil (souci), s. m., sourcil.

Souffert, part. pass. pris pour infinitif, souffrir.
J'ai souffri tout ce qu'on peut souffert.

Souffle-en-cul, s. m., qui est prétentieux, puant, et gonflé de son importance. « Ce grand souffle-en-cul, il a toujours l'air de croire qu'i faut s' mett' deux pour lui dire m...! »

Souffri, part. pass., souffert.
Voir *Ouvri*.

Souillarde, s. f., réduit où se trouve l'évier.
« Dans la souillarde brillent des cuivres, *ferrais* et fontaines. » (Jean Ajalbert, *L'Auvergne*).

Soupe, s. f. *Aller aux soupes*, se rendre à un repas de noces.
Voir *Veille*.

Soupie, s. f., vx fr. *soupule*, petit plancher mobile qui se place à l'extrémité de certaines barques.
« Deux jouteurs campés sur la *siaupe* ou plate-forme ajoutée à l'arrière des bateaux, accrochaient leur bouclier et saisissaient leur lance. » (Gérin, *Mariniers du Rhône*).

Soupirau, s. m., soupirail.

Sourdiaud, -de, s. m. et f., sourdaud, -aude. Y est un vrai sourdiaud, c' vieux-là, mais i n' veut pas qu'y soit dit.

Dialogue entre une sourdiaude et « lui », à la campagne :

« *Lui* : Vieille, vous petez.

La Sourdiaude : Oui, M'sieu, y est trois p'tits *mouétons* que j' suis après chercher.

Lui : Je dis que vous petez.

La Sourdiaude : Vous dites que vous les voyez?

Lui : Je dis que vous allez toujours pétant.

La Sourdiaude : Y est ben ça, y en a deux noirs et pis un blanc.

Lui : Au diable la vieille et son derrière.

La Sourdiaude : Comm' vous dites, M'sieu, j' crois ben que j' les trouverai guère. »

Sous-conscrit, s. m., conscrit de la classe suivant immédiatement celle qui vient d'être appelée. Dans le Chalonnais on dit « pousse-conscrit ».

Sous-tasse, s. f., soucoupe.

Souster, v. a., terme de jeu de cartes, être appuyé, soutenu. J'ai le roi sousté à trèfle. Voir *Dessouster*.

Soyer, s. m., vx fr. *seu*, sureau noir (*sambucus nigra*). Le *Col du Gros Soyer* marque le point culminant du chemin de grande communication n° 45 entre Pierreclos et Tramayes.

« Le domaine que nous appelons le *Gros-Soyer* (c'est un arbre qui a de la moelle dans le bois, et avec lequel les enfants font des sifflets), est situé bien haut, et bien loin de toute paroisse... » (Lamartine, *Geneviève*).

Subler, v. n., siffler.

Plaisanteries courantes à l'adresse des habitants du hameau de Charcuble (Bissy-la-Mâconnaise) :

A Charcuble,
Le loup suble,
Les poules pissent,
Les chiens jappent du cul.

Voir *Cul (Japper du cul)*.

N. du Puitspelu (*Dict. étymologique du patois lyonnais*, p. 288), dit qu'à Paragara, pays imaginaire, « les chins japont de la coua (les chiens jappent de la queue) ».

Sublet, Sublot, s. m., sifflet.

« ... Le sublet joyeux du merle familier... » (J. Richepin, *La Glu*).

Suçard, s. m., suceur, soiffard.

Suçon, s. m., surjet grossier.

Suçonner, v. n., faire un *suçon*.

Suisse, s. f., suissesse.

Le « marinier G..., qui s'était rendu chez *La Suisse*, rue X... », à Chalon. (*Progrès* de Saône-et-Loire, 15 fév. 1905).

Suite (A la), loc., presque, à peu près. Voir *Après* et *Côté (A)*.

Suivu, part. pass., suivi.

Surmarcher (Se), v. r., se commander (en parlant des pièces d'un appartement).

Surporter, v. a., supporter.

Suspensoire, s. f., suspension (porte-lampe).

<h2 style="text-align:center">T</h2>

Tabagnon, s. m., cabanon, réduit, cabinet de débarras et, par assimilation, maison mal tenue; banneton (*bachul*); plancher installé à l'arrière d'un bateau de joute pour porter le jouteur.

« Les plus forts jouteurs du monde, les rois du tabagnon seront là... » (*Progrès* de Lyon, 26 juin 1910, art. sur les *Fêtes Nautiques de Rive-de-Gier*).

Tabateux, -euse, s. m. et f., personne qui use et surtout abuse du tabac.

« Ah ben! i s'en fourre dans la virgule, ce vieux tabateux. »

Tabernacle, s. m., espèce de tabouret en bois, très résistant, sur lequel on applique le poulain quand on veut *gerber*.

Table, s. f. Faire une table, ancienne coutume des villages du Mâconnais. Le jour d'un mariage, les personnes qui avaient reçu des dragées de fiançailles et qui ne pouvaient se rendre au repas, dressaient en l'honneur du cortège, une table chargée de gaufrettes et autres « bonnes choses », où les gens de la noce prenaient au passage des friandises et des rafraîchissements. La tournée commençait au départ du domicile de la mariée, était interrompue pour la cérémonie, et continuait ensuite de hameau en hameau. On avait un brin de « paille » dès le matin, et une « boite » complète le soir.

Le lendemain on courait les *relinions*.

« ... Devant toutes les maisons disséminées que nous rencontrions, il y avait auprès de la porte une petite table couverte d'une nappe de chanvre, avec des beignets, des crêpes sucrées, des gâteaux, du vin blanc et des bouquets dans un pot à l'eau, dessus. Les mères et les filles étaient sur le pas de leur porte : il fallait goûter de tout en passant, c'était la coutume... » (Lamartine, *Geneviève*).

TABOULER, v. a., frapper bruyamment, faire du bruit. Qu'est-ce qu'il a donc toujours à tabouler comme ça, l' voisin? I va finir par défoncer l' galandage. — V'là un nuage qu' s'avance et pis qu' fait rudement vilain; y n' tard'ra pas à tabouler.

TABOURET, s. m., petite fosse pratiquée à l'entrée d'un canal souterrain, où viennent s'accumuler les matières solides amenées par les eaux.

TACHÉ, TACHEUX, s. m., salamandre.

TACHOLE, s. f., *tasse*, bolée.

TACOCHER, v. a., tapoter.

TACON, s. m., vx fr., pièce de raccommodage.

TACONNER, v. n., vx fr., rapiécer; bricoler; tâtonner.

« C'est trop tôt pour vendanger; il faut encore bien taconner dans une vigne pour trouver un raisin vrai mûr. »

TACONNIER, s. m., vx fr., rapiéceur; savetier.

TAGNÉ, TAGNI, -E, part. pass., tanné, flétri, fatigué, *flapi*.

TAILLE, s. f., corsage. J'ai rencontré Mme X...; elle était rien réchauffée, elle était en taille.

TAILLEUSE, s. f., cétoine dorée (*celonia aurala*), coléoptère vivant sur les roses. Voir *Emeraude*.

TAILLON, s. m., vx fr., morceau. Un taillon de pain, de pomme, de viande, etc.

Du taillon, de la « chapote » (voir ce mot) de viande.

      « Nôs ain dé matafan,
   Du taglion, du pan,
De lé gôfre, é pi du bon vin blan.
      (Nous avons des matefaims,
   De la viande, du pain,
Des gaufres, et puis du bon vin blanc). »
            (Fertiault, *Noëls*, p. 226).

TAIRE (SE), v. r. *Taisez-vous!*, se dit à l'annonce d'une nouvelle ébouriffante, et est immédiatement suivi d'un second impératif de sens contraire : *Racontez-moi ça!*

As-tu fini de te taire? se dit pour : *As-tu fini de crier?* ou : *Veux-tu te taire?*

TAISSE, s. m., vx fr., taisson, blaireau.

TALON, s. m. *Chemin à talon*, sentier à talon, chemin ou sentier où l'on ne passe qu'à pied.

TAMBOUR, s. m., fût de 300 à 400 litres, moins allongé que les fûts ordinaires, et dont la forme, par conséquent, rappelle celle du tambour.

TAMPONNE, TAMPOUGNE, s. f., cuite (au sens argotique). Avoir une tamponne. Se flanquer une tampougne.

TANCOT, s. m., chicot (d'une plante, d'une feuille, d'un fruit, d'une plume de volatile, etc.) Voir *Tebeut*.

TANT QUE DURE DURE, loc. adv., autant que possible, jusqu'à extinction. Le Glaudius a monté un broc de seize litres, et pis à nous deux on a bu tant que dure dure.

TANT QUE TANT QUE (tant qu' tant qu'), loc., syn. de *tant que dure dure*. Il lui a foutu des coups tant que tant que.

TAPE, s. f., battoir de laveuse.

TAPER, v. n., éclater, se fendre. Ce verre de lampe a tapé.

Des pommes *qui ont tapé* ne sont pas les *pommes tapées* du commerce.

TAPEREAU, TAPERIAU (lap'riau), s. m., vx fr. *laperel*, fessier.

TAPE-TALON (A), loc., en frappant du talon. Se dit notamment au jeu de glissade.

TAPINE, s. f., pomme de terre. Voir *Topine*.

« Carmentran remarqua un champ de pommes de terre de belle apparence. — Des fameuses « tapines »! dit-il. » (Fr. Parn, *Sicoutrou pêcheur*).

TAPIS (LES), s. m., fabrique de sparterie bien connue à Mâcon.

TAPON, s. m., syn. de *broche*; par extension, le trou de cannelle, et même celui du c...

TAQUI, TAQUÉ, adj., syn. de *gast*.

TAQUIER, s. m., charpentier en bateaux. Voir *Fûtier*.

TARGE, s. f., bouclier de jouteur.

« La lance au poing, et la targe au poitrail. » (Mistral, *Le Poème du Rhône*).

TARR... Voir *Terr...*

TARTEVELLE, s. f., vx fr. *tartavelle*, crécelle.

TARTOUILLAT, TARTOUILLON, s. m., gâteau de pâte à pain et de pommes coupées en morceaux ou d'autres fruits. Dans certains endroits on « prononce » *merdouillat*.

Entendu dire par une mère à son enfant, auquel elle avait déjà refusé pour la troisième ou quatrième fois un dernier morceau de *tartouillat* : « Tiens, cahule! Manges-y donc! Crève-t'en-z-en! »

Voir *Caqueu*.

TASSÉE (tàssée), s. f., vx fr., contenance d'une tasse à vin. Tiens, entre voir à la cave, j' vas t' payer un' tassée de vin blanc.

TATZ-ME-LE (tâte-me-le), s. m., individu qui se mêle de ce qui ne le regarde pas.

TATE-VIN (tâte-vin), s. m., pipette en fer-blanc ou en verre à l'aide de laquelle on puise du vin dans un fût par le trou de bonde.

TATOUILLE, s. f., tripoteuse.

TATOUILLER, v. a., vx fr. *tastoiiller*, chiffonner, tripoter.

TATOUILLON, s. m., tripoteur.

TATOUX (tâtoux), -OUSE, s. m. et f., tâteur, -euse.

« ... Les exploits du « Tâtou » sont connus de toute la population creusotine... » (*Progrès* de Lyon, 18 mars 1921).

TATTIER, s. m., viorne mancienne (*viburnum lantana*).

TAUD, TAUDION, s. m., taudis, débarras.

TAUPE, TAUPIÈRE, s. f., vx fr. *taupière*, taupinière; monticule ou élévation de terre; tas de grains formé après le battage pour être vanné; petit bâtiment quelconque et, spécialement, remise pour instruments agricoles.

Peut-être dans le troisième sens faut-il écrire *topière* (voir Du Cange; v° *Topia*).

TAURIE, TOURIE, s. f., génisse; tauré.

TAVAN, TAVAIN, s. m., lat. *tabanus*, taon.

« Avec ce fouet à la main, je ne crains personne. Montrez-moi un tavan sur la croupe de mon cheval, je peux vous le tuer sans que le cheval sente seulement le fin du fin du bout de la mèche de mon fouet. » (Jean Aicard, *L'Illustre Maurin*).

TAVELLE, s. f., vx fr., bâton, trique.

« J'ai entendu peter quéques coups de tavelle sur ton melon. » (J. Onofrio, *Les Valets à la porte*, dans *Théâtre lyonnais de Guignol*).

TEBEUT, s. m., chicot (d'un arbre, d'un arbuste, etc.). Voir *Tancol*.

TEIGNE, s. f., personne désagréable et méchante.

TEIGNOUX, -OUSE, adj., teigneux, -euse.

TEINDU, -USE, part. pass., teint, -e.

TÉLÉGRAPHE, TÉLÉPHONE, s. m., fil de fer tendu en travers d'une cour et le long duquel peut glisser la chaîne d'un chien de garde pour lui permettre de parcourir la cour sans toutefois en sortir.

TELLIÈRE, s. f., vx fr. *tellère*, nom ancien d'une pièce du pressoir à grand point, paraissant être le plot qui repose sur la *semelle* et soutient le *banc* (voir *Pressoir*).

TÉMÉRAIRE, adj., hautain, cassant, autoritaire.

TÉMOIN, s. m., petite branche qu'on épargne quand on tond un arbre.

TEMPS, s. m., ciel (le Paradis).

« Ya liometô ben tan d'anfan
Que chanton dans le Tan.
(Il y a là-haut bien tant d'enfants
Qui chantent dans le Ciel). »
(Fertiault, *Noëls*, p. 221).

TEMPS, s. m., temps vécu, âge. Combien de temps avez-vous?

TENDRON (tindron), s. m., scion de canne à pêche.

TENDUE, s. f., vx fr., banne de devanture de magasin.

« Un soir de cette (sic) été, deux Dumanets prenaient une consommation sous la tendue [d'un café du quai Sud]... » (*Républicain Mâconnais*, 27 déc. 1908).

TENIR (SE), v. r., se traiter, se soigner. Ils se tiennent bien, c'est-à-dire ils ne se refusent rien, ils vivent bien.

TEPIN, s. m., vx fr. *tupin*, pot en terre. Au fig., tête.

TEPINER (tep'ner), v. n., boire un *pot*... ou plusieurs.

TERRAILLON, s. m., vx fr., terrassier.

TERRE, s. f. *Plus bas que terre*, au-dessous de tout. Traiter quelqu'un plus bas que terre. Mettre quelqu'un plus bas que terre.

« Le marquis avait traité les membres du conseil [municipal] avec une arrogance digne des temps féodaux. Il les avait « mis plus bas que terre. » (Fr. Parn, *Sicoutrou pêcheur*).

TERREAU, TARREAU, TARRIAU, s. m., vx fr. *terral* et *terreau*, fossé. Cinq hameaux ou écarts, dans le département de Saône-et-Loire, s'appellent *Le Terreau* ou *Les Terreaux*.

TERRECHON, TARRECHON, s. m., pot en terre.

TERRIÈRE, TARRIÈRE, s. f., guêtre, jamblère.

TERROTTE, TARROTTE, s. f., courtilière (*gryllotalpa vulgaris*).

TESSON (PRESSOIR A). Voir *Pressoir à bascule* et *Trouille*.

TESSONNIER, s. m., vx fr. *estacenerie*, marchand de corps gras. Contrat de mariage entre « honneste Pierre Vyard, marchant tessonier, de Tornuz, et honneste Pierrette Machoud, fille de defunct Philibert, jadis cordonnier, dudit Tornuz », 28 oct. 1609. (Archives dép., B. 1341, f° 521).

TEUT, s. m., éminence rocheuse, rocher.

« Dans un terrain vague de la commune de Saint-Jean-de-Vaux, dit *aux Teux blancs*, qui signifie en patois *rochers blancs*... » (N. Couturier, dans *Mémoires de la Société d'Histoire et d'Archéologie de Chalon-sur-Saône*, 1846, p. 241).

À Brienne, *Les Teux*, hameau.

TIA-TIA, s. m., onomatopée servant à appeler le cochon et, par ext., à désigner le cochon lui-même.

TIATIAS, s. m., chachas, grive litorne (*turdus pilaris*).

TIENDRE, v. a., tenir.

TIERCER, v. n., vx fr. *tierceier*, donner la troisième façon à un champ ou à une vigne. Voir *Biner* et *Semarder*.

TIERCET, s. m., vx fr., action de tiercer; vigne ou champ qui a reçu la troisième façon.

TILLER, v. a., teiller, peigner le chanvre.

TILLEUX, TEILLEUX, -EUSE, adj., fibreux, filandreux, -euse (se dit des végétaux, en particulier des légumes tels que raves, radis et autres).

TINALIER, s. m., local où sont les cuves et les pressoirs.

« Un thinaillier, où sont deux pressoirs avec deux cuves. » (Dénombrement du fief de Pouilly en 1779. Archives de la Côte-d'Or, B. 11072).

TINE, s. f., cuve.

TINERIE, s. f., syn. de *tinalier*.

TINOIR, s. m., syn. de *tinalier*.

« Grangé et tinnoir. » (Visite du presbytère d'Igé par l'évêque de Mâcon en 1675. Archives dép., G. 77, 3, f° 111 v°).

« Un thinoir dans lequel il y a trois thines et un treuil. » (Dénombrement du fief de Pouilly en 1679. Archives de la Côte-d'Or, B. 10843).

TISS-TE-BEN, s. m., tiens-toi-bien, chariot d'enfant, cage montée sur roulettes, dans laquelle on place les petits enfants pour leur apprendre à marcher. Voir *Charrayot*.

TINTER, v. a. *Tinter un mort*, sonner le glas pour un mort. Dites-donc, savez-vous qui c'est qu'on tinte?

TIÔLÉE, s. f., trôlée, bande. Une tiôlée d'enfants, d'oiseaux, etc.

T'I PAS?, loc., est-il pas?, n'est-il pas vrai?

TIRANT, part. prés., qui tire à soi, rapiat. Les Bressans sont tirants, mais paient comptant; les montagnards ne sont pas tirants, et parlent tout de suite de payer, mais quéqu'fois c'est tout.

TIRE, s. f., rangée, ligne. Une tire « d'hautains ».

TIRE, s. f., action de tirer. *Prendre du vin à la tire, à longue tire*, tirer du vin à la pièce au fur et à mesure des besoins.

TIRE-BOURRE, s. m., tire-bouchon. Dicton mâconnais : « Quand on joue, qu'on perd son argent et qu'on dit qu'on est content, il semble qu'on vous fourre dans le derrière un tire-bourre. »

Chez un coutelier (du temps de Louis-Philippe, dont il s'était fait d'ailleurs la tête).

« *Un Client* : Je voudrais un tire-bourre.

Le Coutelier (solennel) : Qu'entendez-vous par ces paroles, un tire-bourre?

Le Client : Mais... un tire-bourre pour arenter les bouchons.

Le Coutelier : J'entends bien... Mais il y a tire-bourre et tire-bourre... Voulez-vous le perdre, ce tire-bourre?

Le Client (interloqué) : Le perdre?... Mais non... Pourquoi donc que je voudrais le perdre?

Le Coutelier : Eh bien, prenez-en un qui soit bien fait.

Le Client : ???

Le Coutelier (facétieux) : Parce qu'un bien-fait n'est jamais perdu. »

TIRE-CHEVEUX (A), loc., en se prenant aux cheveux.

« On s'arrachait l'aubaine à tire-cheveux. » (Gerin, *Au Pays des Étangs*).

TIRE-FOIN, s. m., harpon de fer emmanché qui sert à tirer le foin dans le fenil pour le donner à manger au bétail. On l'appelle aussi *grappin à foin*.

TIRE-PATTES, s. f., sage-femme.

TIRE-TIRE, A TIRE-TIRE, loc. adv. empruntée au jeu qui consiste à faire tirer sur une corde par deux groupes opposés.

TIRE-VERTEAUX, TIRE-VRETIAUX, s. m. et f., tire-vers, personne qui travaille la terre et qui, par suite, ramène les vers à la surface du sol. Voir *Verteau*.

« Yé nous djens de la ville qu'in tours et yé les tire veurtaux qu'en raison. » (C'est nous gens de la ville qui avons tort et c'est les tire-verteaux qui ont raison). (*Eclaireur du Mâconnais*, 3 mai 1919).

TIRER, v. n., se dit d'une affaire ou d'un ménage dans lesquels la gêne pécuniaire est manifeste. Comme ça tire chez ces gens-là!

TIRER DU CÔTÉ DE, loc., ressembler plus à... qu'à... I tire du côté de son père (c'est-à-dire il ressemble plus à son père qu'à sa mère).

TIRETTE, s. f., appareil composé d'un fil de fer et de leviers coudés, qui sert à ouvrir une porte à distance. On l'appelle aussi « tire-suisse ».

TIRPILLER, v. a., tirailler.

TOCSIN, s. m. Syn. de *tracassin*.

TOISE, s. f., ancienne mesure de longueur en général.

La toise de Paris, de 6 pieds, valait 1 mètre 949; donc le mètre vaut 0 toise 513 de Paris.

La toise de Mâcon de 7 pieds 1/2, comme la perche, valait 2 m. 436; donc le mètre vaut 0 toise 410 de Mâcon.

La toise de Dijon était la même que celle de Mâcon, tandis que la perche de Dijon était plus grande que celle de Mâcon.

TOISE CARRÉE, s. f., ancienne mesure de surface en général. La toise carrée de Paris valait 3 mètres carrés 798.

La toise carrée de Dijon et de Mâcon valait 5 mètres carrés 935.

TOISE CUBE, s. f., ancienne mesure de volume en général.

La toise cube de 6 pieds de côté ou toise de Paris valait 7 mètres cubes 403.

La toise cube de 7 pieds 1/2 de côté ou toise de Dijon et de Mâcon valait 14 mètres cubes 460.

TOMBER, v. a. et n., faire tomber, laisser tomber, mettre bas (déposer). Tomber un bloc de pierre.

« Bourse du travail... Salle comble, surbondée... X...., secrétaire général du Syndicat, « tombe la veste », car la chaleur est accablante... » (*Progrès* de Lyon, 9 juin 1919).

Tomber de, être atteint, s'en aller d'une maladie. Il tombe de la poitrine.

Une jeune bonne, qui a déjà « fait plusieurs places », rencontre un de ses anciens patrons, grand, sec, maigre, efflanqué, qu'une maladie récente a réduit à l'état de squelette :

« *La Bonne* : C'est-i ben vous, M'sieu François? Je n' vous reconnaissais point... Quoi donc qu' vous est arrivé, qu' vous avez l'air d'un *équené*?

M' François : Ah! ma pauvre fille, j'ai été bien malade..., j'ai failli tomber de la poitrine.

La Bonne : C'est du mauvais mal, ça. Y a une voisine chez nous qu'en a crevé l'an passé.

M' François : J'espère bien que pour cette fois j'en suis *réchappe*.

La Bonne : Ça fait rien, vous êtes bien changé... Si jamais j'ai eu envie d' vous, y est pas aujourd'hui. »

Tomber en deuil, être atteint par un deuil.

« Nous ne pourrons probablement pas aller au mariage de vot' demoiselle, pa'c' que nous allons tomber en deuil. — Ah! qui donc qu' vous avez d' malade? — C'est mon beau-père, et, vous savez, pour moi y a pas de doute... il est foutu. »

TOMBURE, s. f., action de tomber; lésion résultant de la chûte. J'ai une tombure à la tête.

TONDUSE, part. pass. f., tondue.

TONNE, s. f., fosse d'aisances.

TONNEAU, s. m., ancienne mesure de capacité pour les liquides. Il valait : à la jauge de Mâcon, 209 litres 166; à la jauge de Dijon, 228 litres 525; à la jauge de Marcigny, 230 litres 547. Aujourd'hui, en Mâconnais, le tonneau ou *ponçon* contient de 215 à 216 litres.

TONNEAU, s. m., ancienne mesure de capacité pour les solides tels que charbon de terre, mineral, plâtre, chaux, etc., valant 28 décalitres 027.

TONNEAU, s. m.

Pour bâtir un tonneau, on prend d'abord, de la main gauche, un « moule », cercle de bois large et épais muni intérieurement d'une cheville contre laquelle on fait, à l'aide de la main droite, buter l'extrémité supérieure de la première douelle, l'extrémité inférieure reposant sur le sol. Les douelles suivantes sont appliquées de la même façon les unes à la suite des autres. Après quoi on les ceint du cercle central appelé « panse », qui donne au fût sa jauge. Puis on rapproche les extrémités inférieures des douelles en les serrant à l'aide d'un garrot ou « tour à bâtir ». Le tonneau ayant ainsi sa forme normale et étant cerclé définitivement, est complété par les fonds. Ceux-ci se composent en général de cinq pièces : la première, placée au milieu et correspondant à la douelle de bonde, s'appelle la « pièce carrée »; viennent ensuite, à droite et à gauche, les deux « pièces de côté »; enfin, aux extrémités, deux autres pièces appelées « chanteaux ».

TONTON, s. m., toton, sorte de dé à jouer traversé par une cheville sur laquelle on le fait pivoter. Voir *Frise*.

TONTONNIER, TOTONNIER, s. m., qui est comme un toton, qui va partout et touche à tout.

TOPINE, s. f., topinambour. Voir *Tapine*.

TORCHIR, v. n., épaissir.

TORCHON, s. m. Voir *Guenille*.

TORELE (torle), s. f., saillie formée par les cornes naissantes d'un animal.

TORELER (SE) (se torler), v. r., se doguer, se battre à coups de tête comme les bêtes à cornes, se heurter la tête mutuellement.

TORDUSE, part. pass. f., tordue.

TORTILLARD, s. m., nom qu'on donne au tramway de Mâcon à Fleurville en raison du tracé sinueux de la voie et surtout du mouvement de roulis auquel sont soumis les voyageurs.

TOT-LOLO, TOUT-LOLO, s. m., enfant dégénéré physiquement et psychiquement.

TOTON (tôton), s. m., osselet. *Jeu de totons*, jeu d'osselets.

TOUCHE-TOUCHE, A TOUCHE-TOUCHE, TOUCHE-A-TOUCHE, loc., adv., côte à côte.
Moi et lui nous habitons touche-à-touche.
Les buis, pour faire une belle bordure, il faut les planter touche-touche.

TOUGNARD, -ARDE, adj., qui *tougne*.

TOUGNE, TOUGNASSE, s. f., femme ou fille *tougnarde* et indolente.

TOUGNER, v. n., pleurer, pleurnicher.

TOUGNON, TOUGNASSON, s. m., homme ou garçon *tougnard* et indolent.

TOUILLON, s. m., vx fr. *toaillon*, syn. de *panouillon*.
« Ung meschant drappeau, tout rompu, pertuysé, noir et salle comme ung thoillon. » (Procès-verbal de visite de l'évêque d'Autun à Mauvilly, en 1551. Arch. dép., G. 906, f° 18 v°).

TOUPER, v. n., syn. de *daguer*.

TOUR, TOUR A BATIR (bâtir), s. m., outil de tonnellerie, basé sur le même principe que le serre-nœud chirurgical (voir *Larousse illustré*), et que l'on emploie pour faire joindre les douelles d'un fût.

TOURNACHE, s. f., vx fr. *tornace*, tour forte. Nom d'un écart de la commune de Charnay-lès-Mâcon.

TOURNADE, s. f., tournement de tête, vertige.

TOURNE-CUL, s. m., toueur, remorqueur à une seule aube placée à l'arrière. Littré : *groppin*.
Sur le quai de Mâcon, à l'occasion du renflouement d'un bateau de charbon coulé sous la seconde arche du pont : « Tiens, vise donc c'te gondole; on dirait qu'elle est pas faite comme les autres. — J' te crois, y est un tourne-cul. Ben, y a rien longtemps qu'on en avait pas vu sus Saône. »

TOURNE-MERDE. s. m., tête du cochon, et spécialement le groin.
Lu sur un menu mâconnais :
Hors-d'œuvre.
Tourne-merde à la vinaigrette.
Entrée...
A l'opposé du groin se trouve une partie que nous ne désignerons pas plus clairement par respect pour nos lectrices, et dont le nom a servi d'argument, au cours d'une période électorale, dans un département voisin.
Un électeur cherchant à former une liste de candidats, rencontre un « éligible ».
« *L'Electeur* : J'allais me rendre chez vous, pour vous prier d'être un de nos candidats. J'espère que vous ne nous refuserez pas.
L'Eligible : Ma foi si !
L'Electeur : Oh ! pourquoi?... Vous êtes indépendant, vous avez l'estime de tout le monde... Votre famille est une des plus anciennes du pays... Vous êtes sûr d'être élu à une grosse majorité... Et puis nous serions fort honorés d'avoir votre nom en tête de notre liste.
L'Eligible : Non, non, merci.
L'Electeur : Mais enfin, pourquoi?
L'Eligible : Eh bien! je vai- vous le dire... Une supposition : vous frottez le cul d'un cochon avec de l'eau de Cologne... Vous croyez peut-être que le cochon va sentir l'eau de Cologne?... Erreur, mon cher, erreur! C'est l'eau de Cologne qui sentira le cul du cochon... Voilà pourquoi je ne veux pas être sur votre liste...
L'Electeur : (Il n'insiste pas). »

TOURNER A LA MORT, loc., entrer en agonie.

TOUT-LINGE, s. m., ensemble des pièces qui constituent un trousseau de lingerie. En se mariant, elle a eu une douzaine de tout-linge.

TOUT PAR UN COUP, TOUT PAR UNE FOIS, loc. adv., tout d'un coup, une bonne fois.

TOUX DE VERS, s. f., toux causée ou réputée causée par la présence de vers intestinaux. « J' sais pas c' qu'il a, ce p'tiot. I fait rien que d' tousser depuis trois mois. Il est pourtant pas malade. — Y n' s'rait pas un' toux d' vers quéqu'fois? — J' crois pas. J'i ai déjà donné du *contre-vers*, ça n'a rien fait... »

Tracasse, s. f., tracas, inquiétude. Avoir la tracasse.

Tracasse, s. f., tracassière.

Tracasser, v. n., aller et venir, ranger, remuer, fouiller. « Qu'est-ce que vous tracassez donc par là? — J'ai perdu mon dé, j' peux pas le r'trouver. »

Tracassin, s. m., charivari qu'on fait aux veufs ou veuves qui se remarient avec des célibataires.

A Saint-Clément-lès-Mâcon, les fauteurs de tracassins y mêlaient habituellement ce couplet, du moins nous l'a-t-on donné ainsi :

« Et toi, vieille carcasse,
Ne veux-tu pas payer
Les droits du mariage
Aux enfants du quartier?
Nous sommes de bons drôles,
Nous sommes sans souci,
Il nous faut la bouteille
Ou le charivari. »

En voici une version plus correcte, qui nous vient de la Savoie (*La Savoie*, p. A. Van Gennep) :

« Dis donc, vieille carcasse,
Tu veux te marier,
Au lieu d' laisser la place
Aux enfants du quartier!
Nous sommes de bons drôles (*bis*),
Des enfants sans souci,
Il nous faut des pistoles (*bis*)
Ou bien charivari. »

Manger le tracassin. Festoyer avec les sommes recueillies à l'occasion d'un tracassin.

Tracle, s. f., **Traclon**, s. m., vx fr. *trasce*, pal, garrot, billot.

Tracler, **Traclonner**, v. n., bas-lat. *trascinare*, traîner une *tracle*.

Traclette, s. f., vx fr., claquette, claquoir des marchands d'oublies, planchette munie d'une poignée métallique mobile sur charnière et à laquelle on imprime un mouvement rapide de va et vient pour déterminer une série de chocs bruyants.

Traclonnier, s. m., individu qui traîne ses *grolles* ou « fait peter » ses sabots en marchant, par assimilation à l'animal qui traîne sa *tracle*.

Traïant, s. m. et f., vx fr. *traiant*, fourche à trois dents. Voir *Triandine*.

Traîne, s. f. *A la traîne*, en désordre.

Traîne-gaine (traîne-gaine), **Traîne-ta-gonole** (traîne-la-gonole), **Traîne-la-grolle** (traîne-la-grolle), s. m. et f., personne indolente qui traîne ses guêtres, ses *goniaux*, ses *grolles*, qui va *grollassant*. Voir le vx fr. *Traînegainer*, v.

Traîne-guignon (traîne-guignon), s. m. et f., malchanceux.

Traîne-sac (traîne-sac), s. m., diable de camionneur, brouette sans pieds, à deux petites roues très basses et en fer, dont l'avant est muni d'un rebord métallique, et qui sert à transporter les sacs de farine et diverses espèces de ballots.

Traîniau (traîniau), **-aude**, s. m. et f., vx fr. *trainel*, personne ou objet qui traîne, qui encombre; traînard; guenille; etc.

Tranche, s. f., ancienne mesure de surface pour les terres, valant 3 coupées de Paris, soit 9 ares 576.

Trancher, v. n., vx fr. *tranchier*, aigrir, se cailler. Du lait tranché.

Trape, s. f., vx fr., grande terrine. Autrefois le mot s'appliquait même aux vases de métal.

« Une trape de rosele... Une trape de fonte... » (Archives dép., F. 1306, 29 avril 1732).

Traperser, v. a., traverser. On disait couramment à Mâcon *la rue Trapersière* pour *la rue Traversière* (auj. rue Batilliat).

Trapir, v. n., vx fr. *treper*, trépigner, s'agiter.

Trappiste, s. m., fabricant de trappes ou pièges à animaux.

Trappistine, s. m., fromage fabriqué par les religieuses trappistines de Saint-Clément, à Mâcon. Du trappistine.

Trappon, s. m., trappe; pont de pantalon; planchette fixée devant les yeux de certains animaux pour limiter leur champ visuel. Lève-donc le trappon de la cave. Culotte à trappon.

Trauble, s. f., table.
Refrain mâconnais :

« A trauble mon âme est contente
Quand je bois de c'ti vin nouviau,
Et surtout quand je m'en plante
Cinq ou six pint's sous mon chapiau. »

Traverse, s. f., vent d'ouest.

Traversière, s. f., passage perpendiculaire aux raies longitudinales et allant généralement d'un bout à l'autre d'une terre. Voir *Rose*.

Travon, s. m., solive, poutrelle.

Trebiller, v. n., tourner; tituber.
Soliloque d'un individu hoquetant et trebillant :

« P'tit vin rouge, p'tit vin blanc, l'nez vous bien tous deux, sans ça j' vons tomber tous trois. »

Trebillot, **Trebillou**, s. m., syn. de *lonlon*.

Pertiault a commis dans les *Noëls* une double erreur en traduisant *trebellou* par *sabots* et *friser* (voir ce mot) par *bourdonner* :

  • Dé gobeglie, é dé trebellou
  Que frison tô queman on vou.
(Des gobilles et des sabots
Qui bourdonnent tout comme on veut.)•
Il aurait fallu dire :
  • Des billes et des totons
  Qui tournent tout comme on veut. •
Dans son Dictionnaire du Langage populaire verduno-chalonnais, le même auteur a bien donné au mot *Trebillot* le sens de • toton, toupie, petite toupie •.

TRÈCHE, s. f., vx fr., affût, train d'un char (roues non comprises).
Vente, à Igé, de • six roues ferrées bonnes •, et • trois trèches de chard tant de devant que de derrière •, 25 avril 1778. (Minute de Mᵉ Jean Morin, notaire à Mâcon. Archives dép. Série E.)

TREIZAIN, s. m., treizaine, treizième objet ajouté à la douzaine.

TREIZEAU, s. m., ancienne mesure de poids, correspondant au 1/8 de l'once comme le gros, et valant 3 grammes 824.

TREMBLE, s. m., vx fr., tremblement, frisson.

TREMBLE-AU-VENT, s. m., frisson dont l'intensité varie comme le tremblement des feuilles agitées par le vent.

TREMBLERIE, s. f., vx fr., tremblement.

TREMBLOTTE, s. f., syn. de *tremble*.

TREMPE, adj., trempé. Mon mouchoir est tout trempe.
Trempé de chaleur, syn. de *mouillé de chaud*. Voir *Mouillé*.

TREMPETTE, **TREMPOTTE**, **TREMPUSSE**, s. f., soupe au vin.

TREPOGNE, s. f., syn. de *tritri*.

TREPOGNER, v. n., agir en *trepogne*.

TRÉSALLER, v. a., vx fr. *trésaler*, tressaillir, résonner, tinter, carillonner.
• Plus d'un d'entre nous a dû trésaler un formidable huchement... • (*Courrier de Saône-et-Loire*, 15 fév. 1921).

TREU, s. m., vx fr. *troil*, treuil, pressoir. Voir *Trouille*.

TREUE, s. f., truie.

TRIANDINE, **TRAIANDINE**, s. f., vx fr. *traiant*, bêche dont le fer au lieu d'être plein est divisé en trois dents.
Voir *Traiant*.

TRIBUNAL, s. m., personne appartenant au monde judiciaire.
• Qui donc qu' c'est c' type qui passe tous les jours là à une heure? — J' sais pas comm' qu'i s'appelle, mais y est un tribunal. •

TRINQUENALER, v. n., bringuebaler, brimbaler.

TRION, s. m., vx fr., mue, cage à poussins. Syn. de *buidon*.

TRIQUE, s. m. Attends, si je prends • un • trique, te vas voir!

TRITRI, s. m. et f., personne qui fait ses embarras, qui se donne de l'importance, qui s'agite dans le vide, mouche du coche.

TROP, adv., vx fr., excessivement. Il est trop mignon, c't enfant.

TROP-SOÛL, s. m., dégoûté, syn. de *dénourri*. Ch'tit trop-soûl, te rénâcles devant la soupe!
Voir *Viande à gens soûls*.

TROTTE, s. f., allure. *N'avoir ni trotte ni mode*, n'avoir ni goût ni grâce.

TROU-DU-CUL, s. m., terme d'affection admirative réservé généralement aux enfants.
Boulevard du Nord :
• *Une femme* (s'adressant à un enfant tenant la main de sa mère) : Bonjour, ch'tit trou-du-cul!...
L'enfant tougne.
La femme : Oh! t' fais vilain... Bonjour, ma chérie... Bonjour, ma belle... Dis-moi donc bonjour...
La mère : Dis-donc bonjour à la dame, ch'tite malgracieuse...
L'enfant (montrant quelque chose à terre) : Caca! •

TROU, **TREU**, **TRU**, s. m., vx fr. *tros*, pièce, morceau.
Trou de toile, pièce de toile. Cette appellation est réservée aujourd'hui soit à la masse de fil fourni par la fileuse au tisserand, soit à la toile rendue par le tisserand à la fileuse.

TROUBLIR, v. a., troubler.

TROUILLAGE, s. m., pressurage.

TROUILLE, s. f., vx fr. *troille*, treuil, pressoir. Voir *Treu*.
Marché pour l'installation dans la grange de la cure de Bussières • d'un pressoir à tesson vulgairement appelé *trouille* • (27 juil. 1728. Minute de Mᵉ Quiclet, notaire à Mâcon. Archives dép. Série E.).

TROUILLÉE, s. f., vx fr. *troillie*, syn. de *serrée*.

TROUILLER, v. a., vx fr. *troiller*, pressurer, fouler avec les pieds.
Par une belle matinée du mois de septembre 185(?), à l'heure de la messe, le curé de X..., en Mâconnais, que les vieux du pays reconnaîtront à ce trait, était dans son jardin, en manière et devanti. Survient une parois-

sienne qui, en l'apercevant, lui dit d'un air pincé : « Alors, Monsieur le Curé..., il n'y a pas d' messe ce matin? » — « Non, Madame..., répond le curé, non..., ce matin..., on trouille! »

TROUILLEUR, s. m., vx fr. *troilleor*, pressureur.

« Jean Lameure, maître trouilleur d'huile à Mâcon. » (Archives communales de Charnay, GG. 2, 25 août 1680.)

TROUPE JOYEUSE (LA), nom sous lequel se reforma en 1625 l'abbaye de *Maugouvert* qui venait d'être dissoute.

TROUSSE-CUL, s. m., paire de cordons fixés à mi-hauteur du tablier et qu'on noue au-dessous des fesses pour serrer les vêtements contre le corps. Les femmes de la campagne sont presque seules à s'en servir. « Qu'est-ce que c'est donc que ces cordons que vous avez dans les jambes? — Ah! Mamzelle, y est un trousse-cul. Y est pour pas que j' mett' les dents d' la *bicorne* dans mon *devanti* quand j' vas donner une façon à la vigne. »

TROUSSEL, s. m., vx fr. *toursel*, trousseau, layette.

TROUSSON, s. m., vx fr. *tros* et *trous*, tronçon. Couper du bois *à troussons*.

TROUVER DE (SE), suivi d'un infinitif, v. r., faire une action, être *après* faire quelque chose. Je me trouvais de passer... Ma foi, je suis entré.

TRUFFE, **TREFFE**, s. f., pomme de terre.

TRUGE, s. m., croisée de trois chemins, carrefour, place. Ce nom est celui de plusieurs hameaux ou écarts du département de Saône-et-Loire.

TUPIN. Voir *Tepin*.

TUPINERIE, s. f., nom ancien d'une partie de la rue Sigorgne, à Mâcon, où se faisait le commerce des *tupins*.

TUPINIER, s. m., vx fr., fabricant ou marchand de *tupins*. Tupinier est devenu un nom de famille.

TURQUIE, s. m., blé de Turquie, maïs. C'est à tort qu'on imprime *turquis*.

TUYAU, s. m., chaume, tige creuse des graminées.

« Les bleds sont en tuyaux. » (Ordonnance de police du juge de la terre et seigneurie de Charnay-lès-Mâcon, Levigny et dépendances du 28 juil. 1779. L. Lex, *Notice historique sur Charnay-lès-Mâcon*).

U

URE, s. f., vx fr. *aure*, jurassien *eura*, savoisien *ura*, vent.

Le terrible ouragan du 22 fév. 1879 renversa le clocher de Pruzilly. Quelques jours après, un étranger passant dans la commune, demandait à une vieille femme : « Dites-donc, la Mère, c'est le cyclone qui a démoli votre clocher? — Non, M'sieu, répondit-elle, y est l'ure. »

US, **USE**, adj., usé. « Un tapit de drap vert us. » (Archives dép., F. 1198, 24 oct. 1680). Ne s'emploie plus que sous la forme *use* pour les deux genres. Ton pantalon est tout use; il a « besoin de rapetasser ».

USAGE, s. m. *Ne pas faire d'usage de*, ne pas faire cas de, dédaigner. Le champagne, j'en bois jamais, j'en fais pas d'usage.

USE, s. m., vx fr., usage, usure. Ta robe, all' tir' sus l'use.

USERABLE. Voir *Iserable*.

USITER, v. a., employer, user de. Usiter une expression.

USURIER, s. m., avare.

V

VADOUX, -OUSE, adj., fade, insipide.

VAIR, -E, adj., vx fr., bigarré, varié, vairé. *Grume vaire*, grume qui *varie*.

VAIRELÉ, adj., vx fr., syn. de *vair*.

VAIRIR, v. n., syn. de *varier*.

VAISE (PASSER PAR), loc., se dit d'une chose qui n'a pas eu lieu, n'a pas été faite. « Je vous avais commandé une voiture de charbon. Elle a donc passé par Vaise? » — « Ch'tit garnement, t'as pas fait ton devoir, aujourd'hui : encore un qu'aura passé par Vaise!... »

VAISSELER, v. n., laver la vaisselle. Cette eau n'est pas pour boire; elle est bonne qu'à vaisseler.

VALOIR, v. n. abs., avoir de la valeur, du prix. Ça vaut.

VALOIR PEU, loc., ne valoir rien. Ah!

qu'il vaut peu, qu'il vaut peu de monnaie; que c'est donc du ch'tit monde!

Vanle, s. m., élan, balancement. Prendre son *vanle*.

Vanler (Se), v. r., s'élancer, se balancer, prendre son *vanle*.

Vanner (Se), v. r., se dit des oiseaux quand ils s'ébrouent dans le sable ou la poussière.

Vannoir, s. m., tarare, van mécanique.

Variaison, s. f., véraison.

Varier, v. n., tourner (en parlant des fruits, spécialement du raisin, quand ils commencent à prendre la couleur de la maturité).

Varpie, verpie, s. m., vipère.

Varpouille, s. f., vermine, fripouille.

Varvaux, s. m., verveux.
« Un varvaux tout neuf. » (Fr. Parn, *Sicoutrou pêcheur*).

Vassible, vacible (?), s. m., bas-lat. *vacivus*, friche. Un fonds de vassibles.

Vassible, vacible (?), adj., inculte. Des terres vassibles.

Veille, s. f. *Aller aux veilles*, se rendre à un bal de noces, qui, à la campagne, est ouvert à tout le monde.
Dans ces bals, *aller boire*, c'est se rendre du bal dans une salle voisine pour y vider un *pot* (en le payant, bien entendu).
Voir *Soupe*.

Veillerie, s. f., vx fr., veillée; société de personnes veillant ensemble.

Vendue, s. f., vx fr., vente.

Venger (Se), v. r., reporter la violence d'un sentiment sur une action sans lien avec la cause de ce sentiment. Il se venge tant qu'il peut sur le travail des misères que lui fait sa femme. Il se venge sur la bouteille de la mort de sa fille.

Venir, v. n., vx fr., devenir. Il vient tout gaga.
N'aller ni venir, piétiner, marcher au pas de procession :
    Y est comme la Fête à Dieu :
    Ni ça ne va, ni ça ne vient.

Vest, s. m., sud. Greffier de vent (greffier de la justice de paix du canton sud de Mâcon).

Vent (Avoir du), loc., se dit d'une *tiarde* qui est *couralière*.

Vent blanc, s. m., vent du sud-est, ainsi appelé parce qu'il souffle longtemps sans amener la pluie.
Albus ut obscuro detergit nubila cœlo
  Sæpe Notus neque parturit imbres
Perpetuos...

(Souvent le blanc Notus éclaircit le ciel nuageux, et il n'enfante pas toujours les pluies... »).
        (Horace, *Odes*, liv. I, o. 7).
Voir *Bise noire*.

Ventre, s. m.
Dicton mâconnais relatif à la *pidance* et aux aliments en général :
    « Tout fait ventre,
    Pourvu qu'y entre. »
Ce dicton était déjà connu en 1726. Voir *Bulletin philologique du Comité des Travaux historiques*, 1918, p. 16.

Ventre jaune. Voir *Bressande*.

Ver-courauo, ver-coureau, ver-coreau, ver-coriau, ver-coron (cor-romp?), s. m., ver imaginaire auquel les buveurs attribuent la pituite et les renvois aigres de l'estomac. C'est pour « tuer le ver » qu'ils boivent dès le saut du lit.

Verdaine, s. f., vx fr., **verdain, verdan**, s. m., champ de céréales encore vertes.
Plusieurs lieux habités de Saône-et-Loire sont dénommés *Verdin*. A Saint-Point, le cadastre enregistre le nom de lieu dit *En Verdant*.

Verdalin (vr'dalin), **verdeau, verdiau**, s. m., raisin qui ne *varie* pas, c'est-à-dire reste toujours vert, ou bien *varie* en raison non pas de la maturation, mais de conditions défavorables.

Verdauler (vr'dauler), **vertailler** (vr'tailler), v. n. Fréquentatifs de *verder*.

Verdazin, verdan, verdain, verdoin, verdoine, s. m. et f., lézard vert.

Verder (vr'der), v. n., aller et venir, rôder. T'as bien vr'dé aujourd'hui.

Verdier, vredi (vr'di), s. m., lat. *viridarium*, verger, et spécialement verger attenant à l'habitation. Huit hameaux ou écarts du département de Saône-et-Loire sont dénommés *Le Verdier* ou *Les Verdiers*.

Verdon (vr'don), s. m., vx fr., corde, cordeau, cordon. *Tirer le verdon* : tirer la corde de hâlage; tirer la corde du *greul*, pour bercer l'enfant.

Vergeon, s. m., vx fr., petite verge, branche, rameau.

Vergeter, v. n., végéter.

Vergette, s. f., brosse dure.

Vermisselé, adj., vermoulu, mangé par les vermisseaux.

Vernaille (vr'naille), s. f., nom collectif. Branchettes de verne; objets de rebut; individus de peu de valeur. Tout ça c'est d' la vr'naille.

Vers, prép., près, auprès (sans mouvement). « Est-ce que le Glaudius de-

meure toujours vers les halles? — Oh!
ma foi non, y a longtemps qu'il a démé-
nagé... I demeure maintenant à *Saint-
Brice* (voir ce mot). »

VERTEAU, VRETIAU (vr'tiau), s. m., ver.
« Noutre tsin (chien) est atteint du
vartiau solitare... Le vartiau est à an-
neaux... » (Lettre inédite d'un cultivateur de Salornay-sur-Guye à un vétéri-
naire de Mâcon, 11 sept. 1897).
Voir *Tire-verteaux*.

VERTEAULÉ, VRETIAULÉ, adj., véreux,
piqué des vers.

VERTINGO (vr'tingo), s. m., vertigo,
caprice. Prendre son verting».
Il y a une nuance entre *prendre son
vertingo* et *prendre son idée*. « Quand i
prend s'n idée, i n'entend pus raison. »

VESNIER (vess'ni), s. m., vx fr., ves-
seur, merdeux, homme de rien. C'est un
sal' vess'ni.

VESSIE (v'ssie), s. f., ballon de caout-
chouc entouré d'une enveloppe de cuir.

**VÊTU EN BORDELLE, HABILLÉ EN BOR-
DELLE**, loc., s'applique à la personne
dont les vêtements de dessous dépassent
en bas ceux de dessus, comme les ailes
de la *bordelle* (hanneton) dépassent ses
élytres.

VÊTU EN RENARD, HABILLÉ EN RENARD,
loc., s'applique à la personne dont les
vêtements ont plus de valeur qu'elle-
même, comme la peau du renard a plus
de prix que sa chair.

VEZON, s. m., vx fr. *vezé* (adj.), bal-
lonnement abdominal dû à la présence
de gaz dans l'intestin. *Avoir le vezon*,
avoir besoin de vesser. Voir *Petal*.

VIAGE, s. m., voyage, pèlerinage.
Faudra qu'on aille en viage à Saint-
Cria pour c't enfant que gueule toujours.
« Eh ben! M'ame Chizerot, est-ce que
vous allez êt' grand'mère, depuis le
temps qu' vot' fille est mariée? — M'en
parlez pas. Elle a tout fait pour avoir
un p'tiot. Elle a dit des neuvaines, elle
a été en viage partout, elle a bu de
l'eau au Saint-Rigaud, mêmement
qu'elle a été se consulter à l'oculisse...
— Eh ben! Qu'est-ce qu'il a dit l'oculisse? — Ma foi; il a rigolé, j' sais pas
pourquoi, et pis il a dit qu'i travaillait
pas dans c'te partie. »

VIALET, s. m., sentier.

VIANCHE, s. f., branche de clématite
sauvage que les enfants fument en guise
de cigare. Voir *Arveuille*.

VIANDE A GENS SOÛLS, loc., ce qui se
mange par gourmandise quand on n'a
plus faim. Voir *Trop-soûl*.

VIANDOUX, -OUSE, adj., qui aime la
viande, qui en mange beaucoup.

VIARD (?), VIARRE (?), s. m., bas-lat.
tierrum, vassible mis en culture de
façon intermittente.

VICANT, -ANTE, s. m. et f., vivant,
-ante.

VIEILLERIE, s. f., vieillesse, sénilité.
Mes jambes ne veulent plus aller;
c'est la vieillerie, quoi!

VIENDRE, v. n., venir.

VIE QUE DURE (FAIRE), loc., faire vie
qui dure, c'est-à-dire économiser.
« Je suis pauvre, et je suis forcé de
couper mes pistoles en deux pour faire
vie qui dure. » (Al. Dumas, *Les Qua-
rante-Cinq*).

VIGNERON, s. m., celui qui cultive la
vigne à moitié fruits.

VIGNERONNAGE, s. m., ensemble des
terres dont l'exploitation est confiée à
un *vigneron*; mode d'affermage d'un
domaine vignoble à moitié fruits.

VIGNERONNE, s. f., mante religieuse
(*mantis religiosa*). Syn. de *chevrule*.

VIGNERONNERIE, s. f., ensemble des
terres dont l'exploitation est confiée à
un *vigneron*.

VIGNOBLE, s. m., *vigneronnerie*.

VIGOUREUX, adj., rigoureux. Un hiver
vigoureux. Voir *Rigoureux*.

VILAIN (FAIRE), loc., présenter un
aspect déplaisant, inquiétant, menaçant,
etc. On « fait vilain » quand on pleure,
parfois quand on rit, souvent quand on
fait les yeux doux, toujours quand on
est en colère.
Faire gros vilain, faire très vilain.
« Y [sic] faut nous dépêcher, dit
Jean-Marie en montrant le ciel, parce
que ça va faire vilain tout à l'heure.
— Il est certain qu'un gros orage s'approche... » (Fr. Parn, *Sicoutrou pêcheur*).
Voir *Joli (Faire)*.

VILLETTE, s. f. Syn. de *dremille*.

VILLON, s. m., vx fr., branchette
d'osier.

VIN, s. m.
Vin de table, vin ordinaire.
Voir *Bon* et *Bouché*.

VINCENTINE, s. f., nom que certaines
paroissiennes de Saint-Pierre et de
Saint-Clément de Mâcon donnent à
celles de Saint-Vincent. On dit aussi
Vincelette, prénom féminin dont la
grâce nous fait regretter qu'il ait à peu
près disparu.
A la sortie de la messe, un fidèle,
ayant traversé avec peine un groupe

compact de *Vincentines* : « Bon Dieu!
Si je n'ai pas attrapé des puces dans
ce pâté de vieilles filles!... »
Voir *Clémentine* et *Pierrette*.

Vindicatif, -ive, adj., qui *revenge*.
« Ma vache est vindicative... — Comment, vindicative...? — Eh ben! oui.
Elle me donne maintenant pus d' lait
qu'elle en a pas donné!... »

Violette de serpent, s. f., violette
inodore.

Vipère, s. m. Un vipère. C'est pa' un
vipère, c'est une serpent.

Viquer, v. n., vivre.

Viremain, s. m., vx fr., tour de main.
En un viremain il l'a foulu par terre.

Vire-merde, s. m., bousier. Voir *Charraye-merde*.

Virie, verie (*vrie*), s. f., virée, tournée, allée et venue.

Vironder, v. n., tourner, faire un
tour, se promener.

Vis, s. m. Un vis. — Devinette :
Quelle différence y a-t-il entre la serrure et la femme? — C'est que la serrure a plus d'un vis et que la femme
n'a pas plus d'une vertu, quand elle
l'a...

Vise-au-trou, s. f., sage-femme.
Voir *Guette-au-trou*.

Viser, v. a., regarder. Vise-le donc.
Voir *Aviser*.

Vitrau, s. m., vitrail, vitre.

Vivu, part. pass., vécu.
Nous avons entendu un vieux *mansaire* dire aussi : « Quand je *viquais*
chez le comte X..., j'ai bien *vivu*. »

Voilette, s. f., volette.

Voir (s'en), loc., éprouver des difficultés, des ennuis, des malheurs. Ah!
c' que j' m'en suis vu avec ces gens-là,
c'est rien de l' dire!
« ... Jusqu'en 1869 j'ai piloté les
grands bateaux de voyageurs qui faisaient le service entre Lyon et Aix par
le Bourget. Je m'en suis vu pas mal.
C'est le diable... » (*Progrès* de Lyon,
19 déc. 1909).
Un académicien, fortement enrhumé,
reçoit la visite d'un confrère. Soudain
il se met à éternuer huit ou dix fois de
suite sans pouvoir s'arrêter. Son visage
se congestionne, ses yeux s'injectent, il
suffoque. Enfin la crise cesse, il reprend
haleine.
« *L'Académicien* : Cré bon sang d'
sort! Faut-i s'en voir avec c'te satanée
grippe!... J' voudrais que l' Père Eternel éternue comm' ça dans son Paradis... rien qu' pour savoir c' qu'i f'rait.
Le Confrère (sentencieusement) :
L'Eternuel est son nom, la grippe est
son ouvrage.
Il écoute impassible un souhait qui
l'outrage,
Et soumettant chacun à d'inflexibles lois,
Fait jusque sur leur trône éternuer les
rois. »
(Racine. *Esther*, a. III, sc. 4).

Voisinal, adj., vicinal, limitrophe.
Chemin voisinal.

Volant, s. m., faucille à couper le
blé.

Volume, s. m., embarras. *Faire du
volume*, faire des embarras.

Volumineux, -euse, adj., qui fait du
volume. Qu'il est volumineux, c't animal-là! Il aurait ben b'soin d' marcher
avec trois pieds... — Comment ça? —
Ben oui, les deux siens et pis c'lui qu'on
lui foulerait au c...

Volverie (volv'rie), **Volveroye** (volveroïe), vx fr. *volver* (v. n.), s. f., pretentaine. Courir la volverie.

Vorgine, vourgine, vregine, s. f.,
rejet de saule ou d'osier qui pousse
spontanément dans les lieux bas et humides.

Vote (vôte), s. f., vx fr. *volte*, volute,
enroulement; terme de batellerie, enroulement d'une amarre autour d'un
plot. *Faire vote, donner vote*, amarrer.

Vou (voû), adv., où.
Là voû donc qu' vous trouvez déjà
des cerises? — Oh! n'importe voû.
Là voû [ou] de là voû donc qu' te
d'viens? — D' point d'endroit.
Là voû donc qu' te vas? — J' cours
après mon tablier.
Là voû donc qu'elle est? — Dans sa
chemise; la tête il passe.

Vour, our, adv., vx fr. *or*, maintenant.

Voyager, -ère, adj., vx fr., viager,
-ère.

Vrai, adj.
Vrai frère, vraie sœur, frère ou sœur
de père et de mère.
Vrai neveu, vraie nièce, neveu ou
nièce nés de frère ou de sœur et pas de
beau-frère ou de belle-sœur.

Vrai, adv., vraiment, très, tout-à-fait.
C'est vrai bête.
« Le n'ere pô encour vrai tuiée. (Elle
n'était pas encore complètement tuée). »
(*Le P'leu*, p. 395).
De deux cousins germains, nés d'un
frère et d'une sœur, nous avons entendu dire : « Son père à lui et pis sa
mère à elle, i étiont vrai frères. »

Y

Y, pronom, s'emploie au lieu de *le, la, les,* pronom, et de *ça, cela,* démonstratif. J'y sais pas. T'y verras ben. T'y dis-t'i? « En débarquant sur le quai de Mâcon, je découvre un perfectionnement admirable du français, qui simplifie d'un seul coup un gros chapitre de notre grammaire. Il s'agit d'une particule qui remplace à tout propos les *qui,* les *que,* les *lequel,* les *dont,* etc. A peine le bateau à vapeur m'avait-il laissé sur le ponton, que cinq ou six officieux m'accueillirent en se disputant mon bagage et me crièrent : « Faut-il vous i porter? » Vous ne sauriez croire combien cet i est commode : « Faites cela. — Ji sais pas faire? — « L'avez-vous porté? — Ji ai porté. » C'est le fond de la langue. » (*Magasin Pittoresque,* 1856, p. 203). L'auteur anonyme de l'article du *Magasin Pittoresque,* M. Emile Chasles, professeur au lycée de Mâcon, a étendu à tort l'emploi de l'*y,* qui jamais ne remplace le pronom relatif.

YONNAIS, s. m., lyonnais.
Formulette :
« J'aime mieux... licher à mon aise,
Qu'embrasser la plus belle Yonnaise. »

Z

ZOGNE, s. f., vielle. A rapprocher de l'ital. *zonzo,* bourdonnement, et *zampogna,* musette.

J. BUGUET-COMPTOUR, IMPRIMEUR, MACON